Manfred Weigert
Karriere im öffentlichen Dienst

Manfred Weigert

Karriere im öffentlichen Dienst

R. G. Fischer Verlag

Bibliografische Information Der Deutschen Bibliothek
Die Deutsche Bibliothek verzeichnet diese Publikation in der
Deutschen Nationalbibliografie; detaillierte bibliografische
Daten sind im Internet über http://dnb.ddb.de abrufbar

© 2004 by R.G.Fischer Verlag
Orber Str. 30, D-60386 Frankfurt/Main
Alle Rechte vorbehalten
Schriftart: Palatino 10°
Herstellung: Satz*Atelier* Cavlar / NL
Printed in Germany
ISBN 3-8301-0669-6

Vorwort

Das vorliegende Buch befaßt sich zunächst mit den Strukturen des öffentlichen Dienstes, um verständlich zu machen, weshalb eine Karriere hier anders ablaufen muß als in der Privatwirtschaft. Nach Klärung des Begriffes »Karriere« werden Vorgaben der Verfassung und anderer Rechtsvorschriften erläutert. Dann wird die Problematik der Beurteilung der für eine Höherstufung konkurrierender Bewerber erörtert. Anschließend folgt eine Darlegung der Umstände, die nach Auffassung des Autors wirklich für ein Vorwärtskommen im öffentlichen Dienst entscheidend sind. Letztlich werden die – zugegebenermaßen – bescheidenen juristischen Möglichkeiten aufgezeigt, die Gesetz und Rechtsprechung einem unterlegenen Bewerber einräumen.

Wenn im Text von Arbeitern, Angestellten oder Beamten die Rede ist, sind selbstverständlich, soweit nicht ausdrücklich eine Einschränkung erfolgt, die Beschäftigten beiderlei Geschlechts gemeint. Dafür bitte ich die Leserinnen des Buches um Nachsicht.

Spätestens die Ereignisse des 11. Septembers 2001 haben erkennen lassen, daß die Globalisierung der Verhältnisse auf der Erde nicht mehr rückgängig zu machen ist. Das gilt für den wirtschaftlichen Bereich eines Staates, von dem aber der öffentliche Dienst nicht mehr zu trennen ist. Soweit dieser nicht bereits privatisiert worden ist, wie mit Post und Bahn geschehen, wo die unerläßlich erforderlichen öffentlichrechtlichen Befugnisse in verhältnismäßig kleinen »Regulierungsbehörden« zusammengefaßt worden sind, wird seine Effektivität schon längst nach Grundsätzen der Privatwirtschaft (Input : Output) überprüft und gesteuert. Europas vielleicht renommiertester Unternehmensberater, Roland Berger, prüft heute einen Industriebetrieb, morgen eine Behörde und übermorgen die Bundeswehr. In der Öffentlichkeit sind diese Vorgänge nicht mit der erforderlichen Aufmerksamkeit beachtet worden. Das Klischee vom »faulen Beamten« ist zu bequem, um kurzfristig einer sachlicheren Betrachtung Raum zu geben.

Durch die Globalisierung ist ein erbarmungsloser Wettbewerb der Märkte eingetreten. Wer hier bestehen will, bedarf hervorragender wirtschaftlicher Rahmenbedingungen. Dies sind neben einer wirtschaftsfreundlichen Politik (keine Technologiebremsen!) vor allem eine hochqualifizierende Ausbildung und eine leistungsfähige Administration. Nun ist es aber eine unumstößliche Tatsache, daß in der Bundesrepublik Deutschland die Sozialquote über 34 Prozent und die Staatsquote bei 47 Prozent liegt. Da es nicht leicht sein wird, die sozialen Besitzstände zu beschneiden, bleibt der öffentlichen Hand lediglich der Ausweg, die Staatsquote zu vermindern. Die Aufwendungen für Verteidigung und Sicherheit werden nach den New Yorker Ereignissen und ihren Folgen steigen. Es bleiben also zwangsläufig nur die Haushaltstitel des öffentlichen Dienstes – außerhalb der inneren und äußeren Sicherheit – als Kürzungsmasse übrig.

Unter diesen Umständen erscheint es fast verwegen, durch die Wahl des Buchtitels zu suggerieren, man könne im öffentlichen Dienst Karriere machen. Es bleibt selbstverständlich bei der Wahrheit des alten Satzes: »Der Mantel des Staates ist warm, aber eng«. Im übrigen gilt es, hier noch einige Wahrheiten nachzuschieben: Im menschlichen Leben gibt es »das Glück« nicht als Dauerzustand. Meist wird es uns »nur« als Glücksmoment, also als kurzfristiges Ereignis zuteil. Die Psyche des Menschen ist jedoch so konstruiert, daß Unbefriedigtsein, Hab- und Ehrsucht ihn im Leben bei der Jagd nach dem Glück vorwärts treiben. Es bestehen erhebliche Zweifel daran, ob das menschliche Leben überhaupt auf das »Glück« ausgerichtet ist. Dem Menschen mit christlicher Grundhaltung sollte es zu denken geben, daß das Neue Testament der Bibel das Wort »Glück« nicht kennt; die dort genannte Seligkeit ist augenscheinlich ein künftiger himmlischer Zustand. Die Unvollkommenheit der Welt zeigt sich auch im Berufsleben. Schon zur Zeit Goethes hat der durch seine Menschenkenntnis und seinen Humor bekannt gewordene Osnabrücker Geschichtsschreiber, Staatsmann und Publizist Justus Möser festgestellt, daß eine gewisse politisch gefärbte Willkür in der Verteilung staatlicher Auszeichnungen und Begünstigungen gesünder und eigentlich auch gerechter sei als nur das Verdienst. Es sei gut, daß auch Glück, Zufall, Geburt, Alter und sogar Intrige die Rangordnung bestimmten. In der Tat ist die Existenz einer Autorität, die wirklich gerecht Wert oder Unwert eines Menschen zu beurteilen vermag, lediglich eine ideale und deshalb unerfüllbare Vorstellung der von diesen »Autoritäten« abhängigen Untergebenen. Jeder Beförderte darf glauben, er sei nach Verdienst belohnt worden. Der nicht Beförderte kann jedoch mit noch besserem Recht annehmen, er sei ungerecht übergangen worden. Er tut gut daran (gut für Körper und Geist), sich zu schmeicheln, verkannt worden zu sein. Er muß Mittel und Wege finden, eine doppelt gute Meinung von sich selbst zu haben und kann sich an die Seite – zumindest zeitweise – verkannter historischer Persönlichkeiten stellen. Nur wer sich die Unzulänglichkeiten des Personalwesens verinnerlicht und von der allgemeinen Ungerechtigkeit des Lebens ausgeht, kann eine Nichtberücksichtigung »verdauen«; es wäre ja ansonsten geradezu grausam, davon ausgehen zu müssen, daß man zurecht übergangen worden ist. Im übrigen empfiehlt es sich, über dem Karrieredenken nicht das Leben (Familie, Sport, Hobbys und dergleichen) zu vergessen. Wer sein Dasein nur an einem Aspekt ausrichtet, gerät leicht in die Gefahr, am Ende seines Berufslebens vor dem Nichts zu stehen.

Der Angehörige des öffentlichen Dienstes, der bei diesen Überlegungen angekommen und dennoch bereit ist, den Preis für eine Karriere zu entrichten – denn jede Karriere kostet ihren Preis – der soll die folgenden Ausführungen des Autors mit seinen eigenen Gedanken kritisch begleiten. Als Motto für sein Karrierestreben sei ihm das Wort des früheren amerikanischen Top-Managers der Autoindustrie, Lee Iacocca, mitgegeben: »Nichts hält einen auf, und Adrenalin allein ist der Treibstoff.« Und merke: »Wo das Unangenehme bei Anstrengungen anhebt, hebt auch ihr Nutzen an.« (A. Stifter)

Inhaltsübersicht

Literaturverzeichnis

Allgaier Edwin, Gaußsche Normalverteilung und dienstliche
Beurteilung, DÖD 1990, 27

v. Arnim Hans Herbert, Parteien und Patronage, PersV 1988, 21

Bernhard Rudolph u. w., Reihe Praktischer Journalismus, Bd. 1,
ABC des Journalismus, Verlag Ölschläger, 1. Aufl. München 1981

Biehler Gernot, Ämterpatronage im Diplomatischen Dienst,
NJW, 2000, 2400

Bosetzky Horst, Die instrumentale Funktion der Beförderung,
Verw. Arch. 63, 372

Das »Überleben« in Großorganisationen und der Prinz von
Homburg-Effekt, Deutsche Verwaltungspraxis 1978, 2

Breunig Norbert, Beamtenrechtliches Stellenbesetzungsverfahren
und Frauenförderung, PersR 1994, 446

Frisch Max, Mein Name sei Gantenbein, Suhrkamp Verlag,
Frankfurt 1964

Gladen Paulgerhard, Gaudeamus igitur, Studentische Verbindungen
einst und jetzt, Callwey-Verlag, München 1986

Goleman Daniel, Der Erfolgsquotient, Deutscher Taschenbuch Verlag,
München 2000

Günther Helmuth, Konkurrentenstreit und kein Ende? – Bestands-
aufnahme zur Personalmaßnahme Beförderung, ZBR 1990, 284

Hassenkamp Oliver, Das Wanninger-Prinzip oder die totale soziale
Gleichschaltung, Zeitschrift »Personal, Mensch und Arbeit«
1970, 215

Huber Peter M., Verfahrensrechtliche Anforderungen an die
Erstellung dienstlicher Regelbeurteilungen, ZBR 1993, 361

Jacocca Lee, Eine amerikanische Karriere, Econ Verlag,
Düsseldorf, Wien, 8. Aufl. 1985

Jelusich Mirko, Geschichten aus dem Wienerwald, F. Speidel'sche
Verlagsbuchhandlung, Wien und Leipzig 1943

Knigge Adolph Freiherr von, Über den Umgang mit Menschen,
Insel-Verlag, Frankfurt am Main, 3. Aufl. 1982

Köhler Gerd Michael, Richtwerte, Regelprädikate und Ranglisten im
beamtenrechtlichen Beurteilungswesen, RiA 1990, 11

Kruk Max, Die großen Unternehmer, Frankfurt 1972

Lang Rudolph W., Schlüsselqualifikationen, Deutscher Taschenbuch Verlag, München 2000

Lang Karl Heinrich Ritter v., Memoiren, Erlangen, Palm & Enke 1984

Laubinger Hans-Werner, Gedanken zum Inhalt und zur Verwirklichung des Leistungsprinzips bei der Beförderung von Beamten, Verw. Arch. 83, 246

Lorse Jürgen, Die dienstliche Beurteilung, ZBR 2000, 361

Luhmann/Mayntz, Personal im öffentlichen Dienst – Eintritt und Karriere, Nomos Verlagsgesellschaft Baden-Baden 1973

Martens Jens, Wettbewerb bei Beförderungen, ZBR 1992, 129

Meixner Hanns-Eberhard, Wie macht man Karriere in der Verwaltung? Die öffentliche Verwaltung 1979, 276

Monhemius Jürgen, Beamtenrecht, C. H. Beck'sche Verlagsbuchhandlung, München 1995

Neubauer/v. Rosenstiel, Handbuch der Angewandten Psychologie, Bd. 1, München 1980

Offe Claus, Leistungsprinzip und industrielle Arbeit, Europäische Verlagsanstalt, Frankfurt 1970

Packard Vance, Die Pyramidenkletterer, Econ Verlag, Düsseldorf, Wien 1963

Parkinson Cyril Northcote, Parkinsons Gesetz, Econ, Ullstein Taschenbuchverlag, 2. Aufl. München 2001

Peter Laurence J./Hull Raymond, Das Peterprinzip, Rowohlt Taschenbuch Verlag, Reinbek 2001

Pippke Wolfgang, Karrieredeterminanten in der öffentlichen Verwaltung, Nomos Verlagsgesellschaft, Baden-Baden 1975; zitiert : Karrieredeterminanten.

Beförderungskriterien in der öffentlichen Verwaltung, in Andreas Remer (Herausgeber), Verwaltungsführung, Berlin de Gryter 1982

Rieker Albert, Können die Gerichte das »Leistungsprinzip« durchsetzen?, ZBR 1997, 180

Rob Werner Das Recht der dienstlichen Beurteilung, PersV 1993, 241, 316

Scheuring/Steingen/Banse/Thiressen, Loseblatt Rehmverlag, Manteltarifvertrag für Arbeiterinnen und Arbeiter des Bundes und der Länder

Schmidbauer Wilhelm, Aktuelle Tendenzen der Rechtsprechung zum beamtenrechtlichen Beurteilungswesen, DÖD 1993, 265

Schmits Rik, Linkshänder, Albatros Verlag, Düsseldorf 2002

Schnellenbach Helmut, Konkurrenzen um Beförderungsämter – geklärte und ungeklärte Fragen, ZBR 1997, 169; Beamtenrecht in der Praxis, 5. Aufl., NJW-Schriftenreihe, Bd. 40, München 2001

Staatshandbuch der Bundesrepublik Deutschland, Ausgabe 2000 Bund, Heymanns-Verlag, Köln, Berlin, Bonn, München

Strauch Hans Joachim, Wie wirklich sehen wir die Wirklichkeit? JZ 2000, Nr. 21

Stücklen Richard, Mit Humor und Augenmaß, Edition Zenk, Forchheim 2001

Uttlinger/Breier/Kiefer/Hoffmann/Pühler, Loseblatt Rehmverlag, Bundes-Angestelltentarif-Vertrag

Walser Martin, Finks Krieg, suhrkamp taschenbuch, Frankfurt 1998

Wichmann Manfred, Parteipolitische Patronage, ZBR 1988, 366

Wittkowski Bernd, Die Konkurrentenklage im Beamtenrecht (unter besonderer Berücksichtigung des vorläufigen Rechtsschutzes), NJW 1993, 817

Abkürzungsverzeichnis

A 16	Besoldungsordnung A/Besoldungsgruppe 16
a. A.	anderer Ansicht
a.a.O.	am angegebenen Ort
ABl	Amtsblatt
ABl EG	Amtsblatt der Europäischen Gemeinschaft(en)
ACT	Assessment Center Technik
Anm.	Anmerkung
Art.	Artikel
B 4	Besoldungsordnung B/Besoldungsgruppe 4
BAT	Bundesangestelltentarif
BAT O	Bundesangestelltentarif im Beitrittsgebiet
BayVBl	Bayerische Verwaltungsblätter
BBesG	Bundesbesoldungsgesetz
BBG	Bundesbeamtengesetz
BBO	Bundesbesoldungsordnung
BDG	Bundesdisziplinargesetz
BDVR	Bund Deutscher Verwaltungsrichter und Verwaltungsrichterinnen
BeamtVG	Beamtenversorgungsgesetz
Bd.	Band
BGBl	Bundesgesetzblatt
BLV	Bundeslaufbahnverordnung
BPolBG	Bundespolizeibeamtengesetz
BPersVG	Bundespersonalvertretungsgesetz
BRAGO	Bundesrechtsanwaltsgebührenordnung
BRD	Bundesrepublik Deutschland
BRKG	Bundesreisekostengesetz
BRRG	Beamtenrechtsrahmengesetz
BV	Bayerische Verfassung
BVerfG	Bundesverfassungsgericht
BVerfGE	Entscheidungen des Bundesverfassungsgerichts
BVerwG	Bundesverwaltungsgericht
BVerwGE	Entscheidungen des Bundesverwaltungsgerichts

bzw.	beziehungsweise
C-Besoldung	bisherige Besoldung der Hochschullehrer
d.	des, der
DDR	frühere Deutsche Demokratische Republik
d. h.	das heißt
DÖD	Der Öffentliche Dienst (Zeitschrift)
DÖV	Die Öffentliche Verwaltung (Zeitschrift)
DRiG	Deutsches Richtergesetz
DRiZ	Deutsche Richterzeitung (Zeitschrift)
DVBl	Deutsches Verwaltungsblatt (Zeitschrift)
DVO	Durchführungsverordnung
EG	Europäische Gemeinschaft(en)
EuGH	Gerichtshof der Europäischen Gemeinschaften
EUR	Euro
EWG	Europäische Wirtschaftsgemeinschaft
etc.	et cetera (und so weiter)
f.	folgende (Seite, Randnummer, Paragraph)
ff.	fortfolgende (Seiten, Randnummern, Paragraphen)
FMBl	Bayerisches Finanzministerialamtsblatt
G	Gesetz
GG	Grundgesetz für die Bundesrepublik Deutschland
GKG	Gerichtskostengesetz
GVBl	Gesetz- und Verordnungsblatt
hL	herrschende Lehre
HS	Halbsatz
IA	Intelligenzalter
IQ	Intelligenzquotient
i. d. F.	in der Fassung
i. V. m.	in Verbindung mit
JZ	Juristenzeitung (Zeitschrift)
KV	Kostenverzeichnis
LA	Lebensalter
LPZV	VO über die Gewährung von Prämien und Zulagen für besondere Leistungen

MABl	Ministerialamtsblatt
MT	Manteltarifvertrag
MTArb	MT für Arbeiter des Bundes und der Länder
MTArb – O	Tarifvertrag zur Anpassung des Tarifrechts der Arbeiter im Beitrittsgebiet an den MTArb
MTB	Manteltarifvertrag für Arbeiter des Bundes
MTL	Manteltarifvertrag für Arbeiter der Länder
Nature	Internationale, englischsprachige Zeitschrift für Naturwissenschaften
n. F.	neue Folge
NJW	Neue Juristische Wochenschrift (Zeitschrift)
NLP	Neuro-Linguistisches Programmieren
Nr.	Nummer
NVwZ	Neue Zeitschrift für Verwaltungsrecht (Zeitschrift)
NVwZ-RR	Neue Zeitschrift für Verwaltungsrecht-Rechtsprechungsreport
NW	Nordrhein-Westfalen
öff.	öffentlich
OLG	Oberlandesgericht
OVG	Oberverwaltungsgericht
OVGE	Entscheidungen der Oberverwaltungsgerichte Münster und Lüneburg
PersR	Der Personalrat (Zeitschrift)
PersV	Die Personalvertretung (Zeitschrift)
R-Besoldung	Besoldungsordnung der Richter
R 1	Besoldungsordnung R / Besoldungsgruppe 1
RiA	Recht im Amt (Zeitschrift)
RdNr	Randnummer
S.	Satz, Seite
StGB	Strafgesetzbuch
SZsV	Sonderzuschlagsverordnung
UrlG	Bundesurlaubsgesetz
Urt.	Urteil
Ver.di	Vereinte Dienstleistungsgewerkschaft
Verf.	Verfasser

VerwArch .... Verwaltungsarchiv (Zeitschrift)
VG .... Verwaltungsgericht
VGH .... Verwaltungsgerichtshof
vgl. .... vergleiche
VO .... Verordnung
VwGO .... Verwaltungsgerichtsordnung
VwVfG .... Verwaltungsverfahrensgesetz
W-Besoldung .... Besoldungsordnung wissenschaftlichen
                       Hochschulpersonals
Wasp .... White anglosaxon protestant
WiGBl .... Gesetzblatt der gemeinsamen Wirtschaftszone
WRV .... Weimarer Reichsverfassung
z. A. .... zur Anstellung
z. B. .... zum Beispiel
ZBR .... Zeitschrift für Beamtenrecht (Zeitschrift)
ZPO .... Zivilprozeßordnung

A. Strukturen des öffentlichen Dienstes

I. Die maßgeblichen Begriffe

1. Umfang des Begriffes »öffentlicher Dienst«

Überblick über die Verwaltungsorganisation: 1

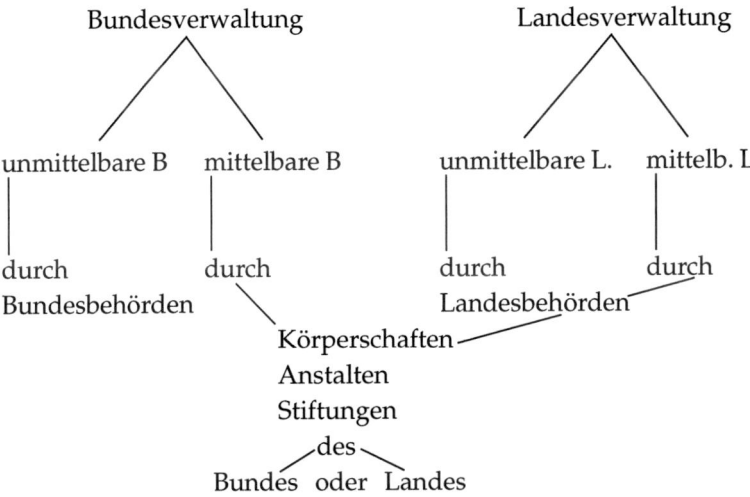

Der **öffentliche Dienst** im funktionellen Sinn ist Tätigkeit zur 2
Erfüllung öffentlich-rechtlicher Aufgaben. Im personellen Sinn werden heute unter dem Oberbegriff »öffentlicher Dienst« die Dienstverhältnisse aller beim Staat/Bundesland oder bei einem Träger mittelbarer Staatsverwaltung in abhängiger Beschäftigung Tätigen zusammengefaßt. Hierzu gehören also neben den Behördenarbeitern und -angestellten sowie den Beamten auch die Berufs- und Zeitsoldaten, ja im weitesten Sinne ebenso die bei den öffentlich-rechtlichen Religionsgemeinschaften tätigen Arbeitnehmer. Im

Rahmen des vorliegenden Buches sollen aber die Karrierewege der Bischöfe und Geistlichen sowie der Berufs- und Zeitsoldaten nicht weiterverfolgt werden, obwohl sie von denen der Beamten und Richter letztlich kaum abweichen – wie zahlreiche Beispiele lehren. Der Verfasser überläßt es seinen Lesern, nach Studium des Buches die entsprechenden Schlußfolgerungen anzustellen. Verwaltungsgerichtliche Entscheidungen haben offengelegt, daß es selbst Trägern goldener mit Eichenlaub verzierter Generalssterne hart ankommt, wenn man ihre Schulterklappen nicht mit einem weiteren Stern schmückt.

3   Eine Sonderregelung hat das Richterdienstverhältnis erfahren, weil die Richter nach heutigem Verfassungsverständnis (»Beamte und Richter«) nicht mehr als Beamte angesehen werden. Letztere stehen in einem öffentlich-rechtlichen Dienst- und Treueverhältnis (Art. 33 Abs. 4 GG). Sie sind in einem besonders geregelten Verfahren zu berufen. Ihre Dienstbezüge und Versorgungsansprüche sind abweichend vom Privatrecht gesetzlich geregelt. Das Dienstverhältnis der Behördenarbeiter und Behördenangestellten setzt sich aus öffentlich-rechtlichen und privat-rechtlichen Bestandteilen zusammen. Weitgehend öffentlich-rechtlich geregelt ist die inhaltliche Gestaltung der Dienstverhältnisse. Die Aufgabenbereiche und die Dienstpflichten sind vielfach dem Beamtenrecht angenähert.

4   Nach dem **Statistischen Jahrbuch 2001** waren zum Stand 30.6.1999 insgesamt 4 969 348 Frauen und Männer im öffentlichen Dienst beschäftigt, davon 1 619 780 Beamte/Richter/Soldaten, 1 675 182 Angestellte und 510 156 Arbeiter vollzeitbeschäftigt sowie 263 325 Beamte/Richter, 699 609 Angestellte und 201 332 Arbeiter teilzeitbeschäftigt.

2. Der Dienstherr

5   Arbeiter, Angestellte und Beamte/Richter haben einen **Dienstherrn**. Das ist keine natürliche Person, sondern eine juristische Person des öffentlichen Rechts, also die Fiktion einer Persönlichkeit. Die Nichtjuristen unter den Lesern muß der Verfasser hier mit der Tatsache

konfrontieren, daß das deutsche Recht – das EU-Recht ist nicht besser – zu einem begrifflich-abstrakten Juristenrecht für die ebenso differenzierten wie rationalisierten Sozialbeziehungen der modernen Welt geworden ist. Die rechtlichen Begriffe der Gesetze erscheinen meist so dürr und trocken, so unlebendig und schablonenhaft, das juristische Denken fremdartig und formal. Dem lebendigen Körper der sozialen Wirklichkeit gegenüber, nehmen wir beispielsweise die Familie, hat das Recht das gespenstige Aussehen eines von Fleisch und Blut gesäuberten Skeletts. Die Juristen bedienen sich einer Kunstsprache, die viel mit der Geheimsprache der Mediziner gemeinsam hat. Auch den juristischen Personen des öffentlichen Rechts, sei es die Bundesrepublik Deutschland oder ein Bundesland, bleibt deshalb etwas Geisterhaftes anhängen. Die durch die politischen Umwälzungen des 20. Jahrhunderts herbeigeführte Metamorphose des Dienstherrn von einer natürlichen Person, dem Kaiser, dem König, dem Großherzog und dergleichen, zu einer juristischen Person, verleiht dem Begriff des Dienstherrn gegenüber früher nebelhafte Züge. Als Goethe in die Dienste des Herzogs Carl August von Sachsen-Weimar-Eisenach trat, mußte er bei der Vereidigung seine Hand in die des Herzogs, seines künftigen Dienstherrn, legen, und die Ernennungsurkunde enthielt noch die Erwartung, daß er »wegen seiner Uns genug bekannten Eigenschaften, seines wahren Attachements zu Uns und Unsern daher fließenden Zutrauen und Gewißheit, daß Uns und Unserem Fürstlichen Hause er bey dem von Uns ihm anvertrauten Posten treue und nützliche Dienste zu leisten eyfrigst beflissen seyn werde«.

Anstelle zwischenmenschlicher Beziehungen besteht heute eine kühle Bindung an etwas, was sich Dienstherr nennt. Die von den deutschen Beamtengesetzen geforderte Treuepflicht gegenüber diesem Dienstherrn erscheint deshalb ausgesprochen blaß.

Die juristischen Personen des öffentlichen Rechts sind gem. § 121   6
BRRG grundsätzlich geeignet, die **Dienstherrenfähigkeit** zu erlangen. Eine Ausnahme gilt für die öffentlich-rechtlichen Rundfunkanstalten, weil diese innerhalb der in Art. 5 Abs. 1 GG gewährten Rundfunkfreiheit staatsfrei zu sein haben. Die vorgenannten Personen stellen Körperschaften, Anstalten und Stiftungen dar.

7 Die **Körperschaft des öffentlichen Rechts** wird vom Gesetzgeber begriffsmäßig vorausgesetzt. Die Bezeichnung findet sich in vielen Gesetzen und Verordnungen; sie ist jedoch nirgends in dem Sinne näher bestimmt, daß über die auf sie anzuwendenden Rechtsvorschriften Klarheit bestünde. Der Gesetzgeber beschränkt sich darauf, bestimmte Gebilde zu Körperschaften des öffentlichen Rechts zu erklären. Schrifttum und Rechtsprechung verstehen hierunter einen **Verband**, der auf der Mitgliedschaft der ihr Zugehörigen beruht und dessen Funktionen im wesentlichen von den Beziehungen zu den Mitgliedern bestimmt werden. Durch ihren Mitgliederbestand unterscheidet sich die Körperschaft von der Anstalt und der Stiftung. Die Körperschaft des öffentlichen Rechts findet sich in der Form der **Gebietskörperschaft**, deren Hoheitsbereich sich auf einen bestimmten Teil des Staatsgebietes erstreckt und alle Gebietsbewohner umfaßt (z. B. Gemeinden, Landkreise und Bezirke). Von der Gebietskörperschaft zu trennen ist die **Personalkörperschaft**, die auf gewissen persönlichen Eigenschaften – meistens beruflicher Art – beruht (z.b. die Anwaltskammer, die Ärzte- und Apothekerkammern, die Handwerks- sowie Industrie- und Handelskammern).

8 Die **Anstalt des öffentlichen Rechts** ist ein Bestand von Mitteln, sachlichen wie persönlichen, die in der Hand eines Trägers öffentlicher Verwaltung einem **besonderen öffentlichen Zweck** dauernd zu dienen bestimmt sind. Hinzukommen müssen die durch Rechtsvorschrift oder Verwaltungsakt verliehene Rechtsfähigkeit und eine Anstaltsordnung/Benützungsordnung (Beispiele: Studentenwerke einer Universität oder eine Sparkasse). Das Ziel einer öffentlich-rechtlichen Körperschaft, bestimmte Verwaltungsaufgaben durch eine Sondereinrichtung wahrnehmen zu lassen, kann nicht nur durch eine *rechtsfähige* öffentliche Anstalt erreicht werden. Es ist auch möglich, daß die Körperschaft ein aus persönlichen und sächlichen Mitteln bestehendes Funktionszentrum bildet, das dieser Körperschaft eingegliedert bleibt und von deren eigenen Organen betrieben wird (z.B. Stadtgärtnerei, Friedhöfe, Krematorien). Eine solche **nicht-rechtsfähige öffentliche Anstalt** besitzt nicht die Dienstherreneigenschaft, die Geschäfte werden vielmehr von Bediensteten der Mutterkörperschaft wahrgenommen. Nicht alles, was sich Anstalt nennt, ist im juristischen Sinne eine. Berüchtigtes Beispiel für juristische Prüfungen war die Bundesanstalt für Arbeit, die eine Körperschaft des öffentlichen Rechts darstellt (ebenso Bundesanstalt Technisches Hilfswerk).

Eine **Stiftung des öffentlichen Rechts** entsteht dann, wenn der 9 Widmungsakt des Stifters durch einen hoheitlichen Akt der Staatsgewalt unter Verleihung der Rechtspersönlichkeit in die Sphäre des öffentlichen Rechts erhoben und so **ein rechtlich selbständiges Sondervermögen öffentlich-rechtlichen Charakters** gebildet wird. Für die Entstehung einer Stiftung des öffentlichen Rechts ist es von Bedeutung, daß die Widmung der Vermögensmasse durch den Stifter für einen solchen Zweck erfolgt, der allgemein zu den Aufgaben der öffentlichen Verwaltung gehört. Nur ein einem solchen Zweck gewidmetes Vermögen wird vom Staat/Land als Stiftung des öffentlichen Rechts anerkannt (z.b. Stiftungskrankenhaus, Museumsstiftung oder Hilfswerk). Einer solchen Stiftung des öffentlichen Rechts kommt die Dienstherreneigenschaft zu. Sie kann Beamte, Arbeiter und Angestellte, die dem öffentlichen Dienst zugehören, einstellen.

Um das Gebilde »öffentlicher Dienst« dem Leser deutlich vor 10 Augen zu stellen, seien beispielsweise einige juristische Personen des öffentlichen Rechts hier aufgeführt:

Körperschaften:	Bundesrepublik Deutschland
	Bundesländer
	Bezirke
	Landkreise
	Städte/Gemeinden
	Bundesagentur für Arbeit
	Bundesanstalt Technisches Hilfswerk
	Jagdgenossenschaft
	Hochschulen/Universitäten
	Kammern der freien Berufe
	Krankenkassen des öffentlichen Dienstes

	Sozialversicherungsträger
	Zweckverbände
Anstalten:	Bayerische Landeszentrale für neue Medien
	Bundesanstalt »Die Deutsche Bibliothek«
	Deutsche Ausgleichsbank
	Deutsche Bundesbank
	Deutsche Welle
	Sparkassen
	Studentenwerke
Stiftungen:	Contergan-Stiftung
	Deutsches Krebsforschungszentrum
	Haus der Geschichte der BRD
	Heimkehrerstiftung
	Stiftung Maximilianeum München
	Otto-von-Bismarck-Stiftung
	Stift. Bundeskanzler-Adenauer-Haus
	Stift. Bundespräsident-Theodor-Heuss-Haus
	Stift. für ehemalige politische Häftlinge
	Stift. »Preußischer Kulturbesitz«
	Stift. Reichspräsident-F.-Ebert-Gedenkstätte

3. Wer handelt für den Dienstherrn?

11 Da der Dienstherr (Arbeitgeber) im öffentlichen Dienst keine Person aus Fleisch und Blut ist, sondern eine juristische Person, müssen natürliche Personen in seinem Namen handeln. Dies sind die Angehörigen der **Obersten Dienstbehörde**, der **Dienstvorgesetzte** und der **Vorgesetzte**.

Die Zuständigkeiten zwischen Oberster Dienstbehörde und Dienstvorgesetztem werden durch Gesetz oder Rechtsverordnung abgegrenzt. Die Abgrenzung spiegelt wider, ob gerade die Zentralisierung oder die Dezentralisierung beim Bund oder den Bundesländern in Mode ist. Oft spielt auch die Frage der Quantität eine

Rolle; steigt die Zahl der Angehörigen einer Beschäftigungsgruppe an, werden die Befugnisse des Dienstherrn auf untere Instanzen delegiert.

Innerhalb der Obersten Dienstbehörde teilt der Geschäftsverteilungsplan zeitaufwendige Aufgaben nicht dem Minister zu; dieser wird auch möglichst von wählersensiblen oder sonst unangenehmen Tätigkeiten, z.b. der Verhängung von Disziplinarmaßnahmen, verschont. Nicht zuletzt solcher Umstände wegen spricht man bei Obersten Dienstbehörden gelegentlich von der »Herrschaft der Amtsräte« oder davon, man habe etwas auf dem »Obergefreitendienstweg« erreicht.

Die **Oberste Dienstbehörde** ist eine Behörde, also eine Personen- 12 gemeinschaft, die für den Dienstherrn öffentlich-rechtliche Maßnahmen nach außen durchführt. Sie ist Teil der Behördenorganisation. Oberste Dienstbehörde eines Beamten ist die oberste Behörde seines Dienstherrn, in deren Dienstbereich er ein Amt bekleidet. Oberste Dienstbehörde für den Leiter einer Justizvollstreckungsanstalt im Range eines Leitenden Regierungsdirektors (Besoldungsgruppe A16) ist deshalb das Justizministerium.

Man spricht von unteren, mittleren, oberen und obersten Behörden, die in einer hierarchischen Rangordnung zueinander stehen. Diese Behörden ressortieren zu den einzelnen Staats- oder Landesregierungen, die die Regierungsarbeit in einzelne Geschäftsbereiche aufgegliedert haben. Die obersten Behörden sind also die Ministerien. Sie dürfen nicht mit den **oberen** Behörden (z.b. Bundesverwaltungsamt, Eisenbahnbundesamt, Bayer. Landesamt für Verfassungsschutz) verwechselt werden, welche zwar bundes- oder landesweit zuständig sind, aber den Ministerien unterstehen.

Oberste Dienstbehörde der Gemeinde-, Landkreis- und Bezirksbeschäftigten ist in der Regel das gewählte Selbstverwaltungsorgan, also der Gemeinderat, Kreistag und Bezirkstag.

Dem Bürger tritt im Normalfall, wenn es um staatliche Angelegenheiten geht, die untere Behörde, also das Landratsamt oder die kreisfreie Stadt entgegen. Für Angelegenheiten der Selbstverwaltung (z.b. kommunale Einrichtungen der Daseinsvorsorge), ist die Gemeinde (Verwaltungsgemeinschaft), Stadt oder der Landkreis als Selbstverwaltungsbehörde zuständig. Weitere untere Behörden sind

u. a. die Finanzämter, Straßenbauämter, Vermessungsämter, Wasserwirtschaftsämter, Landwirtschafts- und Forstämter.

Zwischen den untersten und obersten Behörden stehen die Mittelbehörden. Die bedeutendsten sind die Regierungen/Regierungspräsidien, die im allgemeinen dem Ressortprinzip der Landesregierung folgen, bei acht Ressorts sich also auch in acht Abteilungen gliedern. Janusgesichtig sind die Oberfinanzdirektionen, die sowohl über Landesbehörden (Finanzämtern) wie über Bundesbehörden (Zollämtern) stehen, und deshalb sowohl dem Landesfinanzministerium wie dem Bundesfinanzministerium nachgeordnet sind.

13 Je nach seiner Behördenzuständigkeit kann ein Angehöriger des öffentlichen Dienstes mehreren Dienstvorgesetzten und Vorgesetzten untergeben sein. So ist im Disziplinarrecht die Ahndungsbefugnis zur Verhängung einer Geldbuße nach der Höhe der Geldsumme auf die verschiedenen Dienstvorgesetzten aufgeteilt. Nach allgemeinem Beamtenrecht ist **Dienstvorgesetzter**, wer für die beamtenrechtlichen Entscheidungen über die persönlichen Angelegenheiten der ihm nachgeordneten Beamten zuständig ist. Daß ein Dienstvorgesetzter über die »persönlichen« Angelegenheiten eines Beamten zuständig ist, verwundert jeden Zeitgenossen. Augenscheinlich hat hier der Begriff des »Persönlichen« eine Wandlung erfahren. Zugrunde liegt der Gegensatz »Sächliches/Persönliches«. »Persönliches« ist alles, was nicht die dienstliche Aufgabe des Beamten, sondern dessen Verhältnis zum Dienstherrn betrifft. Der Dienstvorgesetzte erstellt z.b. die Beurteilung des Beamten, die der **obere Dienstvorgesetzte** zu überprüfen und zu bestätigen hat, er gewährt dem Beamten Urlaub, er leitet ein disziplinarrechtliches Ermittlungsverfahren ein, er teilt im Rahmen der Geschäftsverteilung die Arbeit zu. Demgegenüber verbleiben der Obersten Dienstbehörde die das Grundverhältnis betreffenden Befugnisse: Einstellung (in den Probedienst), Anstellung (auf Lebenszeit) oder Entlassung (z.B. Feststellung, daß ein Beamter wegen einer rechtskräftigen Verurteilung kraft Gesetzes entlassen ist).

Dienstvorgesetzter für die Beamten der Gemeinden, Landkreise und Bezirke ist der jeweilige erste Bürgermeister, der Landrat und der Bezirkstagspräsident. Für die Beamten der Körperschaften,

Anstalten und Stiftungen des öffentlichen Rechts ist Dienstvorgesetzter, wen deren Organisationssatzung bestimmt. Fehlt eine solche Bestimmung, so ist Dienstvorgesetzter, wer die juristische Person nach außen vertritt.

Der hierarchische Aufbau innerhalb einer Behördenorganisation **15** bringt es zwangsläufig mit sich, daß jeder Behördenangehörige, der nicht Minister ist, einen oder – was die Regel ist – mehrere **Vorgesetzte** hat. Unter Hierarchie (griechisch: hieros = Priester) ist ursprünglich eine Priesterherrschaft mit fester Rangordnung zu verstehen. So zählten zum Priesterstand der katholischen Kirche, was die Weihehierarchie (im Gegensatz zur Leitungshierarchie) anbelangt: Papst, Bischof, Priester, Diakon, Subdiakon und Minorist (bis 1973). Der gleichzeitig mit dem jungen Christentum existierende Mithraskult kannte sieben Weihegrade. Die Ausübung von Macht bedarf allem Anschein nach, soll das Regime von einiger Dauer sein, einer festgefügten Rangordnung. Rein idealistische Vorstellungen, wie die Gleichheit aller Menschen, scheinen wenig tragfähige Grundprinzipien im Rahmen der Menschenführung zu sein. Man sieht dies nicht zuletzt bei so modernen Gebilden wie Fußballteams, die in der Regel erst dann nach außen leistungsfähig sind, wenn intern die »Hackordnung« feststeht. Diese Verhaltensnormen gehen offensichtlich auf atavistische Schwarm- oder Rudelgewohnheiten zurück. Ihre Beachtung erleichtert das erforderliche Verständnis für eine Organisation.

Wer Vorgesetzter eines Behördenangehörigen ist, läßt sich dem **16** Geschäftsverteilungsplan (Organigramm) einer Behörde entnehmen. Im Gegensatz zum Dienstvorgesetzten kann der Vorgesetzte nur solche Anordnungen erlassen, die den dienstlichen Bereich betreffen. Er ist also unzuständig für Angelegenheiten, die das Grundverhältnis des Untergebenen zum Dienstherrn anbelangen.

Für einen Angehörigen des öffentlichen Dienstes ist es von grundlegender Bedeutung – will er auf Dauer leistungsfähig, physisch und psychisch gesund bleiben –, daß er mit seinen Vorgesetzten auskommt. Fällt dies mit den aus dem Organigramm hervorgehenden bereits erheblich schwer, so ist es mit den »Außerorganigrammatischen« fast unmöglich. In fast jeder Behörde gibt es eine »graue« oder »blonde Eminenz«. Diese »Erhabenheiten«, wie die wörtliche Übersetzung von »Eminenz« lautet, haben sich entweder selbst zu einer dem Organigramm widersprechenden Stellung durch die ihnen zukommenden Befähigungen und Charaktereigenschaften aufgeschwungen oder sind bewußt durch höhere Vorgesetzte mit unziemlicher Machtfülle ausgestattet worden. Das Vorhandensein solcher Eminenzen ist das untrügliche Zeichen dafür, daß der Behördenleiter seinen Aufgaben nicht voll gerecht wird und das Gefühl hat, er brauche einen behördeninternen Nachrichtendienst. Die »blonden Eminenzen«, die natürlich im Einzelfall auch rote oder schwarze Haare haben können, sind in der Form von Vorzimmerdamen immer – und fast möchte ich sagen – zwangsläufig »Geheimnisträger« besonderer Art. Sie wissen einfach alles: vom Zahnweh des Vizepräsidenten reicht ihr Wissen bis zur dienstlichen Beurteilung aller Abteilungsleiter, von der erfreulichen/unerhofften? Schwangerschaft der Präsidentengattin bis zum Wohlergehen des Präsidentendackels »Cicero«. Solange sie lediglich ihre Chefs »erziehen«, mag es noch hingehen, schlimm und unerträglich wird es, wenn ihre Herrschsucht die gesamte Behörde heimsucht. Es ist im übrigen eine alte Beamtenweisheit, daß, wenn etwas Bedrohliches in der Luft liegt, es als erste die Sekretärinnen wissen oder merken. Am Blick der Damen des Vorzimmers kann man meistens die vom Boss getroffene Entscheidung, zu deren Entgegennahme man bestellt wurde, ablesen.

17   Zu »Vorgesetzten« werfen sich auch gerne Kollegen auf, sei es infolge eines ungesteuerten Geltungsdranges oder weil sie sich wegen ihres höheren Lebens- oder Dienstalters oder der längeren Behördenzugehörigkeit gegenüber einem neuen Kollegen höhergestellt dünken. Läuft dies auf eine Einwegkommunikation hinaus, der Kollege wendet Imponier- und Fassadentechniken an, kommt natürlich kein gutes Miteinander zustande. Hier hilft auf Dauer nur eine rationale Reaktion (bevor man aus der Haut fährt!), am besten bloßes Schweigen, um sich der unwillkommenen Umklammerung zu entziehen, die letztlich zu keiner Vermehrung von Sachinformation, sondern nur zu einer emotionalen Verstimmung führt. Kommt ein Kollege mit rhetorischen Tricks statt mit guten Argu-

menten, stiehlt er einem im Ergebnis nur die Zeit und erzeugt Abwehr, Widerwillen und Verärgerung, also das Gegenteil der für eine gute berufliche Leistung erforderlichen Motivation.

II. Allgemeine rechtliche Vorgaben

1. Arbeiter

Im Gegensatz zu den Beamten werden die Dienstverhältnisse der **18** **Arbeiter** im öffentlichen Dienst nicht durch Gesetze und Verordnungen, sondern durch **Manteltarifverträge** (ursprünglich ein Rahmentarif, der für größere Gebiete und längere Zeiträume diejenigen Bedingungen des Arbeitsvertrages und des Rechtsverhältnisses der Tarifparteien regelte, von denen man annahm, daß sie keiner häufigen Abänderung und örtlichen Verschiedenheit unterworfen seien) bestimmt.

Bis zum 29.2.1996 galten für die Arbeiter des Bundes einerseits und für die Arbeiter der Länder andererseits getrennte Manteltarife, nämlich

a) für die Arbeiter des Bundes in der Zeit vom 1.7.1960 bis 31.3.1964 der »Manteltarifvertrag für Arbeiter des Bundes« (MTB) vom 25.5.1960 bzw. in der Zeit vom 1.4.1964 bis 29.2.1996 der »Manteltarif für Arbeiter des Bundes« (MTB II) vom 27.2.1964 und

b) für die Arbeiter der Länder in der Zeit vom 1.4.1959 bis 31.3.1964 der »Manteltarifvertrag für Arbeiter der Länder« (MTL) vom 14.1.1959 bzw. in der Zeit vom 1.4.1964 bis 29.2.1996 der »Manteltarifvertrag für Arbeiter der Länder« (MTL II) vom 27.2.1964.

Zuvor galten im wesentlichen die Tarifordnungen des Deutschen Reiches weiter.

Am 6.12.1995 kam es zwischen den Tarifparteien zum Abschluß des »Manteltarifvertrages für Arbeiterinnen und Arbeiter des Bundes und der Länder« (MTArb). Der MTArb ist am 1.3.1996 in Kraft getreten. Er gilt für die Arbeiter des Bundes und der Länder für das Tarifgebiet **West**. Rechtsfähigen Körperschaften, Anstalten und Stiftungen des öffentlichen Rechts wird die Anwendung des MTArb in den Errichtungsvorschriften zur Pflicht gemacht (z.B. Art. 89 Abs. 6 des Bayer. Hochschulgesetzes vom 21.12. 1973 (GVBl. S.791): Für die Arbeiter gelten die jeweiligen Bestimmungen für Arbeitnehmer des Freistaates Bayern entsprechend). Für die im Dienst der **neuen Bundesländer** beschäftigten Arbeiter galt ab 1.3.1996 nicht der MTArb, sondern gilt der am 1.1.1991 in Kraft getretene »Tarifvertrag zur Anpassung des Tarifrechts für Arbeiter an den MTArb« (MTArb-O) – Bezeichnung seit 30.2.1996 – vom 10.12.1990.

Der MTArb enthält die wesentlichen tarifrechtlichen Bestimmungen für die Arbeiter. Er regelt u. a. Form und Inhalt des das Arbeitsverhältnis begründenden Arbeitsvertrages; die Dauer des Beschäftigungsverhältnisses, von dem wieder die Lohnstufen, die Sicherung des Lohnstandes bei Leistungsminderung, die Dauer der Gewährung von Krankenbezügen, die Kündigungsfristen, der Eintritt der Unkündbarkeit, die Höhe des Übergangsgeldes und die Dauer der Gewährung von Krankenbezügen an Saisonarbeiter abhängen; die Allgemeinen Arbeitsbedingungen; die Arbeitszeit; Lohnhöhe und Lohnfortzahlung, Trennungsgeld; die Sozialbezüge bis hin zum Sterbegeld; den Urlaub; die Beendigung des Arbeitsverhältnisses; das Übergangsgeld sowie Vorschriften zur Personalvertretung (an Stelle des Betriebsrates) und zur Berufskleidung.

19   Der Lohn der Arbeiter im öffentlichen Dienst wird nach der **Tätigkeit** (Lohngruppen), den **Lohnstufen** und dem **Lebensalter** bemessen. Grundsätzlich werden Monatslöhne bezahlt. Hinsichtlich der Bemessung des Lohnes nach der Tätigkeit ist auf den Tarifvertrag über das Lohngruppenverzeichnis der Länder zum MTArb (»TV Lohngruppen«) vom 11.6.1996 zu verweisen. Ortslohnklassen gibt es nicht mehr. Die für den Monatstabellenlohn jeweils maßgebliche Lohnstufe ergibt sich nun in erster Linie aus der Beschäftigungszeit.

Da niemand sein Lebensalter beeinflussen kann, bleiben für einen tüchtigen Arbeiter im Grunde nur wenige Möglichkeiten übrig, sein Fortkommen zu fördern: Der Arbeiter im öffentlichen Dienst kann seine **Verbeamtung** anstreben und dann sein Glück in einer Laufbahn des einfachen oder mittleren Dienstes suchen. In manchen Bundesländern kann man derzeit geradezu von einer Verbeamtungswelle sprechen; dies spricht nicht gerade für das von den Medien verbreitete Vorurteil, die Beamten seien für den Staat zu teuer. Für diesen Vorgang lassen sich sicher mehrere Gründe anführen. Sind nur noch einzelne Arbeiter in einer Behörde vorhanden, entsteht bei der Personalverwaltung ein besonderer Aufwand für diese »Exoten«. Das Tarifrecht für Arbeiter ist zudem getränkt vom gewerkschaftlichen Gleichstellungs- und Versorgungsbestreben und wenig leistungsfördernd. Die angestrebte Gleichstellung für alle bedeutet im Ergebnis eine Benachteiligung der besonders Leistungswilligen und -fähigen.

Als weitere Möglichkeit kommt für den Arbeiter in Betracht, 20 seine Tätigkeit zu ändern. Dies ist meistens nur für die Tüchtigsten der Tüchtigen möglich. Da nach der Rechtsprechung des Bundessozialgerichts Arbeiter ist, wer eine überwiegend körperliche Beschäftigung ausübt, besteht z.b. für den »Arbeiter«, der vorwiegend im Wartungs- bzw. Meßdienst tätig ist, auch die Möglichkeit, in eine Angestelltenlaufbahn überzuwechseln. Ein **Lohnstufenwechsel** hat sich aufgetan, seit mit § 72 des BBesG i. d. F. des fünften Gesetzes zur Änderung besoldungsrechtlicher Vorschriften vom 13.11.1990 (BGBl I S. 967) und der Sonderzuschlagsverordnung (SZsV) vom 13.11.1990 (BGBl I S. 2451) für Beamte die Möglichkeit besteht, Sonderzuschläge zur Sicherung des Personalbedarfs zu erhalten. Diese Möglichkeit wurde tarifrechtlich für die Arbeiter und Angestellten übernommen. Arbeitern im öffentlichen Dienst können nun höhere Lohnstufen **vorweggewährt** werden. Einem in der Loh**ngruppe** 4 eingestellten 21 Arbeiter ohne Vordienstzeiten werden im Höchstfall vier Lohnstufen des Monatstabellenlohnes vorweggewährt. Er erhält also anstelle des Monatstabellenlohnes nach Lohnstufe 1 einen solchen nach Lohnstufe 5. Wird der Arbeiter nach drei Jahren in die Lohngruppe 5 eingereiht, so erhält er als Vorweggewährung den Monatstabellen-

lohn nach der Lohnstufe 3, da sich nach der Lohnstufe 2 ein gegenüber der Lohn**gruppe** 4, Lohnstufe 5 niedrigerer Monatstabellenlohn
ergeben hätte. Dieses Beispiel soll gleichzeitig einen kleinen Beitrag
dafür liefern, welchen außerordentlichen Umfang und Anteil an der
Bürokratisierung unserer Arbeitswelt die Tarifparteien zu verant-
worten haben. Es drängt sich der Eindruck auf, daß die Tarifparteien
zuerst die Tarifbestimmungen als Paragraphendschungel gestalten
und dann sich bemühen, zum Wohle ihrer Mitglieder auf Tagungen
den Dschungel zu lichten. Die Vorweggewährung von Lohnstufen
ist nur möglich, wenn hierfür Haushaltsmittel zur Verfügung stehen; sie dürfen beim Bund z. Z. lediglich 0,1 v. H. der im Bundeshaushalt veranschlagten Ausgaben für Löhne der Arbeiter betragen. Aber
ein Anspruch des Arbeiters auf Vorweggewährung besteht auch
dann nicht, wenn er einem vom Personalmangel betroffenen Bereich
angehört. Ein solcher Mangel kann in bestimmten Tätigkeitsberei-
chen oder Fachrichtungen oder bei örtlich besonders schwieriger
Bewerberlage auftreten. Unter Deckung des Personalbedarfs wird
nicht nur die Gewinnung von Bewerbern, sondern auch die Erhal-
tung vorhandenen qualifizierten Personals verstanden.

22 Auf das Zulagen(un)wesen, auf das bei den Angestellten näher
eingegangen werden wird, soll hier nur verwiesen werden.

23 Den beamtenrechtlichen Vorschriften entsprechend wurde für
die Arbeiter des öffentlichen Dienstes die Gewährung von Prämien
und Zulagen für besondere Leistungen ermöglicht. Diese Vergabe
von Leistungsprämien und Leistungszulagen ist nur im Rahmen
besonderer haushaltsrechtlicher Regelungen zulässig. Das bedeutet,
daß durch eine haushaltswirtschaftliche Sperre Prämien und Zulagen ohne weiteres gestrichen werden können und diese deshalb
bei der angespannten Haushaltslage künftig kaum noch eine Rolle
spielen werden. Wie sich aus der Verordnung über die Gewährung
von Prämien und Zulagen für besondere Leistungen (LPZV) vom
1.7.1997 (BGBl I S. 1598) ersehen läßt, dient die **Leistungsprämie** der
Anerkennung einer herausragenden besonderen Einzelleistung; sie
stellt deshalb auch eine Einmalzahlung dar. Die **Leistungszulage**
dient demgegenüber einer bereits über einen Zeitraum von mindestens drei Monaten erbrachten, auch für die Zukunft erwarteten her-

ausragenden besonderen Einzelleistung und dem Anreiz, diese Leistung auch künftig zu erbringen. Die Vergabe der Leistungsprämien und Zulagen sind an so viele Kautelen geknüpft, daß sie oft gerade an die Leistungsschwachen verteilt werden, um die Mittel nicht verfallen zu lassen. Das ganze erinnert an das »Zuckerle«, das die dressierten Tiere – heimlich – im Zirkus bekommen. Eine positive Auswirkung auf Motivations- und Belastungsaspekte erscheint äußerst fraglich. Versucht der Dienststellenleiter, Ordnung in die Vergabepraxis zu bringen und stellt einen Kriterienkatalog zur Festsetzung von Leistungsprämien und -zulagen auf, hat der Personalrat mitzubestimmen, Frauenbeauftragte und Schwerbehindertenvertretung sind zu beteiligen und die Bürokratie ist wiederum in vollem Gange.

Sieht man die Dinge realistisch, so bleibt die Feststellung, daß **24** eine Karriere im öffentlichen Dienst für Arbeiter schwierig ist.

Ein Wechsel von jungen Schlauköpfen (Whiz Kids) von der Position eines freigestellten Personalratsmitgliedes eines Gesamtpersonalrates zu einer Gewerkschaft (Ver.di) als Funktionär dürfte am lukrativsten sein; freilich ist den Gewerkschaften die wirtschaftspolitische »Weisheit« des Stellenabbaus auch schon zu Ohren gekommen.

2. Angestellte

Die Dienstverhältnisse der **Angestellten** im öffentlichen Dienst wer- **25** den durch Tarifvertrag geregelt. Grundlage hierfür ist das genannte Tarifvertragsgesetz vom 9.4.1949 (WiGBl S. 55). Aus der Natur der Beschäftigung im öffentlichen Bereich ergibt sich, daß es zu einer Annäherung der Rechte und Pflichten der Angestellten an die der Beamten kommt. Vertragspartner sind auf Arbeitgeberseite die Bundesrepublik Deutschland, – noch – die Tarifgemeinschaft deutscher Länder und die Vereinigung der kommunalen Arbeitgeberverbände sowie auf Arbeitnehmerseite die dem öffentlichen Dienst zuzuordnenden Gewerkschaften (insbesondere: Ver.di) bzw. Gemeinschaften von Gewerkschaften und Verbänden. Sind Angestellte nicht Mitglied einer Gewerkschaft, kann eine Tarifbindung im Arbeitsvertrag vereinbart werden. Fehlt eine arbeitsvertragliche Vereinbarung, kann sich der nicht tarifgebundene Angestellte freilich nur dann auf den Gleichbehandlungsgrundsatz berufen, wenn auch alle anderen nicht tarifgebundenen Angestellten in gleicher Lage wie er vom Arbeitgeber nach den Vorschriften des abgeschlossenen Tarifvertrages behandelt werden.

Der am 23.2.1961 abgeschlossene Bundes-Angestelltentarifvertrag (BAT) umfaßt das Bundesgebiet und das frühere Land Berlin (Stand: vor dem 3.10.1990) – zuvor galten im wesentlichen die Tarifordnungen des Deutschen Reiches weiter. Am 3.10.1990 ist die DDR gemäß Art. 23 GG der Bundesrepublik Deutschland beigetreten. Für die **neuen Bundesländer** und das neue Land Berlin gelten die bestehenden Arbeitsbedingungen nach dem Einigungsvertrag nur, soweit die Tarifvertragsparteien dies vereinbaren. Ein den Geltungsbereich des BAT im Beitrittsgebiet vorübergehend ausschließender Tarifvertrag ist am 1.8.1990 abgeschlossen worden. Mit dem ersten Tarifvertrag zur Anpassung des Tarifrechts der Angestellten im Beitrittsgebiet vom 10.12.1999 (BAT-O) haben die Tarifvertragsparteien den BAT bis auf wenige Vorschriften übernommen.

Die Körperschaften, Anstalten und Stiftungen des öffentlichen Rechts, die den BAT oder einen Tarifvertrag gleichen Inhalts anwenden, reichen vom Absatzförderungsfonds der deutschen Land-, Forst- und Ernährungswirtschaft bis zum Wupperverband, die zahlreichen **Nichtanwender** von der Ärztekammer Nordrhein bis zum Wegebauverband Zwiefalten.

Der BAT, der durch über 70 Tarifverträge seit der Erstvereinbarung geändert worden ist, weist Regelungen zum Arbeitsvertrag, zu den Allgemeinen Arbeitsbedingungen, zur Arbeitszeit, zur Beschäftigungs- und Dienstzeit, zur Eingruppierung, Vergütung sowie zu den Sozialbezügen auf. Hinsichtlich Reisekosten, Umzugskosten und Trennungsentschädigung gelten im wesentlichen die beamtenrechtlichen Grundsätze.

Die Beschäftigungszeit bei demselben Arbeitgeber hat Einfluß auf Kündigungsfrist und Unkündbarkeit, die Dienstzeit auf die

Zahlung von Krankenbezügen und auf die Fälligkeit und Höhe von Jubiläumszuwendungen.

Für die Höhe der Grundvergütung gilt ein modifiziertes Lebens- **26** altersprinzip. Die **Eingruppierung** der Angestellten richtet sich nach den Tätigkeitsmerkmalen der Vergütungsordnung. Der Angestellte ist in der Vergütungsgruppe eingruppiert, deren Tätigkeitsmerkmalen die gesamte von ihm nicht nur vorübergehend **auszuübende** Tätigkeit entspricht. Wie der Angestellte eingruppiert ist, ergibt sich aus dem Arbeitsvertrag. Der Anspruch auf die für die auszuübende Tätigkeit vorgesehene Vergütungsgruppe entsteht auch dann, wenn der Angestellte tarifwidrig einer niedrigeren Vergütungsgruppe zugewiesen wurde. Soll dem Angestellten eine neue Tätigkeit zugewiesen werden, die den Merkmalen einer höheren Vergütungsgruppe entspricht, so muß der Arbeitsvertrag geändert werden. Überschreitet dabei der Leiter der Beschäftigungsbehörde seine Zuständigkeit, so ist dies für den Angestellten vergütungsunschädlich, es sei denn, die Unzuständigkeit des Behördenleiters ist dem Angestellten bekannt oder allgemein offensichtlich. Wollen die Parteien des Arbeitsvertrages die Eingruppierung ohne Rücksicht auf den BAT vornehmen, haben sie dies eindeutig und klar zu formulieren. Der Begriff der »auszuübenden Tätigkeit« verdeutlicht, daß es nicht darauf ankommt, welche Leistungen der Angestellte tatsächlich erbringt. Der Angestellte kann also keineswegs dadurch eine höhere Eingruppierung erzwingen, daß er sich vom unwissenden oder wissend mitwirkenden Vorgesetzten eine höherwertige Tätigkeit zuweisen läßt. Eine höhere Eingruppierung kann der Angestellte selbstverständlich auch nicht dadurch erlangen, daß er eine entsprechende Tätigkeit an sich zieht.

Andererseits kann ein Anspruch des Angestellten auf Höhergruppierung durch eine Maßnahme des **Arbeitgebers** in Wahrnehmung seines Direktionsrechtes ausgelöst werden. Auch im Eingruppierungsrecht hat das Direktionsrecht des Arbeitgebers Geltung. Bei der Festlegung der Art der Arbeitsleistung gibt es grundsätzlich keine gesetzlichen oder tarifvertraglichen Grenzen. Betriebsvereinbarungen und der Arbeitsvertrag können jedoch Festlegungen treffen. Für die Eingruppierung kann die im Rahmen des Direktionsrechts zugewiesene Tätigkeit von ganz erheblicher Bedeutung sein. Bei der Einführung der Datenverarbeitung in der öffentlichen Verwaltung hinkten die Tarifverträge zunächst der Entwicklung hinterher. Die Einführung neuer Computergenerationen überstürzte sich (vor allem vor Wahlen!). Hier kam es oft zu einer probeweisen Übertragung der höherwertigen Tätigkeit, weil niemand wußte, wie sich das neue Arbeitsgerät überhaupt bewähren würde (Abstürze!) und ob der Angestellte konstitutionsmäßig die Tätigkeit auch bewältigen könne (nervliche Zusammenbrüche!). Die Frage der richtigen Eingruppierung eröffnet den Zugang zu einer schillernden Problemwelt, da die moderne Arbeitswelt als Teil der modernen Wirtschaftswelt einer sich immer schneller drehenden Sonne gleicht, von der niemand weiß, ob sie in das Stadium der Explosion oder in das des Kollapses rast.

27   Im Laufe des Jahres 1965 führten die Bundesländer die sogenannte **Regelbeförderung** aus dem Eingangsamt in das jeweils erste Beförderungsamt ein. In Reaktion hierauf beschlossen wiederum die Tarifparteien, einen Aufstieg der Angestellten ohne Zuweisung einer höheren Tätigkeit einzuführen. Diese Regelbeförderung wurde **Bewährungsaufstieg** genannt. Grundvoraussetzung ist, daß der Angestellte ein mit dem Hinweiszeichen * gekennzeichnetes Tätigkeitsmerkmal der Anlage 1 a zum BAT erfüllt und daß er die vorgeschriebene Bewährungszeit aufweist. Zu beachten ist, daß eine tarifgerechte Eingruppierung vorliegt. Dies ist nicht nur dann nicht gegeben, wenn der Angestellte ungewollt übertariflich eingestuft ist, sondern auch dann, wenn er gewollt übertariflich eingruppiert ist. Vorzimmerkräfte größerer Behörden sind häufig übertariflich in der Vergütungsgruppe VII eingestuft. Sie können also nicht am Bewährungsaufstieg in die Vergütungsgruppe VI b teilnehmen. Selbstverständlich kann im Arbeitsvertrag eine außertarifliche Teilnahme am Bewährungsaufstieg vereinbart werden. Wird ein Tätigkeitsmerkmal auf Grund eines Änderungstarifvertrages einer höheren Vergütungsgruppe zugeordnet, die Ausgangsgruppe für den Bewährungsaufstieg ist, kann die Zeit vor der tariflichen Höherbewertung nur dann auf die Bewährungszeit angerechnet werden, wenn dies ausdrücklich bestimmt ist; auch Zeiten im Beamtenver-

hältnis sind nicht automatisch anzurechnen. Bewährt hat sich der Angestellte, wenn er während der vorgeschriebenen Bewährungszeit sich den in der ihm übertragenen Tätigkeit auftretenden Anforderungen gewachsen gezeigt hat, anderenfalls ist sein Versagen festzuhalten und ihm sofort zu eröffnen. Nach der Nichtbewährung folgt eine neue Bewährungszeit. Die Fragen des Beginns, der Vollendung und der Unterbrechung eröffnen wiederum einen wahren Kosmos von Zweifelsfragen, auf die hier nicht näher eingegangen werden soll. Dies gilt auch für den die Teilzeitbeschäftigung erfassenden Fallgruppenaufstieg.

Auch im Angestelltenbereich gibt es dem Beamtenrecht entsprechende **Zugangserfordernisse**, bei deren Erfüllung der einzelne Angestellte im Regelfalle einen Eingruppierungsvorteil erlangt. Im Bereich der kommunalen Arbeitgeberverbände setzt die Eingruppierung von Angestellten im Verwaltungs- und Kassendienst sowie im Sparkassendienst in bestimmte Vergütungsgruppen die Ablegung der Ersten und der Zweiten Prüfung voraus. Es genügt hier also nicht, wenn der Angestellte die Tätigkeitsmerkmale der jeweils in Betracht kommenden Vergütungsgruppe erfüllt. Wurde das Nichtbestehen der Fachprüfungen I und II übersehen, kann der Angestellte auch bei Erfüllung der Tätigkeitsmerkmale höherer Vergütungsgruppen nicht höher eingruppiert werden. Für Angestellte des Bundes und der Bundesländer besteht keine Verpflichtung zur Ablegung dieser Fachprüfungen; aus ihrem Bestehen können deshalb auch keine tariflichen Ansprüche abgeleitet werden.

Ein besonderes Unwesen im Rahmen der Besoldung der Angehörigen des öffentlichen Dienstes stellen die **Zulagen** dar. Ursprünglich sollten hierdurch Mehraufwendungen (z.B. bei Baustellentätigkeit), die weder durch Reisekostenersatz noch durch die Vergütung als solche abgegolten sind, eine Tätigkeit im Vollstreckungsdienst oder regelmäßig und nicht nur in unerheblichem Umfang gefährliche und gesundheitsschädliche Arbeiten ausgeglichen werden. Im Laufe der Zeit ist hieraus eine Art Zusatzbesoldung entstanden! Es gibt nun eine Unzahl von Sonderregelungen für die Bereiche Auslandsdienst, Verteidigung, Marine, Flugsicherungsdienst, Wetterdienst, Kernforschungseinrichtungen, Versorgungsbetriebe,

28

Nahverkehr- und Flughafenbetriebe, Hafenbetriebsdienste und Zivilschutz. Auch durch allgemeine Tarifverträge wird noch eine unübersehbare Menge von Zulagen gewährt. Überall wo es dunkel, feucht, kalt, heiß, laut, ekelerregend, stinkig oder gefährlich ist, oder nach Wechsel- oder Schichtplan gearbeitet wird, steht dem Arbeitnehmer eine Zulage zu. Eine der vorgenannten Eigenschaften muß auch ständig obersten Bundesbehörden, Landesbehörden oder Gerichtshöfen anhängen, denn auch dort werden regelmäßig den Angestellten Zulagen gewährt. Eine Allgemeine Zulage wird Angestellten bezahlt, bei denen die Gefahr besteht, daß sie in die finanzstärkere freie Wirtschaft abdriften, z.b. Techniker, Absolventen aller Fachrichtungen mit abgeschlossener einschlägiger Fachhochschulausbildung, Meister, Nautiker mit bestimmten Patenten, Luftfahrtgerätprüfer, Programmierer, Außendienstler und Sachverständige in der Steuerverwaltung, Beschäftigte bei Justizvollzugsanstalten und Psychiatrischen Krankenanstalten.

29   Soweit es zur Deckung des Personalbedarfs erforderlich ist, kann dem Angestellten – wie dem Arbeiter – im Rahmen der dafür zur Verfügung stehenden Haushaltmittel an Stelle der ihm nach Abschnitt A oder B zustehenden Lohnaltersstufe/Stufe der Grundvergütung eine um höchstens vier – in der Regel nicht mehr als zwei – Lebensaltersstufen/Stufen höhere Grundvergütung **vorweggewährt** werden, wobei die Endgrundvergütung nicht überschritten werden darf. Die Grundvergütung einer höheren Lebensaltersstufe/Stufe erhält der Angestellte erst, wenn ihm nach Abschnitt A oder B die Grundvergütung einer höheren als der vorweggewährten Lebensaltersstufe/Stufe zusteht; eine erneute Vorweggewährung ist nicht ausgeschlossen.

Der Personalbedarf kann nicht gedeckt werden, wenn er quantitativ oder qualitativ nicht hinreichend befriedigt werden kann. Dies kann arbeitsmarktbedingt, aber auch bei örtlich besonders schwieriger Bewerberlage der Fall sein. Auch der Weggang wichtiger Arbeitnehmer (Angebote aus der Privatwirtschaft) soll damit verhindert werden. Die im Haushalt hierfür vorhandenen Mittel beschränken sich auf Promille der veranschlagten Ausgaben für Vergütungen der Angestellten.

Hinsichtlich der **Gewährung von Prämien und Zulagen** für 30
besondere Leistungen wird auf die Ausführungen bei den Arbeitern
verwiesen (vgl. II 1).

Betrachtet man die tariflichen Vorgaben, die Angestellte im
öffentlichen Dienst antreffen, so muß man feststellen, daß zwar von
unteren Tätigkeitsgruppen/Vergütungsgruppen ein Aufstieg möglich ist, andererseits die Spitzenvergütungsgruppen (BAT I a, I b) nur
schwer zu erreichen sind. Ausnahmen bestätigen auch hier die
Regel. Eine besondere Aufstiegskulisse stellten in der jüngsten Vergangenheit Zweckverbände dar, bei denen Verwaltungsangestellte
(übertariflich) bis in die Höhe von Gerichtspräsidenten steigen
konnten, wenn die Verbände überregionale Bedeutung erlangten.
Über die erforderlichen Karriereeigenschaften mußten aber auch
diese Arbeitnehmer verfügen.

3. Beamte

Die **Beamten** in der Form des Berufsbeamtentums bilden den Kern 31
des Personals des öffentlichen Dienstes. Deshalb befassen sich auch
das Grundgesetz und die Länderverfassungen mit ihnen. In Art. 33
Abs. 4 GG ist der Zweck des Berufsbeamtentums beschrieben:»Die
Ausübung hoheitsrechtlicher Befugnisse ist als ständige Aufgabe in
der Regel Angehörigen des öffentlichen Dienstes zu übertragen, die
in einem öffentlich-rechtlichen Dienst- und Treueverhältnis stehen.«
Streitig ist, ob der Begriff der»hoheitlichen Befugnisse« sich auf die
sogenannte Eingriffsverwaltung, also die Sicherheits- und Ordnungsbehörden, den Justizvollzug sowie die Steuer- und Zollverwaltung beschränkt oder auch die Leistungsverwaltung, wie z. B.
die Subventions- und Sozialverwaltung umfaßt. Das Problem wird
nicht dadurch einfacher, daß Art. 48 Abs. 4 des EG-Vertrages die
Freizügigkeitsgarantie für Arbeitskräfte dahin einschränkt, daß
diese Garantie auf die Beschäftigung»in der öffentlichen Verwaltung« keine Anwendung findet. Nach der Rechtsprechung des
Europäischen Gerichtshofs, dessen Entscheidungen grundsätzlich
gemeinschaftsfreundlich sind, soll der Inländervorbehalt nämlich

nur für die Stellen gelten, die im Hinblick auf die zu erfüllende Aufgabe eine besondere Verbundenheit zum jeweiligen Mitgliedsstaat aufweisen (nach Vorschlag der EG-Kommission soll dies bei Polizei, Rechtspflege, auswärtigem Dienst und Finanzverwaltung der Fall sein).

32   Nach Art. 33 Abs. 5 GG ist das Recht des öffentlichen Dienstes (gemeint ist das Beamtenrecht) unter Berücksichtigung der hergebrachten Grundsätze des Berufsbeamtentums zu regeln. Das Grundgesetz verteilt das Recht der Gesetzgebung auf Bund und Länder und unterscheidet (vom Bund aus gesehen!) zwischen **ausschließlicher, konkurrierender** und **rahmenfestlegender** Gesetzgebung. Nach Art. 73 Nr. 8 GG hat der Bund die ausschließliche Gesetzgebung über die Rechtsverhältnisse der im Dienste des Bundes und der bundesunmittelbaren Körperschaften des öffentlichen Rechts stehenden Personen. Auf diese Kompetenznorm gestützt wurden u. a. für die Bundesbeamten das Bundesbeamtengesetz (BBG), das Bundespolizeibeamtengesetz (BPolBG), das Bundesdisziplinargesetz (BDG), das Bundesreisekostengesetz (BRKG), das Urlaubsgeldgesetz (UrlGG) und das Bundespersonalvertretungsgesetz (BPersVG) erlassen. Die Bundesländer haben für ihre Beamten entsprechende Vorschriften in Kraft gesetzt, wobei sie die Rahmengesetzgebung des Bundes, also das Beamtenrechtsrahmengesetz (BRRG), zu beachten hatten.

33   Gemäß Art. 72 GG haben die Länder im Bereich der **konkurrierenden Gesetzgebung** die Befugnis zur Gesetzgebung, solange und soweit der Bund von seiner Gesetzgebungszuständigkeit nicht durch Gesetz Gebrauch gemacht hat. Dem Bund steht das Gesetzgebungsrecht zu, wenn und soweit die Herstellung gleichwertiger Lebensverhältnisse im Bundesgebiet oder die Wahrung der Rechts- und Wirtschaftseinheit im gesamtstaatlichen Interesse eine bundesgesetzliche Regelung erforderlich macht. Eine Sonderregelung trifft Art. 74a GG, der die konkurrierende Gesetzgebung für den Bund auf die **Besoldung** und **Versorgung** der Angehörigen des öffentlichen Dienstes, die in einem öffentlich-rechtlichen Dienst- und Treueverhältnis stehen (gemeint sind also die Landesbeamten), erstreckt. Auf Grund dieser Kompetenz wurden das Bundesbesoldungsgesetz

(BBesG) und das Beamtenversorgungsgesetz (BeamtVG) erlassen. Die Einführung des Art. 74a GG geht auf einen Schwächeanfall des Bundesrates zurück, der einerseits dem Auseinanderklaffen der Besoldung der einzelnen Bundesländer – besonders bei den Lehrern – begegnen wollte, andererseits froh war, die besoldungsrechtliche Auseinandersetzung mit den Berufsverbänden dem Bund aufhalsen zu können. Inzwischen versuchen die Bundesländer auf diesem Gebiet wieder zurückzurudern.

Nach Art. 75 Abs. 1 Satz 1 Nr. 1 GG hat der Bund das Recht, **Rahmenvorschriften für die Gesetzgebung** der Länder über die 34 Rechtsverhältnisse der im öffentlichen Dienste der Länder, Gemeinden und anderen Körperschaften des öffentlichen Dienstes stehenden Personen zu erlassen, soweit Art. 74a GG nichts anderes bestimmt. Der Bund hat von dieser Verfassungskompetenz Gebrauch gemacht und das BRRG in Kraft gesetzt, das in seinen §§ 1–118 Rahmenvorschriften für die Landesgesetzgebung enthält.

Bevor auf den Bildungs- und Berufsweg des Beamten eingegan- 35 gen wird, ist noch der Begriff des Beamten zu verdeutlichen, weil die Umgangssprache, der sich auch die meisten Medien bedienen, hier wenig sachgerecht ist. Die **Richter** der Bundes- und Landesgerichte (z.B. Bundesgerichtshof, Oberlandesgerichte, Landgerichte, Amtsgerichte) sind, wie sich aus Art. 98 GG ersehen läßt, keine Beamten (früher: Justizbeamten).

Die Beamtengesetze unterscheiden zwischen: **Lebenszeitbeamte, Beamte auf Zeit, Ehrenbeamte.** Der Beamte im Lebenszeitverhältnis ist nach dem Grundgesetz der Normaltyp. **Beamter auf Zeit** ist, wer nur für eine gewisse Zeit hoheitliche Aufgaben wahrnimmt; seiner Bestellung geht in der Regel eine Wahl voraus (auf die »Zehnender« neuer Art wird erst später eingegangen). Zu dieser Gattung zählen insbesondere die kommunalen Wahlbeamten und Leiter von Hochschulen, also z.B. die hauptamtlichen Bürgermeister, die Landräte, Bezirkstagspräsidenten und die Rektoren/Präsidenten der Universitäten und Hochschulen. **Ehrenbeamte** sind die zahlreichen Bürgermeister kleiner Gemeinden. Ehrenamtlich tätige Bürger (z.B. die Mitglieder des Gemeinderats, des Kreistages, des Bezirkstages sowie Verbandsräte) sind keine Beamte. Keine Beamten sind auch die Mitglieder der Bundesregierung, die Abgeordneten des Deutschen Bundestags oder eines Landtages (sie bedürfen deshalb keiner Vorbildung!) oder die Mitglieder des Vorstandes von Sparkassen, die durch Dienstvertrag angestellt sind. Die **Widerrufsbeamten** sind ebenso wie die **Probebeamten** Beamte, die sich in einem Vorbereitungsstadium auf das Lebenszeitbeamtentum befinden; zum Teil geschieht dies aber auch im Angestelltenverhältnis. Der Beamte auf Widerruf leistet den Vorbereitungsdienst ab. Seine beamtenrechtliche Bezeichnung wechselt je nach Laufbahn: Referendar (höherer Dienst) oder Anwärter (gehobener und mittlerer Dienst). Den Vorbereitungsdienst schließt die Laufbahnprüfung (meistens II. Staatsprüfung genannt) ab. Kommt der Geprüfte nach bestandener Prüfung im öffentlichen Dienst unter, wird er als Beamter auf Probe (in der Regel: drei Jahre Probezeit) eingestellt. Während der Probezeit soll sich der Beamte für seine Laufbahn bewähren, bevor er Lebenszeitbeamter wird.

Eine merkwürdige Art von Probebeamten hat der nie ruhende Aktionismus unserer Politiker neuerdings geschaffen, nämlich den

35a **Beamten auf Probe in leitender Funktion** (vgl. § 24a BBG). Ämter der Abteilungsleiter und Unterabteilungsleiter in den obersten Bundesbehörden und die der Besoldungsordnung B angehörenden Ämter der Leiter der übrigen Bundesbehörden sowie der bundesunmittelbaren Körperschaften, Anstalten und Stiftungen des öffentlichen Rechts können zunächst nur im Beamtenverhältnis auf Probe übertragen werden. Die regelmäßige Probezeit beträgt zwei Jahre. Die oberste Dienstbehörde kann eine Verkürzung der Probezeit zulassen; die Mindestprobezeit beträgt ein Jahr. Während der Beamte sich zum Probezeitbeamten »verjüngt«, läuft sein Alter Ego als Lebenszeitbeamtenschatten weiter. Abgesehen von einer komplizierten disziplinarrechtlichen Situation ruhen vom Tag der Ernennung für die Dauer der Probezeit die Rechte und Pflichten aus dem Amt, das dem Beamten zuletzt im Beamtenverhältnis auf Lebenszeit übertragen worden war. Mit erfolgreichem Abschluß der Probezeit soll dem Beamten das neue Amt auf Dauer im Beamtenverhältnis auf Lebenszeit übertragen werden; eine erneute Berufung in ein Beamtenverhältnis auf Probe zur Übertragung dieses Amtes innerhalb eines Jahres ist nicht zulässig. Das schizophrene Dasein dieses Probebeamten gehobener Art endet bei Nichtbewährung, Beendigung des zugrundeliegenden Beamtenverhältnisses auf Lebenszeit, Versetzung zu einem anderen Dienstherrn oder mit der Verhängung einer disziplinarrechtlichen Gehaltskürzung.

Die **Bundesländer** sind dem Bund teilweise – gestützt auf § 12a **36** BRRG – gefolgt, wobei die Rahmenvorschriften mitunter voll ausgeschöpft worden sind. So hat Bayern die im Beamtenverhältnis auf Probe zu übertragenden Ämter bis zur Besoldungsgruppe A 15 gesenkt, wobei es schwer fällt, anzunehmen, daß der politische Disziplinierungsgedanke nicht eindeutig im Vordergrund steht. So sind Probeämter bei den obersten Landesbehörden die Leiter von Organisationseinheiten, die dem leitenden Beamten direkt unterstellt sind, die Leiter der Referate oder Sachgebiete, die Leiter der Stabsstellen (insbesondere die Leiter der Büros der Mitglieder der Staatsregierung). Bei den sonstigen Behörden deren Leiter (insbesondere Vorsteher, Direktoren, Schulleiter, Rektoren, Vorstände, Geschäftsleiter) und die Leiter von Organisationseinheiten von Behörden (insbesondere Leiter von Abteilungen, Unterabteilungen, Dezernaten, Bereichen, Referaten, Sachgebieten, Gruppen, Hochschulkanzler). Ob diese Probezeitverhältnisse mit den hergebrachten Grundsätzen des Berufsbeamtentums (Art. 33 Abs. 5 GG) zu vereinbaren sind, erscheint äußerst zweifelhaft. Selbst wenn man sich dazu zwingt, arglos zu sein, wirft die Regelung doch ein bezeichnendes Licht darauf, für wie zweifelhaft die Regierungen ihre eigene Personalauslese ansehen, daß sie von vorneherein und ausnahmslos vor einer endgültigen Personalentscheidung zurückschrecken.

Als »**Zehnender**« bezeichnet der Verfasser die in Führungsposi- **37** tionen aufgerückten Beamten auf Lebenszeit, die erst nach Ablauf einer l0jährigen Dienstzeit ihr Beförderungsamt auf Lebenszeit bekommen (vgl. § 12b BRRG); sie gleichen römischen Legionären, denen erst nach Ablauf ihrer Dienstzeit das römische Bürgerrecht zuteil wurde. In Bayern gehören zu diesen »Legionären« neuerer Art die Amtschefs, die Bereichsleiter und die Abteilungsleiter in den obersten Landesbehörden, die Leiter und stellvertretenden Leiter von Behörden, soweit sie in der Besoldungsgruppe B eingestuft sind, und die Leiter von Organisationseinheiten von Behörden, soweit sie mindestens in der Besoldungsgruppe B 4 eingestuft sind. Hier dringt augenscheinlich ungebremst und schattenlos der Lichtschein der angeblich immer 100%ig leistungs- und erfolgsbesessenen Lichtgestalt»deutscher Industriemanager« ins»muffige Berufsbeamtentum« hinein. Motto: Bayerischer Spitzenbeamter sein heißt, erfolgreich wie die Bayerischen Motorenwerke (BMW) sein!

Die Bewährungszeit des»Zehnenders« teilt sich in zwei Amtsperioden von je fünf Jahren, wobei die Besoldung meilenweit hinter der jedes Industriemanagers – selbst von insolventen Firmen – zurückbleibt. Die Motivierungskunst des Staates ist deutlich auf der Strecke geblieben: Ein Abteilungsleiter der Besoldungsgruppe B 2 muß also mindestens vor seinem 55. Lebensjahr Präsident einer Bezirksfinanzdirektion (Besoldungsgruppe B 3) werden, um die geforderten zwei Amtsperioden vor seinem 65. Lebensjahr vollenden zu können. Will dieser Präsident nach Ablauf von sieben Jahren, also zwei Jahre nach seiner ersten Amtsperiode, auf einen Posten eines Präsidenten einer Bezirksdirektion (Besoldungsgruppen B 4) aufrücken, hat er die Beförderungsstelle B 3 noch nicht gesichert und fällt hinsichtlich der neuen Beförderungsstelle auf die erste Amtsperiode zurück, denn lediglich Zeiten, in denen dem Beamten »die leitende Funktion bereits übertragen worden ist«, werden bei der Festlegung der Dauer der ersten Amtsperiode angerechnet.

Die Neuregelungen hinsichtlich der Führungspositionen auf Zeit und auf Probe werden in der Fachliteratur fast einhellig als verfassungsrechtlich bedenkliche Einschränkung des Lebenszeitprinzips zu Gunsten einer Flexibilisierung bei der Ämtervergabe nach personalpolitischen Gesichtspunkten betrachtet. Dies gilt insbesondere für die Vergabe von Spitzenpositionen auf Zeit; die zugrundeliegenden Ideen gehen wohl auf ein Konzept der Minderheit der Studienkommission zur Reform des öffentlichen Dienstrechts zurück (Bericht 1973 S. 240 ff.).

Die vorgesehene Leistungsüberprüfung bis quasi zum letzten Dienstjahr wird ihre abschreckende Wirkung auf Spitzenbewerber für den öffentlichen Dienst nicht verfehlen. Die Regelung ist einäugig vom hohen Roß herunter getroffen worden. Wer wird sich tatsächlich als Spitzenmann einer II. Staatsprüfung auf eine Laufbahn einlassen, deren Spitzenpositionen vom Wohlverhalten gegenüber politischen Parteien abhängt. Ein Spitzenmann, der heute mit dreißig Jahren in eine weltweit agierende Anwalts-AG eintritt, kann erwarten, mit fünfundfünfzig Jahren sein Schäfchen im Trockenen zu haben. Er wird eher den Bundesdienst oder die Laufbahn eines Richters/Notars anstreben, wenn ihn nicht von vorneherein die Kärglichkeit der staatlichen Bezüge vom Staatsdienst abschreckt. Inwieweit die Personalabteilungen der einzelnen Ministerien in der Lage sind, einen Beamten in leitender Position wegen fehlender Leistungsfähigkeit oder Leistungsbereitschaft oder wegen Innovationsmangels für eine zweite Amtsperiode nicht mehr zu berücksichtigen, erscheint äußerst fraglich. Müssen sie sich doch bei jeder dieser Entscheidungen eine vorausgegangene eigene Fehlentscheidung aktenkundig bestätigen. Es ist deshalb schon eher wahrscheinlich, daß diese Beamten bei einem Regierungswechsel das Los politischer Beamten teilen. Von einer Partei, die in einem Bundesland schon über vierzig Jahre regiert, kann man freilich soviel Einsicht in die Dinge nicht verlangen. Alles unterliegt der Mode und diese richtet sich nach Amerika! Das dortige Patronagesystem des 19. Jahrhunderts läßt mit Verspätung grüßen: Deputy Secretaries, Undersecretaries, Assistant Secretaries und Deputy Assistant Secretaries, diese »In and Outers« sollen dem Berufsbeamtentum Paroli bieten und – unabhängig vom Parteibuch – für den jeweiligen Ministerpräsidenten möglichst kurzfristig und jederzeit austauschbar funktionieren. Seufzte doch bereits Goethe angesichts mancher Entscheidung seines Vorgesetzten, des Herzogs Carl August von Sachsen-Weimar-Eisenach: »Gehorchen ist mein Los, und nicht zu denken« (Torquato Tasso, 2. Aufzug, 4. Auftritt).

Im Gegensatz zu Arbeitern und Angestellten werden die Beamten nicht durch Arbeits- oder Dienstvertrag, sondern durch **Verwaltungsakt** zum **Beamten ernannt**, wobei die **Aushändigung** einer entsprechenden **Urkunde** für die Begründung des Beamtenverhältnisses konstituierend (für die Wirksamkeit erforderlich) ist. Dabei gilt äußerste Formenstrenge: Es genügt nicht, daß der zu Ernennende den Inhalt der Urkunde vorgelesen oder zu sehen

38

bekommt. Es reicht auch nicht, daß die Urkunde durch einen X-belie-
bigen (Nichtdienstvorgesetzten) überreicht wird oder dem Beamten
als Abschrift oder Kopie zugeht. Die Urkunde muß auch einen
gewissen Mindestinhalt aufweisen, inhaltlich klar sein und die
eigenhändige Originalunterschrift des Leiters der Ernennungs-
behörde oder eines Vertreters aufweisen. Es ist deshalb kein Wunder,
daß selbst altgediente Behördenleiter beim Umgang mit Ernen-
nungsurkunden noch feuchte Hände bekommen. Da die Ernennung
einen mitwirkungsbedürftigen Verwaltungsakt darstellt, muß der
zu Ernennende die Ernennung beantragen (Regelfall) oder der beab-
sichtigten Ernennung zustimmen. Für Einstellungen gibt es Höchst-
altersgrenzen. Für das Beitrittsgebiet (früher: DDR) gilt allgemein,
daß eine Ernennung zum Beamten auf Probe nicht mehr zulässig ist,
wenn der Bewerber das 50. Lebensjahr vollendet hat (Einigungsvertrag). Da der Beamte gegenüber seinem Dienstherrn zu treuem
verfassungsgemäßem Dienen verpflichtet ist, bekräftigt er zu Beginn
seines Beamtenverhältnisses seinen Willen zur verfassungsgemäßen
39 Pflichterfüllung durch **Leistung** des **Diensteides**. Die Form der
Eidesleistung entspricht dem Weh und Ach, dem alle weltanschauli-
chen Äußerungen in unserer heutigen Beliebigkeitsgesellschaft ausgesetzt sind (ohne Anrufung Gottes; ohne »Ich schwöre«; ganz ohne
Eid, weil nicht deutscher Staatsangehöriger; usw.).

Das dienstliche Schicksal des Beamten vermag auch noch durch
andere Hoheitsakte des Dienstherrn positiv oder negativ beeinflußt
40 zu werden. So kann der Beamte **abgeordnet** oder **versetzt** werden.
Die Abordnung ermöglicht dem Dienstherrn die Steuerung eines
zeitweiligen Personalbedarfs bei einer anderen Behörde oder einem
anderen Dienstherrn. Abordnung ist also die Anordnung einer vor-
übergehenden Dienstleistung des Beamten bei einer anderen
Dienststelle desselben oder eines anderen Dienstherrn unter Fort-
bestand der bisherigen Rechtsstellung, aber unter neuem Vorgesetzten. Im Gegensatz zur Abordnung dient die Versetzung entweder den privaten Interessen des Beamten (z.B. Zusammenführung
bislang getrennter Haushalte berufstätiger Ehegatten) oder den
Interessen des Dienstherrn (z.B. Sicherung von Funktions- und
Leistungsfähigkeit der öffentlichen Verwaltung). Im Unterschied

zur Abordnung weist die Versetzung rechtlich das Merkmal der Dauer auf. Eine weitere Personalverteilungsmaßnahme stellt die **Umsetzung** dar. Deren personalwirtschaftliche Funktion besteht in der Zuweisung eines anderen Dienstpostens innerhalb derselben Behörde durch Einzelbeauftragung oder allgemeinen Geschäftsverteilungsplan. Die Befugnis zur Zuweisung anderer Dienstaufgaben leitet sich aus der Organisationsgewalt der öffentlichen Verwaltung und dem Weisungsrecht des Dienstvorgesetzten ab, soweit nicht – wie bei den Richtern – ein gewähltes Kollektivorgan (Präsidium) hierfür zuständig ist oder bei den Hochschullehrern die Absicherung ihres Grundrechts der Freiheit der Forschung und Lehre dies verhindert. Keine Umsetzung ist entgegen dem Wortlaut der bloße Wechsel des Dienstzimmers oder die angeordnete Änderung der Arbeitszeit.

Die für eine Beamtenkarriere maßgebende Personalentscheidung ist die **Beförderung.**   41

Beförderung ist die Ernennung eines Beamten unter Verleihung eines anderen Amtes mit höherem Endgrundgehalt und anderer Amtsbezeichnung (Regelfall) oder die Verleihung eines anderen Amtes mit höherem Endgrundgehalt ohne Änderung der Amtsbezeichnung (Hauptfall: einem Ministerialrat in Besoldungsgruppe A 16 wird ein Amt der Besoldungsgruppe B 3 übertragen). Als Beförderung gilt auch der bloße Laufbahnwechsel (z.B. ein Oberamtsrat der Besoldungsgruppe A 13 wird Regierungsrat der Besoldungsgruppe A 13).

Das Rechtsinstitut der Beförderung ist wegen seiner haushaltsrechtlichen Auswirkungen von zahlreichen Einschränkungen umgeben; man nennt sie **Beförderungsverbote.** Die Beförderungsverbote   42
(mit Ausnahmemöglichkeiten) ergeben sich im wesentlichen aus dem BRRG:

Das Verbot der Anstellungsbeförderung (die Anstellung des Beamten ist nur in dem Eingangsamt seiner Laufbahn zulässig),

das Verbot der Sprungbeförderung (Ämter, die regelmäßig zu durchlaufen sind, dürfen nicht übersprungen werden), das Verbot der Eilbeförderung (während der Probezeit und vor Ablauf eines Jahres seit der Anstellung oder der letzten Beförderung darf der Beamte nicht befördert werden),

das Verbot der Altersbeförderung (eine Beförderung ist nicht zulässig innerhalb von zwei Jahren vor Vollendung des für die Altersgrenze maßgebenden Lebensjahres).

43 Es gelten auch **Wartezeiten.** Beförderungsämter dürfen erst nach Ablauf der vorgeschriebenen Wartezeiten verliehen werden; je nach Laufbahngruppe haben einzelne Bundesländer auch auf Wartezeiten verzichtet.

Es galt bisher, ein Mosaik oder auch Labyrinth von Vorschriften zusammenzutragen, um dem Leser klar zu machen, daß eine Karriere im öffentlichen Dienst in einem Geflecht von Bestimmungen abläuft, das äußerst wirksam sein kann, auf jede Weise für die Vorgesetzten unliebsame Bewerber zu bremsen, in Sackgassen rennen zu lassen oder sogar vor ein allgemeines Aus ihrer Karriere zu stellen. Die Beförderungsverbote machen klar, daß dem Staat bzw. den Regierenden im Staate in der Regel, wenn es nicht um eigene Günstlinge geht, an einer schnellen Karriere eines Beamten überhaupt nicht gelegen ist. Von unten, von Grund auf, von der Pike auf soll der Beamte langsam nach oben kriechen, erst einmal alle Zwänge der Tiefe auskosten, dabei nicht verzweifeln, immer den Marschallstab im Tornister fühlen, jedes Avancement als kaiserliche oder königliche Gnade empfinden; dankbar sein, daß man angesichts leerer Staatskassen ihn überhaupt noch alimentiert und sogar noch das Übel berücksichtigt, daß ein Weib sich eingelassen hat, dieses Gespenst eines Staatssklaven zu ehelichen.

Laufbahn, Besoldungsgruppe, alles Begriffe, die in der Umgangssprache eine bestimmte Bedeutung haben, leider aber den Nachteil aufweisen, daß ihr beamtenrechtlicher Sinn damit nur unzureichend erfaßt wird. Es warten also weitere rechtliche Unwegsamkeiten auf den Leser, nämlich die **Laufbahnbestimmungen und die für die Beamten geltenden Besoldungsvorschriften.**

B. Der berufliche Weg des Angehörigen des öffentlichen Dienstes

1. Das Laufbahnprinzip

Während beim Angestellten die Eingruppierung in eine Vergütungs- **44** gruppe die Wertigkeit seiner Stellung im öffentlichen Dienst bestimmt, gilt für den Beamten das **Laufbahnprinzip.** Jeder Beamte ist dienstlich einer Laufbahn zugeordnet. Eine Laufbahn umfaßt alle Ämter derselben Fachrichtung, die die gleiche Vor- und Ausbildung oder eine diesen Voraussetzungen gleichwertige Befähigung erfordern (**Laufbahnbefähigung**). Die Laufbahn legt auch zwingend die Besoldung des Beamten fest; dieser kann – es sei denn, es fände ein Laufbahnwechsel statt – nur die Ämter seiner Laufbahn erreichen und ist damit bezüglich seines beruflichen Weges streng begrenzt. Dieses den Berufsweg des Beamten einschränkende Laufbahnprinzip wird ob seiner starren Grundsätze immer wieder kritisiert. Es ist aber nicht damit zu rechnen, daß dieses Prinzip in absehbarer Zeit abgeschafft wird, aus dem einfachen Grunde, weil noch niemand ein besseres Verfahren zur Aufteilung der Verwaltungsaufgaben und zu ihrer Bewertung im öffentlichen Dienst erfunden hat. Die Unkündbarkeit des Beamtenverhältnisses und die Deckelung der Personalkosten lassen ein »Hire and fire« wie in der Privatwirtschaft nicht zu. Freilich kann nicht übersehen werden, daß das Laufbahnprinzip und damit die Steuerung des Berufsweges der Beamten durch die Einführung ständig neuer Sonderlaufbahnen ausgefranst und durch die Möglichkeit des Laufbahnwechsels durchlöchert ist. Je weiter eine Gesellschaft und ihr Rechtssystem fortschreitet, desto mehr finden sich Verästelungen und eine Hervorhebung des Speziellen zu Lasten des Allgemeinen, bis das Ganze statt einem kräftigen Strom einer Vielzahl allmählich versiegender Rinnsale gleicht.

Die Laufbahnen der Beamten versuchen alle im öffentlichen Dienst auftretenden Aufgaben zu erfassen und in **Ämter/Dienst- 45 posten** zu konkretisieren, die – wie bereits ausgeführt – dem tariflichen Tätigkeitsbereich des Arbeiters oder Angestellten entsprechen. Neben dem allgemeinen Verwaltungsdienst, der praktisch in jeder größeren Behörde erforderlich ist, werden auch ganz spezielle Dienste benötigt. Das Auswärtige Amt, das Bundesverwaltungsamt und das Bundesamt für die Anerkennung ausländischer Flüchtlinge bedürfen eines eigenen Sprachendienstes, der sich bis in die Dialekte vieler Länder erstreckt. Große Truppenübungsplätze stellen Jagd- und Forstbezirke dar, die eigene Forstämter erfordern, sollen die damit verbundenen Aufgaben nicht stiefmütterlich von Finanzbehörden mit erfüllt werden. Neben dem Polizeivollzugsdienst im Rahmen des Bundesgrenzschutzes kann die Bundesverwaltung natürlich auch nicht auf einen ärztlichen Dienst und auf die verschiedensten technischen, physikalischen und chemischen Dienste verzichten. Es darf hier auf die Ausführungen zum Zulagenwesen der Angestellten verwiesen werden. Einen Großteil der Angestelltenposten gibt es auch als Beamtenämter.

46   In den **Bundesländern** überwiegt zahlenmäßig das **Personal des nichttechnischen Dienstes** in der allgemeinen Verwaltung des Landes, der Bezirke, Landkreise, Städte und Gemeinden. Das gilt auch für die Körperschaften, Anstalten und Stiftungen des öffentlichen Rechts. Dazu kommen spezielle Fachrichtungen, z.B. der Ärztliche Dienst für Mensch und Tier (Gesundheits- und Veterinärämter, Medizinalreferate bei Regierungen und Ministerien), der bautechnische Dienst (Hoch- und Tiefbauämter, Straßenbauämter), der Eichdienst, der Forstdienst, der Justizdienst (außer Richter und Staatsanwälte), der Landwirtschaftsbereich, der Polizeivollzugsdienst, der Vermessungsdienst (soweit nicht völlig privatisiert), das Lehrpersonal zur Verwirklichung der Schulpflicht und der Weiterbildung sowie das Hochschulpersonal (für Akademien, Fachhochschulen und Universitäten).

Soweit es um die reine Verwaltung geht, also um das Personal des nichttechnischen Dienstes in der allgemeinen Verwaltung, sieht

47   das Gesetz **vier Anforderungs- und Befähigungsstufen** vor (sog. Laufbahn**gruppen**), nämlich den **einfachen, mittleren, gehobenen** und **höheren Dienst**. Die Zugehörigkeit einer Laufbahn zu einer der vier Laufbahngruppen richtet sich nach dem im Bundesbesoldungs-

gesetz aufgeführten Eingangsamt (ein Regierungsrat ist mit A 13 besoldet/bewertet; dies ist das Eingangsamt des höheren Dienstes; ein Regierungsrat gehört also dem höheren Dienst an). Für jede dieser Laufbahngruppen wird eine bestimmte erfolgreiche **Vorbildung** 48 gefordert. Dies führt dazu, daß mancher Minister zwar Vorgesetzter von Tausenden von Beamten ist, im Rahmen des Beamtensystems seiner Vorbildung nach aber lediglich dem mittleren Dienst angehören könnte. Der einfache Dienst ist dem Hauptschulabschluß, der mittlere Dienst der mittleren Reife (Realschule), der gehobene Dienst der Fachhochschulreife und der höhere Dienst der allgemeinen Hochschulreife (Abitur) zugeordnet. Der höhere Dienst setzt als Vorbildungsabschluß regelmäßig ein erfolgreiches Hochschulstudium, der gehobene Dienst ein Fachhochschulstudium (z.B. an einer Beamtenfachhochschule) voraus. Sind die Fachrichtungen stark spezialisiert, umfassen sie oft nur eine Laufbahngruppe (z.B. beim Ärztlichen Dienst).

Es gibt **Regellaufbahnen** und **Sonderlaufbahnen**. Sonderlauf- 49 bahnen wurden vom Gesetzgeber meist eröffnet, um wahlwirksam Gehaltsforderungen von Standesorganisationen oder allgemein bestehenden Nachwuchssorgen zu begegnen, z.B. das Lehramt an Grund- und Hauptschulen (große Wählerschicht) bzw. Justizvollzugsdienst oder Gerichtsvollzieher (schlechte Arbeitsbedingungen). Auf Sonderlaufbahnen besonderer Art innerhalb und außerhalb des Beamtenverhältnisses wird in Kapitel 2 eingegangen. Für Regellaufbahnen gilt das Verbot der Anstellungsbeförderung, in Sonderlaufbahnen können gemäß § 24 BBesG die Eingangsämter höheren Besoldungsgruppen zugewiesen werden; Zugangserfordernis ist zumeist eine besondere Prüfung, z.B. beim Gerichtsvollzieher zusätzlich zur erfolgreichen Ablegung der Prüfung für den mittleren Justizdienst das Bestehen der Prüfung für den Gerichtsvollzieherdienst.

Manche Sonderlaufbahnen stellen nur noch schlecht verhüllte Sonderbesoldungsordnungen dar. Ein Musterbeispiel ist die Verordnung über die Laufbahnen der bayerischen Polizeivollzugsbeamten vom 3. März 1994 (GVBl. S. 160) i. d. F. der VO vom 8. August 1995 (GVBl. S. 583). Während dem Vorwärtskommen anderer Beamtengruppen ständig neue Hemmnisse auferlegt werden, sieht man an dieser Rechtsvorschrift, daß die Polizeivollzugsbeamten sich in der Gunst und dem Wohlwollen des bayerischen Staatsministers des Innern sonnen können. Die Laufbahn wird quasi schon mit einem Trompetenstoß eröffnet: »Den Polizeivollzugsbeamten steht nach Eignung, Befähigung und Leistung ... grundsätzlich der Aufstieg in alle Ämter der Laufbahnen des Polizeivollzugsdienstes offen.« Die Beförderung zum Polizeiobermeister ist schon sechs Monate nach der Anstellung als Polizeimeister zulässig (Aufhebung des Verbots der Eilbeförderung!). Polizeihauptmeister mit Amtszulage, also Beamte des mittleren Dienstes, die das 46. Lebensjahr vollendet haben und sich mindestens drei Jahre im genannten Amt bewährt haben, können ohne Aufstiegsprüfung unmittelbar zum Polizei-oberkommissar (Beförderungsamt gehobener Dienst) ernannt werden. Zum Aufstieg in den höheren Polizeivollzugsdienst können Polizeibeamte zugelassen werden, die das 50. Lebensjahr vollendet haben, mindestens vier Jahre das Amt eines Ersten Polizeihaupt-kommissars innehaben und die uneingeschränkte Laufbahnbefä-higung für den gehobenen Polizeivollzugsdienst besitzen und »erkennen lassen, daß sie den Anforderungen des höheren Polizei-vollzugsdienstes gewachsen sein werden« und in der letzten peri-odischen Beurteilung mit dem Prädikat »sehr tüchtig« beurteilt worden sind. Der Verwendungsbereich kann Ämter bis zur Besol-dungsgruppe A 14 umfassen.

Wer sich mit der normalen Laufbahn- oder Aufstiegsprüfung schwer tut, tut also gut daran, die Adresse »Polizei« nicht aus den Augen zu verlieren, wo Prüfungen durch Unterweisungen ersetzt werden können. Abkömmlinge prominenter Personen sind deshalb auch tatsächlich – wie dies in England gang und gäbe ist – bei der Polizei zu finden. Ein berühmter Vater (ein Großvater, der Minister oder Parteivorsitzender war, tut' s auch!) könnte die erforderliche Eignungsfeststellung erleichtern.

Die vorstehenden Ausführungen sollen nicht den Eindruck erwecken, Beamte kämen regelmäßig – möglichst durch Nichtstun – zu gutbesoldeten Posten. Das Gegenteil ist der Fall! Die überwiegen-de Mehrzahl fleißiger Beamten bleibt in ihrer Laufbahn bei karger Besoldung eingesperrt.

Typischer Bildungs- und Berufsweg der Beamten
(Schema nach Monhemius, Beamtenrecht, C. H. Beck)

Besoldung	Stufe	Amtsbezeichnung	Laufbahn-Spitzenamt	Dienst	Endamt/Spitzenamt	Vorbildung
B	9,10	Ministerialdirektor		4: höherer Dienst	Endamt/Spitzenamt A16 oder B-Besoldung, A16 + Amtszulage	4: Hochschulabschluß
B	5,7	Ministerialdirigent				
B	3,4	Leitend. Ministerialrat				
B	2,3	Ministerialrat oder *				
A	16	Leitend. Direktor/*				
A	15	Direktor				
A	14	Oberrat				
A	13	Rat	Oberamtsrat (c)	3: gehobener Dienst	Endamt/Spitzenamt A13 + Amtszulage	3: Fachhochschulreife
A	12	Amtsrat				
A	11	Amtmann				
A	10	Oberinspektor				
A	9	Inspektor	Amtsinspektor (b)	2: mittlerer Dienst	Endamt/Spitzenamt A9 + Amtszulage	2: mittlere Reife
A	8	Hauptsekretär				
A	7	Obersekretär				
A	6	Sekretär				
A	5	Assistent	Oberamtsmeister (a)	1: einfacher Dienst	Endamt/Spitzenamt A6	1: erfolgreicher Besuch einer Hauptschule
A	4	Amtsmeister				
A	3	Hauptamts-				
A	2	Oberamtsgehilfe				

a = einfacher Dienst
b = mittlerer Dienst
c = gehobener Dienst

Das Laufbahnrecht sieht strenge Regeln zur Vor- und Ausbildung, für das Höchstalter bei Einstellungen, hinsichtlich Dauer der Probezeit oder Mindestbewährungszeit sowie – wie bereits ausgeführt – Verbote für Sprung- und Altersbeförderung vor. Wenn hier nach dem Recht Ausnahmen zulässig sind, sind hierfür bei Bund und Ländern **Personalausschüsse** zuständig. Diesen Ausschüssen, zumeist mit Ministerialbeamten besetzt, kommt bei ihrer Tätigkeit sachliche Unabhängigkeit zu, sie sind also nicht weisungsgebunden. Soweit ihnen Entscheidungsbefugnis eingeräumt ist, sind ihre Beschlüsse für die für die Personalmaßnahme zuständige Stelle/Behörde bindend; für den betroffenen Beamten stellen sie jedoch keinen anfechtbaren Verwaltungsakt, sondern einen innerdienstlichen Akt dar.

51 Eine schillernde Figur ist im Beamtenrecht der **andere Bewerber**. Dieser besitzt nicht die normale Laufbahnbefähigung. Dennoch sehen die Laufbahnverordnungen (z.b. § 38 der Bundeslaufbahnverordnung) die Möglichkeit vor, solche Personen einzustellen, wenn sie »durch ihre Lebens- und Berufserfahrung befähigt« sind, »im Beamtendienst die Aufgaben ihrer künftigen Laufbahn wahrzunehmen«. Ein bestimmter Vorbildungsgang und der für Laufbahnbewerber vorgeschriebene Vorbereitungsdienst dürfen von ihnen nicht gefordert werden. Andere Bewerber können grundsätzlich auch in eine Laufbahn des höheren Dienstes eingestellt werden. Einen Richter oder Staatsanwalt kann man auf diese Weise natürlich nicht machen, da die Voraussetzungen der Befähigung zum Richteramt gesetzlich vorgeschrieben sind und auch durch ein Verfahren zur Feststellung der Befähigung durch einen Personalausschuß nicht ersetzt werden können.

2. Sonderlaufbahnen besonderer Art innerhalb und außerhalb des Beamtenverhältnisses

– Die Angehörigen der W- und der R-Besoldung –

Dieses Kapitel befaßt sich mit den **Hochschullehrern** und den **52**
Richtern/Staatsanwälten. Die ersteren sind (noch) Beamte, die letzteren nicht. Für beide Angehörigen des öffentlichen Dienstes gelten jedoch in vielfacher Hinsicht die beamtenrechtlichen Vorschriften entsprechend und – mit gewisser Einschränkung – auch das Laufbahnprinzip. Da alle Angehörigen dem höheren Dienst angehören, entfällt ein Laufbahngruppenaufstieg.

Bei den **Richtern** sind die Spitzenämter in die R-Besoldung **53**
eingereiht (Richter der Verfassungsgerichte und -höfe der Länder erhalten in der Regel – nebenamtlich tätig – Zulagen oder Urteilsgebühren). Alle Berufsrichter bedürfen der **Befähigung zum Richteramt**. Diese erwirbt, wer ein rechtswissenschaftliches Studium an einer Universität mit der ersten Staatsprüfung und einen anschließenden Vorbereitungsdienst mit der zweiten Staatsprüfung abschließt. Die Ausbildung und die genannten Prüfungen sind von den einzelnen Bundesländern gesondert geregelt. Die Einzelheiten des Rechtsstatus der Richter ergeben sich aus dem Deutschen Richtergesetz i. F. der Bekanntmachung vom 19.April 1972 (BGBl. I S. 713), das unmittelbar geltende Bestimmungen für die Richter in Bund und Ländern (§§ 1–46a) und Rahmenvorschriften (§§ 71–84) enthält.

Auch die Richter am Bundesverfassungsgericht müssen die Befähigung zum Richteramt besitzen. Sie sind aber nur bedingt dem öffentlichen Dienst zuzurechnen. Sie gehören dem Bereich »Politik« an. Ihre Bezüge sind durch das »Gesetz über das Amtsgehalt der Mitglieder des Bundesverfassungsgerichts« geregelt. Dies läßt erkennen, daß sich die Bundesverfassungsrichter nicht dem öffentlichen Dienst angehörig fühlen. Der Präsident orientiert sich an den Besoldungsverhältnissen eines Bundesministers, der Vizepräsident an denen eines Staatssekretärs, die Richter an denen eines Präsidenten eines obersten Bundesgerichts (z.B. Bundesgerichtshof). Neben Dienstaufwandsentschädigung und erhöhtem Familienzuschlag genießen sie noch freie Benützung aller Verkehrsmittel der Deutschen Bahn AG.

Die obengenannte **R-Besoldung** beginnt mit R 1 (einige Euro höher als das Gehalt eines Regierungsrates) und endet bei R 10, also in der Höhe der Besoldung eines Viersternegenerals. Die Laufbahn der Richter weicht insoweit von der allgemeinen Beamtenlaufbahn ab, als das Eingangsamt ein Aufsteigen bis zum Amt eines Regierungsdirektors (A 15) und das erste Beförderungsamt eine Durchstufung bis zum Amt eines Leitenden Regierungsdirektors (A 16) ohne Beförderung – nur nach dem Lebensalter – vorsehen, während die noch höheren Ämter den festen Besoldungsämtern angehören. Sie können nur durch Beförderung erlangt werden, wobei allerdings bei Präsidenten – bei Erhöhung der Richterplanstellen im Bezirk – ein Aufrücken in die nächsthöhere Besoldungsstufe möglich ist.

An den Hochschulen sind zwei Laufbahnen vorgesehen. Die eine ist als reine Beamtenlaufbahn gestaltet und beginnt mit dem **Akade-**
54 **mischen Rat** als wissenschaftlichem oder künstlerischem Mitarbeiter an einer Hochschule (A 13), steigt über den Akademischen Oberrat (A 14) und Akademischen Direktor (A 15) zum Leitenden Direktor (A 16) auf. Für den eigentlichen Hochschullehrer gilt die
55 **Bundesbesoldungsordnung W.** In ihr sind die Ämter der Professoren sowie der hauptberuflichen Leiter und Mitglieder von Leitungsgremien an Hochschulen geregelt. Spitzenamt ist der Professor (W 3), früher Ordinarius genannt. Um ihn dreht sich eigentlich die gesamte Vorschriftenwelt des § 33 des Bundesbesoldungsgesetzes. Er kann Leistungsbezüge zum Grundgehalt bei Berufungen oder Bleibeverhandlungen (bei Ruf an eine andere Hochschule) erhalten. Ihm kann ein besonderer Leistungsbezug zum Grundgehalt gewährt werden, wenn er aus dem Ausland oder aus dem Bereich außerhalb der Hochschulen gewonnen werden soll oder wenn seine Abwanderung in den Bereich außerhalb der Hochschulen auf dem Gebiet der Bundesrepublik abgewendet werden soll. Soweit die Hochschullehrer in die Gruppen W 1, W 2 und W 3 eingestuft sind, setzt dies pädagogische Eignung, ein abgeschlossenes Hochschulstudium sowie »die herausragende Qualität einer Promotion« und im Bereich von W 2 und W 3 darüber hinaus je nach den Anforderungen der

Stelle zusätzliche wissenschaftliche Leistungen, zusätzliche künstlerische Leistungen oder besondere Leistungen bei der Anwendung oder Entwicklung wissenschaftlicher Erkenntnisse und Methoden in einer mindestens fünfjährigen beruflichen Praxis, von der mindestens drei Jahre außerhalb des Hochschulbereichs ausgeübt worden sein müssen, voraus.

Inwieweit Versuche des Gesetzgebers, die bisherige traditionelle Hochschullaufbahn und Besoldungsstruktur (C-Besoldung) zu ändern (vgl. 5. Hochschulrahmenänderungsgesetz und Professorenbesoldungsreformgesetz, jeweils vom 16.2.2002, BGBl. I S. 686 ff. und S. 693 ff.), u. a. durch Einführung des habilitationsfreien Juniorprofessors mit allgemein reduziertem Grundgehalt und Leistungsbestandteilen der Besoldung (variable Leistungsbezüge), erfolgreich sein werden, läßt sich derzeit noch nicht absehen.

3. Die Besoldung der Beamten, Richter und Hochschullehrer

Um einzelne Laufbahnen zu schildern und die Wertigkeit darin enthaltener Ämter zu würdigen, war es unvermeidbar, im Einzelfall bereits auf die Besoldung einzugehen. Nun soll ein systematischer Überblick nachgeholt werden.

Beamte, Richter und Hochschullehrer erhalten **Dienstbezüge**, im 56 Ausland zusätzlich Auslandszuschläge. Im Normalfall bestehen die Dienstbezüge aus **Grundgehalt**, **Familienzuschlag**, **jährlicher Sonderzuwendung** (Weihnachtsgeld), **vermögenswirksamen Leistungen** und dem **Urlaubsgeld** (soweit letzteres nicht durch die Haushaltszwänge entfällt). Hinzu können noch **Zulagen** (Amts-, Stellen- und Ausgleichszulagen) sowie **Vergütungen** (für geleistete Mehrarbeit, für Sitzungstätigkeit und für Vollstreckungsdienst) kommen. Die variablen Leistungsbezüge zum Grundgehalt bei Professoren (vgl. §§ 32–35 BBesG) wurden bereits erwähnt. Hinsichtlich der Zulagen besteht ein wahres Vorschriftenlabyrinth: Fundstellen sind zunächst im Bundesbesoldungsgesetz selbst, dann in den Vorbemerkungen in den Anlagen zum BBesG und drittens in Fußnoten zu den einzelnen Besoldungsgruppen enthalten.

57 Für die Beamten, Richter und Hochschullehrer bestehen geson- derte **Besoldungsordnungen**, die durch das Bundesbesoldungs- gesetz festgelegt sind. Hinsichtlich der Einzelheiten wird auf die im Anhang abgedruckten Anlagen des BBesG i. d. F. des Gesetzes vom 10.9.2003 (BGBl. I S. 1798 ff.) verwiesen. Wie bereits ausgeführt, han- delt es sich um eine bundeseinheitliche Regelung. Die Länder besit- zen ebenfalls Besoldungsgesetze hinsichtlich Beamtengruppen, für die der Bund keine Regelung getroffen hat (z.b. in Bayern: Geschäfts- führer bei der Handwerkskammer Coburg als der erste ständige Vertreter des Hauptgeschäftsführers A 15).

58 Die maßgeblichen Besoldungsordnungen **A, B, R** und **W** mit monatlichen Grundgehaltssätzen sind in **Besoldungsgruppen** eingeteilt, die neben dem Großbuchstaben der jeweiligen Besol- dungsordnung eine arabische Zahl aufweisen. So entspricht A 9 der Besoldungsgruppe 9 innerhalb der Besoldungsordnung A. Die Besoldungsgruppe kann wiederum Besoldungsstufen aufweisen (System der aufsteigenden Gehälter), nämlich die Besoldungsgrup- pen der Besoldungsordnungen A und R (bis einschließlich R 2); die Besoldungsordnungen B und W und die Besoldungsordnung R (von R 3 bis R 10) enthalten Besoldungsgruppen mit festen Grundgehäl- tern ohne Besoldungsstufen (das Dienst- oder Lebensalter spielt hier also keine Rolle!).

Dienstaufwandsentschädigungen dürfen nach § 17 BBesG nur gewährt werden, wenn aus dienstlicher Veranlassung Aufwendun- gen entstehen, deren Übernahme dem Beamten nicht zugemutet werden kann und im Haushaltsplan des Dienstherrn entsprechende Haushaltsmittel zur Verfügung stehen.

59 **Anwärter** und **Referendare**, also in der Regel Beamte auf Widerruf, erhalten **Anwärterbezüge**, deren Höhe sich nach der Art des Eingangsamtes der Laufbahn, dem Lebensalter und Familien- stand richtet.

4. Aufstieg in der Besoldungsgruppe, in der Laufbahngruppe und in eine höhere Laufbahn

Der **Aufstieg in der Besoldungsgruppe**, also von einer Besol- 60
dungsstufe zur nächsten, ist in den Besoldungsordnungen unterschiedlich geregelt. In der Besoldungsordnung A geschieht das
Aufrücken nach dem **Besoldungsdienstalter**. Das Grundgehalt 64
steigt bis zur fünften Stufe im Abstand von zwei Jahren, bis zur
neunten Stufe im Abstand von drei Jahren und darüber hinaus im
Abstand von vier Jahren. Um dem Vorwurf des starren und lei-
stungswidrigen Systems zu begegnen, wurde in neuester Zeit in der
Besoldungsordnung A das **Leistungsstufenprinzip** eingeführt. Da 62
es ein Musterbeispiel moderner Gesetzgebung ist (Es muß alles
flexibler werden! Wozu haben wir eine große Bürokratie?), soll es
hier vorgeführt werden:

Das Leistungsstufenprinzip bedeutet die Möglichkeit eines
schnelleren Vorrückens von Leistungsstufe zu Leistungsstufe, nachdem das Vorrücken zuvor vom Gesetzgeber verlangsamt und die
Androhung der Hemmung des Aufstiegs in den Stufen eingeführt
wurde. Gehen wir von einem fleißigen und einem faulen Beamten
bei einer Regierung mit 305 Beamten aus. Der fleißige Beamte bekleidet das Amt eines Inspektors A 9, ist 28 Jahre alt und käme am
1. März 2006 mit Vollendung des 29. Lebensjahres in die vierte
Besoldungsstufe. Bei der letzten periodischen Beurteilung erhielt er
10 Punkte. Erbringt dieser tüchtige Inspektor »dauerhaft herausragende Leistungen« (§ 27 Abs. 3 S. 1 BBesG), kann die nächsthöhere
Stufe, also die vierte, frühestens nach Ablauf der Hälfte des Zeit-
raums bis zu ihrem Erreichen als Grundgehalt **vorweg festgesetzt**
werden. Es kann also im Bereich des 2-Jahres-Rhythmus dem fleißigen Inspektor die vierte Besoldungsstufe bereits nach einem Jahr,
also zum 1. März 2005, vorweggewährt werden. So weit, so gut,
wenn da nicht der Finanzminister wäre! Leistungsstufen dürfen
nämlich in einem Kalenderjahr nur an bis zu **10 vom Hundert** der
am 1. Januar vorhandenen Beamten eines Dienstherrn in den Besoldungsgruppen der Besoldungsordnung A, die das Endgrundgehalt
noch nicht erreicht haben, gewährt werden – oder entfallen in einer

Haushaltskrise völlig. Sind weniger als zehn Beamte in den Besoldungsgruppen der Besoldungsordnung A bei einem Dienstherrn, z.b. bei Anstalten, Stiftungen und Körperschaften, kann in jedem Kalenderjahr einem Beamten eine Leistungsstufe gegeben werden. Im übrigen soll der Entscheidungsberechtigte alle Laufbahngruppen berücksichtigen. Das Bundesland Bayern legt in seiner »Verordnung über das leistungsabhängige Aufsteigen in den Grundgehaltsstufen« (vom 20.2.1998, GVBl. S. 62; geändert durch VO vom 15.12.1998, GVBl. Nr. 27) noch fest, daß auch alle Altersstufen berücksichtigt werden sollen. Eine Leistungsstufe soll zudem nicht innerhalb eines Jahres nach der Verleihung eines Amtes mit höherem Endgrundgehalt (also nach einer Beförderung) festgesetzt werden. Übertrifft die Zahl der Beamten mit der maßgeblichen Beurteilung oder Leistungseinschätzung die Zahl der Vergabemöglichkeiten, soll eine Auswahlentscheidung aus der Gruppe dieser Beamten getroffen werden, wobei als dienstlicher Belang insbesondere das Interesse des Dienstherrn berücksichtigt werden kann, eine möglichst große Zahl von Beamten zu motivieren. Bei einer Behörde mit 305 Beamten können 30 gefördert werden. Theoretisch weist die Besoldungsordnung A vier Laufbahngruppen auf, praktisch gehören bei einer Regierung die Mehrzahl der Beamten dem gehobenen und dem höheren Dienst an. Eine Vierteilung der 30 Vergabemöglichkeiten scheidet demnach aus. Grundlage der Quotenbestimmung sind Listen, die das Bundesamt für Finanzen (Bund) und die Bezirksfinanzdirektionen (beim Land) erstellen, in denen alle Beamten enthalten sind, die im neuen Kalenderjahr die Hälfte der Zeit des 2-Jahres-Rhythmus, des 3-Jahres-Rhythmus und des 4-Jahres-Rhythmus erreichen. Da die 10%-Quote insgesamt für alle Leistungsstufenvorwegnahmen gilt, ist es entscheidend, daß der Beamte gerade dann beim Hälftezeitpunkt ankommt, wenn die 10%-Quote nicht bereits besetzt ist. Nach Ablauf der Zeit, um die die Erhöhung des Grundgehalts vorgezogen worden ist, bestimmt sich die weitere Zuordnung zu den Stufen wiederum nach § 27 Abs. 1 Satz 2 BBesG gemäß den Leistungen des Beamten und dem Besoldungsdienstalter. Die Vorwegnahme der Leistungsstufe entfällt dann und belastet nicht mehr die 10%-Quote der Behörde oder des

Behördenzweigs. Die Vorgabe, daß alle Altersstufen berücksichtigt werden sollen, wird in der Praxis dahingehend verstanden, daß sowohl jüngere als auch ältere Beamte zum Zug kommen sollen. Eine besondere Frauenquote ist nicht vorgesehen, wird aber in der Regel eingehalten.

Gehen wir davon aus, daß von den Beamten der Regierung 10 dem einfachen, 60 dem mittleren, 120 dem gehobenen und 115 dem höheren Dienst zugehören, so fallen bei einer Dezimierung 1 Vergabemöglichkeit auf den einfachen, 6 auf den mittleren, 12 auf den gehobenen und 11 auf den höheren Dienst. Unzulässig wäre es, wenn unabhängig von der Laufbahngruppe die Vergabe nur nach dem Gesamturteil der Beurteilungen vorgenommen würde; dann würde nämlich der höhere Dienst der Nutznießer der Regelung sein. Wer älter als 49 Jahre ist und damit in der Regel die Endstufe erreicht hat, scheidet systemgerecht für eine Vorweggewährung aus.

Wie wird nun beurteilt, ob unser Inspektor **dauerhaft herausra-** **63** **gende Gesamtleistungen erbringt**? Im Rahmen der Bundesverwaltung erfolgt die Festsetzung der Leistungsstufe »auf der Grundlage einer aktuellen Leistungseinschätzung, die die dauerhaft herausragenden Gesamtleistungen dokumentiert«. Nach den Durchführungshinweisen muß es sich bei unserem Inspektor um einen konstanten Leistungsträger handeln. Da es sich um keine Beförderung dreht, ist keine Bindung an die dienstliche Beurteilung vorgesehen. Etwas nebulös und blauäugig klingt das weitere Leistungsprofil: »Für die Leistungseinschätzung ist das gesamte Leistungsbild des Beamten maßgebend. Der Entscheidungsberechtigte soll ohne Bindung an die letzte dienstliche Beurteilung und ohne Unterstützung durch die Personalverwaltung den leistungsstärksten Mitarbeitern eine Leistungsstufe gewähren. Er kennt am besten die aktuelle Leistung und den Beitrag zu der Gesamtleistung seines Verantwortungsbereiches.«

Da der Inspektor an einer bayerischen Regierung tätig ist, gilt für ihn die bayerische Regelung. Danach ist für die Feststellung einer herausragenden Leistung im Gegensatz zur Bundesregelung das **Gesamturteil der dienstlichen Beurteilung** maßgeblich. Unser Inspektor kann sich also mit seinen 10 Punkten der Konkurrenz stellen und müßte nach der allgemeinen Beurteilungspraxis damit auch Erfolg haben.

Der faule Inspektor weist nach der periodischen Beurteilung, die vor sechs Monaten wirksam geworden ist, das Gesamturteil »entspricht nicht den Anforderungen« (0 Punkte) auf. Anläßlich eines bevorstehenden regelmäßigen Aufsteigens in die Stufe vier wird hier das Verbleiben in der Stufe drei festgestellt. Letzterer Fall ist natürlich reine Theorie, weil die Regierung einen solch schlechten Beamten in der Praxis zu untergeordneten Behörden abschiebt oder, um Ungemach vor dem Verwaltungsgericht zu vermeiden, noch zwei bis drei Barmherzigkeitspunkte bei der Beurteilung oder während des verwaltungsgerichtlichen Verfahrens findet.

Durch dauerhaft herausragende Gesamtleistungen entsteht **kein Anspruch auf Gewährung einer Leistungsstufe!**

Wie bereits erwähnt, geschieht das Aufrücken in der Besoldungs-
64 ordnung A nach dem **Besoldungsdienstalter**. Mit diesem darf nicht das Allgemeine Dienstalter verwechselt werden, das bei Beförderungen zwischen gleich gut beurteilten Beamten eine Rolle spielen kann und zum Ausdruck bringt, wer von zwei Konkurrenten früher in sein jetziges Amt gelangt ist (z. B. zwei Oberregierungsräte: A ist zum 1.2.1998, B zum 3.5.2000 in die Besoldungsgruppe A 14 einge-rückt; A ist dienstälter). Das Besoldungsdienstalter beginnt am Ersten des Monats, in dem der Beamte das 21. Lebensjahr vollendet hat (§ 28 Abs. 1 BBesG). Das richtige Besoldungsdienstalter ist Gegenstand zahlreicher Verwaltungsgerichtsprozesse, da es im
65 Einzelfall **hinausgeschoben** wird oder **Dienstzeiten nicht aner-kannt** werden. Der Beginn des Besoldungsdienstalters wird um Zeiten nach Vollendung des 31. Lebensjahres, in denen kein An-spruch auf Besoldung bestand, hinausgeschoben, und zwar um ein Viertel der Zeit bis zum vollendeten 35. Lebensjahr und um die Hälfte der weiteren Zeit. Bei Beamten in Laufbahnen mit einem Eingangsamt der Besoldungsgruppe A 13 oder A 14 tritt an die Stelle des 31. das 35. Lebensjahr. Für Professoren gilt das 40. Lebensjahr. Durch das Hinausschieben des Beginns des Besoldungsdienstalters soll der Mangel an Diensterfahrung berücksichtigt werden, der bei einem später Ernannten als vorhanden unterstellt wird ,wobei die

zeitaufwendigere Ausbildung bei bestimmten Beamten des höheren Dienstes in Betracht gezogen wird. Aber sicher läßt auch hier der Finanzminister grüßen! Der maßgebliche Begriff des Anspruches auf Besoldung geht von der Einheit des öffentlichen Dienstes aus, die Besoldung muß nicht durch den Dienstherrn erfolgt sein, bei dem der Beamte jetzt angestellt ist. Dienstherr kann auch eine öffentlich-rechtliche Religionsgesellschaft oder ein mit der öffentlichen Hand finanziell verflochtener Arbeitgeber sein, der die im öffentlichen Dienst geltenden Tarifverträge oder Tarifverträge wesentlich gleichen Inhalts anwendet. Andererseits wird eine Tätigkeit im öffentlichen Dienst dann nicht anerkannt, wenn aus der Art der Tätigkeit eine besondere persönliche Nähe zum System der ehemaligen »Deutschen Demokratischen Republik« vermutet wird (z.b. bei einem früheren Vorsitzenden des Rates eines Kreises) oder wenn diese Nähe bei einer Tätigkeit für das Ministerium für Staatssicherheit unterstellt wird.

Der **Aufstieg in der Laufbahngruppe**, also in eine höhere **66** Besoldungsgruppe, geschieht durch Beförderung. Unser Inspektor, Besoldungsgruppe A 9, kann durch vier Beförderungen in das Spitzenamt seiner Laufbahn, in das Amt eines Oberamtsrates, gelangen. Ein Regierungsrat vermag durch drei Beförderungen in das Spitzenamt eines Leitenden Regierungsdirektors, Besoldungsgruppe A 16, zu kommen. Ihm stehen nach der Laufbahngruppe zwar noch **neun** Beförderungsämter (B 1 bis B 9; als Oberbürgermeister einer überschuldeten Großstadt sogar B 10!) offen, doch das Erreichen dieser Ämter ist – sieht man einmal von der Wahl zu einem kommunalen Wahlbeamten (berufsmäßiger Stadtrat, Bürgermeister oder Oberbürgermeister) ab – letztlich nur an obersten Dienstbehörden (Ministerien) oder durch vorübergehende Tätigkeit an diesen Behörden möglich (Regierungsdirektor oder Ministerialrat im Ministerium, dann Vizepräsident, Besoldungsgruppe B 3, an einer Regierung; oder Ministerialrat an einem Ministerium, dann Leiter einer Direktion für ländliche Entwicklung, Besoldungsgruppe B 3). Ausnahmen von diesen Königswegen der Karriere gibt es immer, z.B. wenn kein Ministerialer bereit ist, in die Provinz zu gehen, was meistens mit Zusagen weiterer Avancements verbunden werden muß, oder wenn ein Provinzheroe vorhanden ist, dessen politisches Gewicht Beachtung erheischt (z.B. ein Fraktionsvorsitzender der Regierungspartei sitzt im Stadtrat, der dem amtierenden Bürgermeister geistige Vorarbeit leisten muß und deshalb uner- und unversetzbar erscheint).

67   Zu beachten ist, daß es für die Beförderungsämter im mittleren, gehobenen und höheren Dienst **Obergrenzen** gibt.

Ohne freies Amt keine Beförderung!

Dies macht die Tragik manchen Beamtendaseins aus. Das Vorhandensein von Obergrenzen bedeutet, daß die Anteile der Beförderungsämter nach Maßgabe sachgerechter Bewertung einen gewissen Vomhundertsatz nicht überschreiten dürfen. Im öffentlichen Dienst scheidet deshalb die gelegentlich in der Privatwirtschaft anzutreffende Konstellation aus, daß 10 mißliebige Konkurrenten des Betriebsfriedens wegen einfach alle zu Vizepräsidenten der Gesellschaft ernannt werden.

68   Obergrenzen für Beförderungsämter

im mittleren Dienst	
in der Besoldungsgruppe A 7	40 v. H.,
in der Besoldungsgruppe A 8	30 v. H.,
in der Besoldungsgruppe A 9	8 v. H.,
im gehobenen Dienst	
in der Besoldungsgruppe A 11	30 v. H.,
in der Besoldungsgruppe A 12	16 v. H.,
in der Besoldungsgruppe A 13	6 v. H.,
im höheren Dienst	
in den Besoldungsgruppen A 15, A 16 und B 2 nach Einzelbewertung zusammen	40 v. H.,
in den Besoldungsgruppen A 16 und B 2 zusammen	10 v. H.

Die **Obergrenzen** für Beförderungsämter **gelten nicht** für die obersten Bundes- und Landesbehörden, die Hauptverwaltung des Bundeseisenbahnvermögens, das Direktorium und die Hauptverwaltungen der Deutschen Bundesbank, für Lehrkräfte, für Laufbahnen, in denen das Eingangsamt einer höheren Besoldungsgruppe zugewiesen worden ist, und für Bereiche eines Dienstherrn, in denen durch Haushaltsbestimmung die Besoldungsaufwendungen höchstens auf den Betrag festgelegt sind, der sich bei Beachtung der genannten Obergrenzen und später zu erlassenden Rechtsverordnungen zu § 26 Abs. 4 und 5 BBesG ergeben würde; letztere etwas kryptische Regelung zielt auf Bereiche ab, in denen die Personalaufwendungen budgetiert sind und bei Beibehaltung des höchstens zulässigen Gesamtbetrages der Besoldungsaufwendungen eine Verbesserung des Anteils von Beförderungsämtern in einer Besoldungsgruppe durch Verschlechterung der Anteile der Beförderungsämter in anderen Besoldungsgruppen im Rahmen einer Flexibilisierung – etwa gemäß der Altersstruktur – ausgeglichen werden kann. Bei Oberbehörden, wissenschaftlichen Anstalten (mit Forschung, die nicht unmittelbar Verwaltungszwecken dient) und entsprechenden Einrichtungen des Bundes und der Länder wie Wirtschaftsbetriebe und Staatsbäder, bei den Hauptstellen der Deutschen Bundesbank sowie bei einem Rechnungshof unmittelbar nachgeordneten Rechnungsprüfungsämtern können die Obergrenzen **überschritten** werden, soweit dies wegen der mit den Funktionen verbundenen Anforderungen erforderlich ist. Die Landesregierungen sind zudem ermächtigt, für die unterstehenden Körperschaften, Anstalten und Stiftungen des öffentlichen Rechts die Funktionen der Beamten zu bewerten und Obergrenzenbestimmungen zu erlassen.

Behörden ohne Obergrenzen für Beförderungsämter sind natürlich karriereträchtiger als weniger mit Beförderungsämtern gedüngte Arbeitsflächen in der Provinz. Diese Einsicht in die Beförderungsmöglichkeiten ist im Karrieredenken eine Überlegung wert.

Für die in den Laufbahnen des einfachen, mittleren und gehobenen Dienstes befindlichen Beamten bildet das Spitzenamt ihrer Laufbahn, Oberamtsmeister, Amtsinspektor, Oberamtsrat mit der damit jeweils verbundenen Besoldungsgruppe A 6, A 9 und A 13 das letzte mögliche Beförderungsamt. Weitere Beförderungen sind hier

69 nur noch bei einem **Aufstieg in eine höhere Laufbahngruppe** zulässig. Bei der Darstellung »Typischer Bildungs- und Berufsweg der Beamten« ist bereits deutlich geworden, daß das Laufbahnprinzip zu den Spitzenämtern hin aufgelöst wurde, indem die Hürde der

69 Laufbahngruppe durch **Verzahnungsämter** (z.B. Oberamtsrat/Rat) übersprungen werden kann. Unabhängig davon sind sämtliche Laufbahngruppen – außerhalb der Sonderlaufbahnen und der Laufbahnen, für die eine bestimmte Vorbildung, Ausbildung oder Prüfung durch besondere Rechtsvorschrift vorgeschrieben oder nach ihrer Eigenart zwingend erforderlich ist – zum Aufstieg geöffnet.

Ein erfolgreicher Aufstieg führt zu einer Gleichstellung mit den Beamten der höheren Laufbahngruppe. Beim Bund besteht jedoch

71 auch die Möglichkeit eines **Aufstiegs für besondere Verwendungen**; hier werden die Beamten nicht in die Aufgaben der Laufbahn, sondern nur in die Aufgaben eines bestimmten Verwendungszwecks eingeführt, dem die Ämter der unteren Besoldungsgruppen dieser Laufbahn zugeordnet sind (z.B. Befähigung nur für höchstens ein Amt der Besoldungsgruppe A 11).

Zum Aufstieg können Beamte zugelassen werden, die schon eine Dienstzeit von einiger Dauer zurückgelegt, sich bewährt und ein gewisses Beförderungsamt erreicht haben. Sie durchlaufen regelmäßig ein **Auswahlverfahren**, in dem die Eignung für den Aufstieg festgestellt werden soll. Auswahlkriterien sind die Anforderungen der künftigen Laufbahnaufgaben und der vorgesehenen Einführung (die Beamten werden in die Aufgaben der neuen Laufbahn durch die für die Laufbahn eingerichtete Ausbildung **eingeführt**). Die Zahl der Aufstiegsbewerber aus den Laufbahnen des einfachen und mittleren Dienstes ist meistens so groß, daß eine Vorauswahl auf der Grundlage der dienstlichen Beurteilungen und sonstiger Anforderungen zu treffen ist. Eine unabhängige und an Weisungen nicht gebundene Auswahlkommission unterbreitet dann **Vorschläge**.

Beim Aufstieg aus einer Laufbahn des mittleren oder des gehobenen Dienstes findet in der Regel auch eine schriftliche Prüfung statt. Über die Zulassung zum Aufstieg **entscheidet** endgültig die **oberste**

Dienstbehörde unter Berücksichtigung des Vorschlags der Auswahlkommission.

Sind vom letzten Auswahlverfahren befähigte, aber nicht zum Zug gekommene Aufstiegsbewerber vorhanden, können diese in die neue Auswahl mit einbezogen werden. Eine zwingende, durch eine bestimmte Vorbildung, Ausbildung oder Prüfung zu erwerbende Laufbahnvoraussetzung kann nicht durch eine Aufstiegsprüfung ersetzt werden (z.b. Approbation als Arzt oder Pharmazeut). Für den Aufstieg gibt es **Altersgrenzen**. Zu Beginn der genannten Einführung dürfen die Aufstiegsbewerber das 58. Lebensjahr noch nicht vollendet haben. Andererseits müssen Beamte des gehobenen Dienstes, die in den höheren Dienst nur zur besonderen Verwendung aufsteigen wollen, mindestens das 50. Lebensjahr erreicht haben.

In den **Bundesländern** sind – wie bereits zum bayerischen 72 Polizeivollzugsdienst ausgeführt worden ist – teilweise prüfungserleichterte oder gar prüfungsfreie Möglichkeiten des Aufstiegs geschaffen worden. Oft handelt es sich in Wahrheit um reine Besoldungserhöhungen auf breiter Front, die zu Lasten anderer Beamtengruppen oder der normalen Laufbahnbeamten gehen und in der Regel dem Leistungsprinzip widersprechen.

C. Welche Umstände sehen Verfassung, Gesetze und Laufbahnvorschriften als Voraussetzung für eine Karriere vor?

1. Der Begriff der Karriere

Sollen wir uns mit der kategorischen Feststellung *Laurence J. Peters,* **73** des Verfassers des »Peter-Prinzips«, begnügen, das Symptom einer erfolgreichen Karriere innerhalb eines Verwaltungsapparats sei ein Magengeschwür. Aber Magengeschwüre sind doch wohl noch häufiger die Folgen eines erfolglosen Strebens nach beruflicher Aufwärtsentwicklung. Und was trägt dies zur Klärung des Begriffs »Karriere« bei?

Als der Verfasser in den 60er Jahren als Assessor frisch vom Examen und entsprechend ehrgeizig bei einer bayerischen Regierung seinen Dienst antrat, da mußte er sich von den Referatsleitern, zu denen er reihum zur Ausbildung herumgereicht wurde, nicht einmal, sondern mehrmals, folgende Bosheit anhören: »Herr Assessor, jetzt mit 30 träumen Sie noch davon, Ministerialdirektor oder zumindest Regierungspräsident zu werden. Wenn Sie erst 40 sind, werden Sie sich mit Ministerialdirigent oder Ministerialrat bescheiden. Mit 50 sind Sie auch mit Oberregierungsdirektor (nun: Leitender Regierungsdirektor) oder Regierungsdirektor zufrieden. Mit 60 erscheint Ihnen sogar eine Beförderung zum Oberregierungsrat nicht völlig schlecht und damit werden Sie auch in den Ruhestand gehen.« Augenscheinlich enthält die Geschichte einen stufenweisen Abstieg der Laufbahnerwartungen eines höheren Verwaltungsbeamten vom Ministerialdirektor zum Oberregierungsrat. Die Wahrheit war, daß noch im Jahre 1965 ein Oberregierungsrat in einer obersten Bundesbehörde ein in Aufgabenstellung und Erfahrung **herausgehobener** Hilfsreferent war. Bei welchem Amt beginnt sich der Begriff der Karriere zu verflüchtigen und gleichzeitig der Erkenntnis Platz zu machen, daß die Weltgeschichte ohne den Beamten ihren Ablauf nehmen werde?

Eine etymologische Forschung zu Ursprung und Geschichte des Wortes »Karriere« führt nicht viel weiter. Das französische Wort »carriere« bedeutet im übertragenen Sinne »Lebenslauf« oder »Laufbahn« und ist in letzterer Bedeutung in die deutsche Sprache übernommen worden. Man spricht von einer »diplomatischen Karriere« oder einer »Karriere in der Armee«, wobei dem Wort gelegentlich auch die weitere Aussage einer bedeutsamen, rasanten Laufbahn zukommt. Die Feststellung, »der A hat aber Karriere gemacht«, ist deshalb doppeldeutig: Sie kann bedeuten, daß A gewisse Beförderungsämter schnell erlangt (besondere Beförderungsgeschwindigkeit) oder aber, daß er überhaupt hohe Ämter im öffentlichen Dienst erreicht hat (Spanne zwischen Ausgangsposition und Endposten). In der Praxis besteht in der Regel allerdings zwischen einer rasanten und einer bedeutsamen Karriere kein gewichtiger Unterschied, da die neu eingeführten Spitzenämter des Beamten auf Probe in leitender Funktion und des Beamten auf Zeit (vgl. RdNrn. 35a und 37) nur bei einem schnellen und zügigen Avançement in jungen Jahren erreicht werden können. Oft wird der

73a **Weg in die Chefetage** als Karriereziel angesehen. Chef oder Boss sein, das wär' s! Aber Boss zu sein ist immer eine relative Sache. Es gibt immer noch obere und oberste Bosse. Oder machen es die

74 **Insignien der Macht?** Zunächst eine Tür mit einem Namen drauf, kein Dahinvegetieren in einem Großraumbüro. Eintreten darf nur, wer geklopft und die Erlaubnis erhalten hat – mit Ausnahme des Stoffels von Aktenboten. Im Idealfall kommt ein Büro mit Vorzimmer hinzu, in dem eine reizende, aber energische Dame über die Privatsphäre des Chefs wacht. Wer wirklich auf Status hält, benötigt eine Tür mit **zwei Flügeln**, dazu einen Teppich, auf dem ein futuristischer Drehsessel prangt. Ach! Beinahe hätte der Verfasser den »Altar«, also den Schreibtisch, vergessen. Er ist ehrwürdig durch die auf ihm durchgeführten Opfer, groß, aber im Hinblick auf seine Ehrwürdigkeit ohne Akten, dafür mit einer Unzahl von Telefonen besetzt. Empfehlenswert ist noch ein Seitenaltar mit elektronischer Galaausstattung und stets eingeschaltetem Bildschirm.

Die Wirklichkeit entspricht aber oft dem Worte Gaius Julius Caesars beim Anblick eines elenden Alpendorfes:»Ich möchte lieber der erste hier, als der zweite in Rom sein.«Denn je näher die Beamten dem Dunstkreis der Macht (sprich: Staatssekretäre und Minister) kommen, umso eher müssen sie mit einem Dachkämmerchen auf teppichlosem Boden und hartem Stuhl mit Blick auf das Spatzenglück in der Dachrinne vorliebnehmen, denn die sogenannte Führungsmannschaft (F 1 bis F x) dehnt sich ständig aus. Der zweitrangigste Regierungsrat an einem bayerischen Landratsamt kann sich so –was die Insignien der Macht anbelangt – hoch erhaben über dem Ministerialrat eines bayerischen Staatsministeriums dünken.

Was immer also ein Beamter in seinen Träumen als Karriere ersehnt, es wird sich an dem ausrichten, was er persönlich als erstrebenswert ansieht. Das wird natürlich nicht zuletzt auch durch seine familiären Verhältnisse bestimmt. In der von *Niklas Luhmann* und *Renate Mayntz* im Auftrag der Studienkommission für die Reform des öffentlichen Dienstrechtes durchgeführten empirischen Untersuchung, die u. a. der Frage nachging, ob Angehörige des mittleren, gehobenen und höheren Dienstes die Übernahme des nächsthöheren Amtes für erstrebenswert hielten, wenn mit dem Aufstieg ein **Wohnortswechsel** verbunden ist, zeigte sich, daß lediglich die Angehörigen des höheren Dienstes die Frage bejahten. Ein Haus in der Heimatgemeinde, der sichere Arbeitsplatz der Ehefrau, die Nähe der Eltern, der vorhandene Freundeskreis, die Mitgliedschaft im Sportverein bilden Vorteile, denen gegenüber die mit einer Beförderung verbundene kärgliche Gehaltserhöhung nicht ins Gewicht fällt. Die zusätzliche Titelverleihung ist heute gesellschaftlich praktisch bedeutungslos.

Wie relativ der Begriff der Karriere ist, verdeutlicht ein Blick auf die unterschiedlichen Verhältnisse in einer Landeshauptstadt und einem Provinzstädtchen. In der Landeshauptstadt zählt zur Prominenz des öffentlichen Dienstes, wer der Umgebung des Ministerpräsidenten zugehört. Das sind die Kabinettsmitglieder, die Spitzenbeamten der verschiedenen Ministerien, die Bürgermeister der Stadt, die Oberpräsidenten der Gerichte und die Leiter der oberen Landesbehörden und wirklich großer Mittelbehörden. Diese Beam-

75

ten stehen auf der »ewigen« Einladungsliste des Protokollchefs der Staatskanzlei und sind hierdurch quasi »geadelt«. Im Provinzstädtchen sieht das ganz anders aus: Hier besteht der »Verein der Behördenchefs« und schon der Leiter einer Filiale der Landeszentralbank, als Oberregierungsrat nach A 14 besoldet, zählt zur Prominenz des öffentlichen Dienstes.

Der Begriff der Karriere ist nicht nur relativ, sondern zudem oft bis zu einem rein subjektiven Empfinden verflüchtigt. Kann man die vorgenannten Insignien der Macht, z.b. die Ausstattung des Dienstzimmers, noch zu den objektiven Statussymbolen rechnen, so treten bei Vertretern der jüngeren Generation ganz andere Probleme auf. Die Zeiten des Nachkriegselendes und des Wiederaufbaus liegen lange zurück. Sie haben bereits etwas Sagen- und Märchenhaftes an sich. Zwangsläufig ist nun eine »Hätschelgeneration« herangewachsen. Im allgemeinen Wohlstand ging das Wertgefühl für Geld verloren. Hieraus ergeben sich auch im öffentlichen Dienst Konflikte: Das »money making« und bloße finanzielle Anreize verlieren an Anhängern. Das reine Steigern des Jahreseinkommens gilt nicht mehr unbedingt als wünschenswert. Die Vertreter der jüngeren Generation sind selbstbewußt, intolerant gegen unklar definierte Verantwortlichkeiten und vor allem äußerst sensibel gegen den Mangel an individueller, kontinuierlicher Aufmerksamkeit sowie Bestätigung ihrer Arbeitsleistung und ihrer Person. Sie wünschen in erster Linie optimale individuelle Förderung, fachlich wie menschlich (schlicht: Nestwärme). Gewährleistet dies ein Dienstherr nicht, kommt es zur Fluktuation. Dieses Bestreben, im Beruf das möglichst größte Glücksgefühl zu erlangen, stellt sich selbst außerhalb der Reichweite des Begriffs der Karriere im öffentlichen Dienst. Denn dieser Begriff umfaßt auch und gerade eine höhere Verantwortungs- und größere Konfliktbereitschaft, eine längere Arbeitszeit und das Zurückstellen privater Interessen. Im übrigen greift auch im öffentlichen Dienst der Arbeitsplatzmangel um sich. Die »Hätschelgeneration« wird von ihm kalt erwischt.

Der Begriff der Karriere kann sich im öffentlichen Dienst nicht abseits der vom Gesetzgeber vorgenommenen Bewertung der Ämter in den Besoldungsordnungen (sogenannte normative Ämterbewertung) definieren. Er ist deshalb möglichst von allen subjektiven Vorstellungen und Urteilen zu entkleiden. Der Aufstieg in den Besoldungsgruppen verbindet sich in der Regel mit vermehrter Herrschaftsausübung infolge Erweiterung der Kompetenzen und Vergrößerung des Mitarbeiterstabes. Darin verkörpert sich (noch) – fernab von einem übersteigerten Individualismus – der Begriff des Avançements, der Karriere.

Karriere macht, wer 76
1. **das Spitzenamt seiner Laufbahn oder**
2. **nach Aufstieg ein Beförderungsamt der höheren Laufbahn oder**
3. **ein Amt mit fester Besoldung**
erreicht.

Karriere dürfen wir es nennen, wenn ein Sekretär Amtsinspektor, ein Inspektor Oberamtsrat, ein Regierungsrat Leitender Regierungsdirektor, ein Hochschullehrer Professor der Besoldungsgruppe W 3 wird.

Den beruflich erfolgreichen Beamten sind dann die Aufstiegsbeamten zuzurechnen: Ein Sekretär, der nach Aufstieg Amtmann, ein Inspektor, der nach Aufstieg Regierungsdirektor wird.

Beamte, Richter und Staatsanwälte erreichen ein exklusives Spitzenamt, wenn sie in ein Amt der Besoldungsordnung B bzw. der Besoldungsgruppe R 3 aufwärts gelangen. Diesen Ämtern ist in der Regel gesetzlich eine Funktion zugeordnet. Ein Regierungspräsident ist je nach Einwohnerzahl des Regierungsbezirks in der Besoldungsgruppe B 7 oder B 8. Damit ist ihm auch die Funktion des Behördenleiters einer Regierung verliehen; er kann nicht als Abteilungsleiter oder Stellvertreter des Behördenleiters eingesetzt werden. Ein Landgerichtspräsident ist bis zu 40 Richterplanstellen im Landgerichtsbezirk in die Besoldungsgruppe R 3 eingestuft. Wie jeder Richter ist er amovibel, daß heißt, nicht ab- und nicht versetzbar. Aber auch innerhalb des Landgerichts kann ihm kein Präsidium die Leitungsgeschäfte entreißen, da seine Verwaltungstätigkeit nicht zur Disposition des Präsidiums steht. Das Amt eines Direktors beim

Deutschen Bundestag ist vom Gesetzgeber mit B 10 bewertet worden. Diese herausragende Funktion kann ihm – ohne Disziplinarverfahren – nicht entzogen werden. Er kann also nicht einfach, wenn er der Bundesregierung unbequem geworden ist, auf den gleichbewerteten Posten eines Direktors beim Bundesrat versetzt werden (Ausnahme nach § 36 BBG). Feste Gehälter sind für diese Leitungsfunktionen deshalb vorgesehen, weil sie nach Auffassung des Gesetzgebers Beamten übertragen werden, die schon Erfahrungen in den verschiedensten Bereichen des öffentlichen Dienstes gesammelt haben. Eine altersbezogene Steigerung nach Dienstaltersstufen – wie im Bereich der Bundesbesoldungsordnung A – ließe sich unter dem Aspekt des Anwachsens der beruflichen Erfahrung (vgl. RdNr. 58) kaum rechtfertigen. Die herausragende Stellung der Ämter mit festen Gehältern ergibt sich auch aus der Vorbemerkung Nr. 21 zu den Besoldungsordnungen A und B (Anlage I des Bundesbesoldungsgesetzes). Danach dürfen die **Ämter der Leiter von unteren Verwaltungsbehörden** mit einem beim jeweiligen Dienstherrn örtlich begrenzten Zuständigkeitsbereich (vgl. RdNr. 12) – mit Ausnahme der Ämter der Polizeipräsidenten – sowie die **Ämter der Leiter von allgemein bildenden oder beruflichen Schulen** nur in Besoldungsgruppen der Besoldungsordnung A (gemeint sind die der Länder) eingestuft werden.

77 Bei **Angestellten** kann man von Karriere sprechen, wenn sie die **Spitzenvergütungsgruppen** (BAT I a, I b) oder eine **außertarifliche Vergütung** erreicht haben.

2. Zielvorgaben in Rechtsvorschriften

Der römische Kaiser Augustus setzte in erheblichem Umfang »servi publici«, also Staatssklaven, in seiner Zivilverwaltung ein. Er wollte damit diese Verwaltungsstellen von der Klientel des Senats und der Ritterschaft freihalten. Auch die Amtskirche des Mittelalters suchte
78 durch Betonung des **Leistungsprinzips** die kirchliche Verwaltung aus den Händen des Adels und seiner Hintersassen zu befreien. Ähnliche Bestrebungen prägten die Lehren der Kameralwissen-

schaft in der Zeit der Aufklärung. In der napoleonischen Zeit setzte sich der ungehinderte Zugang aller (männlichen) Staatsbürger zum Staatsdienst in den süddeutschen Ländern durch. Als Ergebnis dieser Anschauungen findet sich dann in der Paulskirchenverfassung (Abschnitt IV Art. II § 137 Abs. 6) der Satz:»Die öffentlichen Ämter sind für alle Befähigten gleich zugänglich.« Das Erfordernis der »Befähigung« wurde durch die Weimarer Reichsverfassung von 1919 um das Kriterium»Leistung« ergänzt. Art. 128 Abs. 1 WRV traf folgende Bestimmung:»Alle Staatsbürger ohne Unterschied sind nach Maßgabe der Gesetze und entsprechend ihrer Befähigung und ihrer Leistung zu den öffentlichen Ämtern zuzulassen.« Das Grundgesetz hat mit der»Eignung« ein drittes Erfordernis hinzugefügt. Art. 33 Abs. 2 GG formuliert das Recht auf Zugang zu den öffentlichen Ämtern nun wie folgt:»Jeder Deutsche hat nach seiner Eignung, Befähigung und fachlichen Leistung gleichen Zugang zu jedem öffentlichen Amte.« Art. 33 Abs. 3 GG statuiert weiter, daß »die Zulassung zu öffentlichen Ämtern unabhängig von dem religiösen Bekenntnis« ist, und»Niemandem darf aus seiner Zugehörigkeit oder Nichtzugehörigkeit zu einem Bekenntnis oder einer Weltanschauung ein Nachteil erwachsen«. Die Bestimmungen gelten gleichermaßen für Beamte und sonstige Arbeitnehmer im öffentlichen Dienst.

Die Verfassungen haben sich in erster Linie mit dem Zugang zu den öffentlichen Ämtern befaßt, da der Beförderung von Beamten früher nicht die politische Bedeutung zukam, wie das heute der Fall ist. Noch in der unmittelbaren Nachkriegszeit war es nicht außergewöhnlich, daß Beamte im Eingangsamt ihrer Laufbahn in Pension gingen. Die Leiter kleinerer Behörden waren Oberinspektoren, der Stellenkegel war steiler und die Zahl der Beförderungsämter kleiner.

Das Bundesverfassungsgericht zählt den **Leistungsgrundsatz** zu den die Institution des Berufsbeamtentums seit jeher prägenden Grundsätzen i. S. des Art. 33 Abs. 5 GG. **Jede Beförderung sei auf der Grundlage der Eignung, Befähigung und fachlichen Leistung des Beamten vorzunehmen;** mit einer solchen ordnungsmäßigen Beförderung – der in der Regel eine Stellenausschreibung mit anschließender Bewerbung einer Mehrzahl von Beamten vorausge-

79

he, die zu diesem Zweck besonders beurteilt würden und von denen schließlich der Beste auszuwählen sei – würden seine Eignung, Befähigung und fachliche Leistung förmlich anerkannt; er werde mit seiner Beförderung Inhaber eines Amtes mit größerem Verantwortungsbereich und damit zugleich aus der Gruppe derjenigen Beamten herausgehoben, die vorher mit ihm das gleiche, geringer eingestufte Amt innegehabt hätten (vgl. Beschluß vom 4.2.1981, BVerfGE 56, 146 ff., 163 f.).

Hehre Gedanken oder Sancta simplicitas?!

80 Das **Beamtenrecht** nimmt die Verfassungsbestimmung des Art. 33 Abs. 2 GG auf. Nach § 8 BBG sind Bewerber um ein Amt durch Stellenausschreibung zu ermitteln. Ihre Auslese ist nach Eignung, Befähigung und fachlicher Leistung ohne Rücksicht auf Geschlecht, Abstammung, Rasse, Glauben, religiöse oder politische Anschauungen, Herkunft oder Beziehungen vorzunehmen. Die Pflicht zur Stellenausschreibung gilt nicht für die Stellen der Staatssekretäre, Abteilungsleiter in den Bundesministerien und Leiter der den Bundesministerien unmittelbar nachgeordneten Behörden sowie der bundesunmittelbaren Körperschaften, Anstalten und Stiftungen des öffentlichen Rechts. Im Zuge der Frauenförderung sollen Frauen zur Abgabe einer Bewerbung aufgefordert werden.

§ 23 **BBG** verkündet vollmundig, daß Beförderungen nach Eignung, Befähigung und fachlicher Leistung ohne Rücksicht auf Geschlecht, Abstammung, Rasse, Glauben, religiöse oder politische Anschauungen, Herkunft oder Beziehungen vorzunehmen seien.

Allgemeine Eignung, Befähigung und fachliche Leistung des Beamten werden entweder periodisch oder aus aktuellem Anlaß **81** beurteilt. Dienstliche Beurteilungen werden als ein unentbehrliches Personalbewirtschaftungsinstrument betrachtet. Sie sollen dem Dienstherrn einen regelmäßigen Überblick über das Leistungspotential seiner Bediensteten ermöglichen und ihm eine Grundlage für Auswahlentscheidungen über die dienstliche Verwendung und das berufliche Fortkommen verschaffen. Zum anderen sollen die Bediensteten zu einer bestmöglichen Entfaltung ihrer Kräfte im beruflichen Bereich angespornt werden. Darüber hinaus ist in verschiedenen Bundesländern die dienstliche Beurteilung eine maßgebliche

Grundlage für Entscheidungen über das leistungsabhängige Aufsteigen oder Verbleiben in den Grundgehaltsstufen. Das Nähere regelt für Bundesbeamte die Bundeslaufbahnverordnung, für Landesbeamte die jeweilige Landeslaufbahnverordnung und materielle Beurteilungsrichtlinien. Die Beurteilung ist ein Tatsachen- und/oder Werturteil. Sie stellt nach der Rechtsprechung des Bundesverwaltungsgerichts keinen Verwaltungsakt dar, sondern eine sonstige verwaltungsgerichtlich überprüfbare Personalmaßnahme. Die Beurteilung ist dem Beamten in ihrem vollen Wortlaut zu eröffnen und mit ihm zu besprechen. Die Eröffnung ist aktenkundig zu machen und mit der Beurteilung zu den Personalakten zu nehmen (§ 40 Bundeslaufbahnverordnung). Die obersten Dienstbehörden können Ausnahmen von der regelmäßigen Beurteilung (mindestens alle fünf Jahre; in den Ländern vier Jahre) und bei Beamten, die das 50. Lebensjahr vollendet haben, auch von der nichtregelmäßigen Beurteilung zulassen.

Die Bewertung erfolgt nach dem **System der Prüfungsnoten** 82 oder mit einer **Punkteskala** (von 1 bis 16 Punkten bezüglich der einzelnen Leistungs-, Eignungs- und Befähigungsmerkmale sowie bezüglich des Gesamturteils). Bei der Bildung des Gesamturteils sind die bei den Einzelmerkmalen vergebenen Wertungen unter Berücksichtigung ihrer an den Erfordernissen des Amtes und der Funktion zu messenden Bedeutung in einer Gesamtschau zu bewerten und zu gewichten. Die für die Bildung des Gesamturteils wesentlichen Gründe sind in den **ergänzenden Bemerkungen** darzulegen.

Die dienstliche Beurteilung wird, soweit die Dienstaufsicht nicht anderweitig geregelt ist, vom Leiter der Behörde erstellt, der der Beamte im Zeitpunkt der dienstlichen Beurteilung angehört. Die Behördenleiter werden – wenn überhaupt – von dem Leiter der vorgesetzten Dienststelle beurteilt. Der unmittelbare Vorgesetzte des zu beurteilenden Beamten soll gehört werden. Bei großen Personalkörpern können auch **Beurteilungskommissionen** vorgesehen werden.

Nach § 41 BLV soll sich die Beurteilung besonders auf allgemeine geistige Veranlagung, Charakter, Bildungsstand, Arbeitsleistung, soziales Verhalten und Belastbarkeit erstrecken. Die Beurteilung ist nicht nur mit einem Gesamturteil, sondern auch mit einem Vorschlag für die weitere dienstliche Verwendung des Beamten abzuschließen.

Dabei ist aber zu beachten, daß es für die Beurteilung nun
83 **Richtwerte** gibt (vgl. § 41a BLV). Der Anteil der Beamten einer Besoldungsgruppe oder einer Funktionsebene, die beurteilt werden, soll bei der höchsten Note 15 vom Hundert und bei der zweithöchsten Note 35 vom Hundert nicht überschreiten. Darüber hinaus geben größere Verwaltungen oft Richtsätze vor, wonach die Zahl der einzelnen Bewertungen einen bestimmten Prozentsatz der Gesamtzahl aller Beurteilungen nicht überschreiten dürfen. Dieses Verfahren klammert sich meistens an den Stellenkegel an und will verhindern, daß bei den Beurteilten zu große Erwartungen hinsichtlich einer Beförderung entstehen, andererseits werden hierdurch offensichtliche Leistungsunterschiede zwischen verschiedenen Behörden oder Gerichten vertuscht. Richtsätze und Quotenvorgabe sind inzwischen zu einem Tummelplatz von Hobby-Statistikern und Freunden mathematischer Formeln geworden. Eine Quotierung der
84 Beurteilungen nach der **Normalverteilung (sog. Gaußsche Normalkurve, Fehlerkurve oder Glockenkurve)** ist besonders beliebt. Die Rechtsprechung hat sich hierfür nur bedingt erwärmen können (vgl. Bayer VGH, Urt. vom 23.4.1976, ZBR 1976, 314). Zur Abschreckung wird die Formel der Normalverteilung hier gebracht:

$$f(x) = \frac{1}{s\sqrt{2\pi}} e^{-\frac{1}{2}\left(\frac{x-\bar{x}}{s}\right)^2}$$

x = die zu untersuchende statistische Größe
s = Standardabweichung der Stichprobe
x̄ = sog. Mittelwert von x

3. Eignung, Befähigung und fachliche Leistung

Bei den genannten Begriffen handelt es sich um sogenannte **unbestimmte Rechtsbegriffe** (richtiger: unbestimmte Gesetzesbegriffe, 85 da das Recht begriffsnotwendigerweise immer bestimmt sein muß). Sie gewähren der für eine Einstellung oder Beförderung zuständigen Stelle einen weiten, gerichtlich nicht in vollem Umfang nachprüfbaren **Beurteilungsspielraum**. Eignung, Befähigung und fachliche Leistung beziehen sich auf ein konkretes Amt. Eine Regel, nach welchen Grundsätzen diese maßgeblichen Auswahlmerkmale festzustellen sind, sehen die Verfassung und die Beamtengesetze nicht vor. Alle drei Merkmale stehen gleichberechtigt nebeneinander. Die Prüfung der Qualifikation gebietet dem Dienstherrn, alle einschlägigen Erkenntnisquellen für eine sachgerechte Ermittlung der geeignetsten Bewerber zu nutzen. In der wissenschaftlichen Diskussion besteht eine **Tendenz, die fachliche Leistung als Beförderungskriterium zurückzudrängen**. Man muß sich aber darüber im klaren sein, daß die Eignung dasjenige Qualifikationsmerkmal ist, das am wenigsten durch Zeugnisse oder Prüfungen untermauert werden kann und bei dem subjektive Wertungen die wichtigste Rolle spielen. Es ist also ein Einfallstor für jede Beförderungsmanipulation. Letztlich läßt sich hiermit rechtfertigen, daß ein »politischer Beamter« (Beamte, die aus politischen Gründen in den einstweiligen Ruhestand versetzt werden können, wenn sie nicht mehr mit den grundsätzlichen Ansichten und Zielen der Regierung in fortdauernder Übereinstimmung stehen: § 31 BRRG) der Regierungspartei angehören, ein Heimatpfleger mit Land und Leuten verbunden und der Lehrer einer Konfessionsschule einer bestimmten Konfession angehören muß (alles gegen Art. 33 Abs. 3 GG).

Eine Grobdifferenzierung der drei Auswahlmerkmale zeigt, daß die **fachliche Leistung vergangenheitsorientiert** ist, denn sie 86 besteht in den nach den dienstlichen Anforderungen bewerteten Arbeitsergebnissen (§ 1 Abs. 4 BLV), also in der bisherigen Bewährung. Die **Eignung** umfaßt die **allgemeinen beamtenrechtlichen** 87 **Voraussetzungen**, wie Verfassungstreue, Fehlen von erheblichen Vorstrafen (Würdigkeit) und die für das angestrebte Amt erforderlichen Eigenschaften (geistige und körperliche Gesundheit). Sie ist also **teilweise vergangenheits-** und **teilweise zukunftsorientiert**.

88 Die **Befähigung** beinhaltet die für die dienstliche Verwendung wesentlichen Fähigkeiten, Kenntnisse, Fertigkeiten und sonstigen Eigenschaften des Beamten (§ 1 Abs. 3 BLV), also das »handwerkliche Rüstzeug«, sie ist demnach spezieller auf die angestrebte Stelle bezogen als die Eignung. Beide Beurteilungsmerkmale überschneiden sich jedoch.

Im Gegensatz zur wissenschaftlichen Diskussion spielt in der Praxis in den Beurteilungen die fachliche Leistung die Hauptrolle, weil sich der Beurteiler hier auf einigermaßen gesichertem Boden bewegt. Die drei Auswahlkriterien werden in den materiellen Beurteilungsrichtlinien (Verwaltungsvorschriften) zumeist weit aufgefächert unter starker Betonung der fachlichen Leistung.

Auffächerung der Beurteilungsmerkmale nach der **89**
Bekanntmachung des Bayerischen Staatsministeriums der
Finanzen vom 4. Januar 1999 (FMBL 1999, 34 ff.)

Fachliche Leistung

Arbeitserfolg   — Arbeitsmenge
                                 — Arbeitsgüte
Arbeitsweise   — Eigeninitiative, Selbständigkeit
                                 — Planungsvermögen
                                 — Organisationsfähigkeit
                                 — Arbeitstempo
                                 — Teamverhalten
                                 — Verhalten nach außen
                                 — Wirtschaftliches Verhalten
                                      (benötigte Personalkapazitäten,
                                      Sachmittel)

Führungsverhalten
von Vorgesetzten   — Organisation
                                 — Anleitung und Aufsicht
                                 — Motivation und Förderung der
                                    Mitarbeiter

Eignung   — Auffassungsgabe
                                 — geistige Beweglichkeit
                                 — Urteilsvermögen
                                 — Entschlußkraft,
                                    Entscheidungsfreude
                                 — Verantwortungsbereitschaft
                                 — Einsatzbereitschaft
                                 — Belastbarkeit
                                 — Führungspotential

Befähigung   — Fachkenntnisse
                                 — mündliche Ausdrucksfähigkeit
                                 — schriftliche Ausdrucksfähigkeit
                                 — Verhandlungsgeschick
                                 — Fortbildungsstreben
                                 — Spezialkenntnisse
                                    (Fremdsprachen, Pädagogische
                                    Fähigkeiten, EDV-Kenntnisse)

Wem der Schrecken über die Gaußsche Fehlerkurve und ihre Anwendung auf die Beurteilung (am Ende des 2. Kapitels) noch in den Knochen steckt, den kann der Verfasser vor dem folgenden Kapitel nur warnen. Die beim Leser wahrscheinlich anzutreffende Grundüberzeugung: »Ich bin intelligent, ich bin fleißig, ich bin kompetent, also muß ich gut beurteilt werden«, wird notwendigerweise ins Wanken geraten, wenn er sich auf die Ausführungen des Verfassers einläßt.

Bereits die materiellen Beurteilungsrichtlinien weisen – was für staatliche Bestimmungen selten ist – auf eine Fülle möglicher Fehler bei der Erstellung dienstlicher Beurteilungen hin. Es heißt da (der Verfasser zieht die Richtlinien Bayerns heran): Dienstliche Beurteilungen erfüllten ihren Zweck nur dann, wenn sie nach objektiven Gesichtspunkten erstellt würden. Die Würdigung der Leistung, Eignung und Befähigung (man beachte wiederum die Reihenfolge!) müsse nach den Geboten der Gleichmäßigkeit, Gerechtigkeit und Sachlichkeit erfolgen. Dies erfordere insbesondere Unabhängigkeit von Sympathie oder Antipathie. Die Erstellung dienstlicher Beurteilungen erfordere daher von den Vorgesetzten ein hohes Maß an Verantwortungsbewußtsein und -freude, Einfühlungsvermögen, Unvoreingenommenheit und Gewissenhaftigkeit. Im Interesse einer gleichmäßigen und gerechten Bewertung aller Beamten sei von übertrieben großzügigen oder übertrieben strengen Beurteilungen abzusehen. Nicht objektive oder gar unzutreffende Beurteilungen stifteten mehrfach Schaden. Sie benachteiligten mittelbar auch die ordnungsmäßig beurteilten Beamten. Außerdem untergrüben sie das Vertrauen sowohl der Beamten als auch der höheren Dienstvorgesetzten in die Urteilsfähigkeit und Qualifikation des Führungsverantwortlichen.

Hinter diesen gut gemeinten Hinweisen stecken sicher langjährige Erfahrungen, gesammelt anläßlich der Überprüfung dienstlicher Beurteilungen und der Führung verwaltungsgerichtlicher Prozesse.

Die Frage ist aber, ob diese Fehler bei der Einschätzung von Mitmenschen überhaupt vermeidbar sind. *Rudolf W. Lang* bringt in

seinem Buch »Schlüsselqualifikationen« (C. H. Beck Verlag) u. a. fol- gende bedenkenswerte Überlegungen:
Nur das äußere Verhalten der Menschen sei für Beobachtungen zugänglich. Schlüsse hieraus auf den Charakter oder den Wesenskern der Person führten lediglich zu Wahrscheinlichkeitsergebnissen. Es bestehe die Gefahr, daß man eine sympathisch erscheinende Person positiver beurteile als eine unsympathisch erscheinende. Sympathische Personen gewännen leicht Macht über den Beurteiler. Dies gelte vor allem, wenn diese Person seine Schwachstellen kenne, seine Gefühle anspreche oder an seinen Stolz oder sein Mitleid appelliere. Das Gleiche gelte, wenn man Personen beurteile, die ein ähnliches Temperament, ähnliche Neigungen, Interessen, Einstellungen und Verhaltensweisen hätten; sie erschienen einem nicht fremd. Menschen mit anderem Bildungsniveau, anderer sozialer Stellung kämen dem Beurteiler dagegen fremd vor, weil man dazu neige, die eigenen Verhältnisse als Norm für eine Beurteilung zugrunde zu legen. Die emotional bedingte Ausstrahlung eines Menschen, eine Art Halo, die aus Sympathie, Antipathie, Vorliebe und Vorurteilen bestehe, färbe oft den Eindruck, den ein anderer auf den Beurteiler mache und lasse ihn in einem anderen Licht erscheinen. Der erste Eindruck – schriftlich festgehalten! – müsse mit späteren – ebenfalls schriftlich festgehalten! – verglichen werden. In der Regel werde das äußere Verhalten des Zubeurteilenden nicht lange und nicht gründlich genug beobachtet. Der Beurteiler nehme sich zu wenig Zeit, um das Beobachtete auszuwerten, darüber nachzudenken. Man höre nicht richtig zu und achte nicht auf die Signale, die vom anderen beim Sprechen und Zuhören ausgingen. Es werde nur auf die verbale Information, nicht auf den nichtverbalen Ausdruck, mit dem der andere etwas sage, geachtet. Man beurteile einen Menschen in einer Hoch- oder Tiefstimmung, je nach dem, in welcher Stimmung man sich selbst befinde. Wenn Menschen sich nur rational zur Kenntnis nähmen (Kopfdenken), statt sich ganzheitlich zu erleben (sog. Herzdenken), bestünde die Gefahr, daß sie sich mißverstünden. **Die richtige Einschätzung von Menschen setze voraus, daß der Beobachter psychologisch fundiert und gleichzeitig verständlich beschreiben könne, welches Verhalten er in einem**

bestimmten, der Beobachtung zugänglichen Bereich wahrgenommen habe. Der Beurteiler müsse um die Grundstruktur des seelischen Lebens wissen und fähig sein, sich in die Erlebnis- und Gedankenwelt eines Menschen einzufühlen. Wichtig sei auch, daß der sich um Menschenkenntnis und -verständnis bemühende Mensch über ausreichend Selbsterkenntnis verfüge. Der Vorgesetzte sollte fähig sein, einen Mitarbeiter nicht nur nach fachlichen und leistungsorientierten Gesichtspunkten zu beurteilen, sondern auch hinsichtlich seiner seelischen und nervlichen Belastbarkeit in Streß-situationen. **Vorgesetzte, die mit Frauen zusammenarbeiteten, sollten sich mit den Besonderheiten der weiblichen Psyche vertraut machen und nicht junge attraktive Kolleginnen bevorzugen.** Soweit, *Rudolf W. Lang*! Aber ist es wirklich mit etwas Psychologie getan?

Wie wirklich sehen wir die Wirklichkeit? fragte *Hans-Joachim Strauch* im Jahre 2000 in einem Aufsatz in der Juristenzeitung Nr. 21. Er spielte damit auf die Lehre des **Radikalen Konstruktivismus** an, die in Deuschland mit den Namen *Paul Watzlawick, Peter I. Berger, Thomas Luckmann, G. Roth, E. v. Glasersfeld* und *Heinz v. Foerster* verbunden ist.

Bei dieser Lehre haben wir es mit einer Verknüpfung philosophischer Fragen mit aktuellen Forschungsergebnissen u. a. der Neuro- und Kognitionswissenschaften, der Psychologie und Informatik, der Kunst- und Sprachwissenschaften, also mit einer modernen Erkenntnistheorie, zu tun.

Da uns *Rudolf W. Lang* auf die genaue und sorgfältige Beobachtung der zu beurteilenden Menschen verwiesen hat, stellt sich natürlich die Frage, was der Mensch überhaupt – objektiv – zu sehen vermag. Nun ist jedem Richter bekannt, daß drei Zeugen, ohne zu lügen, drei unterschiedliche Sachverhalte bezüglich »desselben« Vorgangs schildern können, weil jeder von ihnen den Vorgang anders erlebt, also genau genommen nicht denselben Vorgang schildert. Der radikale Konstruktivismus hält dementsprechend die Vorstellung für falsch, es gäbe eine objektive, unabhängig von uns existierende Realität. Erkenntnis bedeute nicht, diese Realität in unserem Bewußtsein abzubilden. Das Gehirn bilde nicht wie eine Kamera die Wirklichkeit ab. Die Funktion der Kognition sei vielmehr adaptiver Art und zwar im biologischen Sinn des Wortes und ziele auf Passus (Anpassung) oder Viabilität (Gangbarkeit). Kognition diene der Organisation der Erfahrungswelt des Subjekts und nicht der Erkenntnis einer objektiven ontologischen Realität. Wir könnten zwar ein Glas als Glas wahrnehmen, wüßten aber aus Chemie und Physik, daß es letztlich aus Elementarteilchen bestehe, zu deren Wahrnehmung unser natürlicher Sehapparat nicht vordringe. Das Gehirn konstruiere (Konstruktivismus!) also erst die (seine) Wirklichkeit. Das durch Evolution, Kultur und **Zeitgeist** vorprogrammierte Hirn bereite die Meldungen des optischen Apparates auf.

Der Beurteiler hat sonach erhebliche Schwierigkeiten zu überwinden, bei der Beobachtung des äußeren Verhaltens seiner Untergebenen einer »optischen Täuschung« zu entgehen, weil dies weniger eine Willens- als vielmehr eine Wissensleistung voraussetzt. Die Wahrscheinlichkeit, daß der Beurteiler aus den festgestellten Äußerlichkeiten einen zutreffenden Schluß auf die Eignung und den Charakter des Beamten ziehen kann, ist gering. Nach alledem müssen wir realistischerweise davon ausgehen, daß zu einer die Bewertungsmerkmale richtig erfassenden Beurteilung mehr gehört als etwas guter Wille seitens des Vorgesetzten.

5. Die Auswahlentscheidung   93

Der Beförderung geht die **Auswahlentscheidung** voraus. Um Beförderungsstellen bewerben sich in der Regel mehrere Beamte. Es besteht also Konkurrenz unter den Bewerbern (Konkurrenten). Die Stellen werden entweder öffentlich (im Staatsanzeiger oder in Ministerialamtsblättern) oder behördenintern **ausgeschrieben**. Ist ein Ministerium für die Auswählentscheidung zuständig, werden die Bewerbungsschreiben über den **Dienstweg** (von unterer Behörde über die Mittelbehörde) eingereicht, vom Behördenvorstand mit einer mehr oder weniger ausführlichen Anlaßbeurteilung versehen und bei der Mittelbehörde gesammelt; kommen Bewerbungen von mehreren Mittelbehörden (z.B. Bezirksregierungen), werden sie beim zuständigen Ministerium gesammelt. Der Chef der Behörde, bei der sich die freie Beförderungsstelle befindet, hat in der Regel ein »Mitspracherecht« bei der Besetzung, das allerdings nirgends gesetzlich verankert ist, und deshalb im Einzelfall unbeachtet bleiben kann. Im Rahmen seines »Mitspracherechts« wird der Behördenchef bezüglich der Bewerber aus dem eigenen Haus einen Besetzungsvorschlag machen (sog. Dreiervorschlag). Für die Bewerbung wird normalerweise eine **Frist gesetzt**, um den Auswahlvorgang zeitlich bewältigen zu können. Der Dienstherr ist aber an diese Frist nicht gebunden und kann auch verspätet eingegangene Bewerbungen berücksichtigen. Erscheint ihm das Bewerberfeld insgesamt nicht für geeignet, kommen auch eine Aufhebung des ersten Auswahlverfahrens und sein Neubeginn in Betracht. Sind die Bewerbungsschreiben bei der Mittelbehörde eingegangen, wird beim zuständigen Ministerium die Auswahlentscheidung mit dem Chef der Mittelbehörde besprochen. Auch dieser hat ein »Mitspracherecht«, das gesetzlich nicht festgelegt ist, dem aber infolge der Stellung des Leiters der Mittelbehörde in der Praxis ein höheres Gewicht beizumessen ist als dem des unteren Behördenleiters. Von gewissen Einzelfällen abgesehen (mit politischem Hintergrund oder drohenden Schadenersatzforderungen) ist das Ministerium meistens bereit, die Auswahlvorentscheidung des Leiters der Mittelbehörde abzusegnen, wenn gewährleistet ist, daß Verwaltungsprozesse unterlegener Konkurrenten und regierungsfeindliche Zeitungsartikel vermieden werden.

94   Der Einfluß des amtierenden **Ministers** bei der Auswahlentscheidung ist schwer abzuschätzen. Er verstärkt sich, je näher die Behörde, deren Beförderungsstelle besetzt werden soll, den Wahlkreis des Ministers berührt. Naheliegend ist auch, daß das Interesse des Ministers an der Auswahlentscheidung wächst, je höher die Beförderungsstelle in der Besoldungsordnung eingruppiert ist. Das sind dann die Fälle, in denen mancher Minister die Personalunterlagen oft wochenlang in seinem Aktenkoffer vor jeder weiteren Bearbeitung bewahrt, bis sie endlich eine mutige Vorzimmerdame mit sanftem Druck und grünem Namenskürzel wieder dem Aktenumlauf zuführt. Verzögerungen können aber auch dadurch entstehen, daß zwei Auswahlentscheidungen von der Person der Be-

werber her akzessorisch sind: Wird A nicht auf die Stelle X befördert, dann sollte er zumindest bei der Stelle Y berücksichtigt werden; die Stelle Y ist aber schon seit längerer Zeit vakant. Es wird hier also ein Auswahlpaket geschnürt.

Um die Wirklichkeit etwas einzufangen, wird kurz auf die möglichen Konfliktkombinationen hingewiesen: Der untere Behördenchef und der Leiter der Mittelbehörde können sich in Dissens mit dem Ministerium befinden. Der untere Behördenchef und der Minister haben sich gegen den Leiter der Mittelbehörde »verbündet«. Der untere Behördenchef intrigiert bezüglich einer Beförderungsstelle in seinem Hause gegen den Chef der Mittelbehörde und das Ministerium.

Für den Stellenbewerber gilt dabei die Warnung: Wenn der Elefant mit dem Büffel kämpft, muß der Hase schauen, daß er nicht zu Schaden kommt!

Hat sich die Personalstelle zu einer Entscheidung durchgerungen, bildet diese rechtlich nur einen **Entscheidungsvorschlag**. Je 95 nach der Zugehörigkeit des Auserwählten zum Bundes- oder Landesdienst findet nun das **Bundespersonalvertretungsgesetz** (BPersVG) oder das jeweilige **Landespersonalvertretungsgesetz** Anwendung. Bei Beförderung, Übertragung eines anderen Amts mit höherem Grundgehalt ohne Änderung der Amtsbezeichnung, Verleihung eines anderen Amts mit anderer Amtsbezeichnung beim Wechsel der Laufbahngruppe (z.B. Regierungsrat statt Oberamtsrat) hat die Personalvertretung (Örtlicher Personalrat, Bezirkspersonalrat oder Gesamtpersonalrat) **mitzubestimmen.** Allerdings findet an Angelegenheiten bestimmter Beschäftigter keine Beteiligung des Personalrates statt, nämlich u. a. bei Beamten und Beamtenstellen der Besoldungsgruppe A 16 und höher sowie bei Angestellten in entsprechender Stellung; bei leitenden Angestellten, wenn sie nach Dienststellung und Dienstvertrag einem zu Personalmaßnahmen berechtigten Dienstvorgesetzten gleichkommen; bei Beschäftigten mit vorwiegend wissenschaftlicher oder künstlerischer Tätigkeit (z.B. Personal der Lehrerausbildung und an Forschungsstätten, bei Schauspielern, Intendanten, Musikern). Der Personalrat kann jedoch seine Zustimmung zu den oben genannten Beförderungsfällen nur

verweigern, wenn einer der im Gesetz genannten Gründe vorliegt, wobei er nicht – was entscheidend ist – die von der Personalverwaltung erstellte Beurteilung durch eine eigene Bewertung ersetzen kann, weil die Beurteilung der Beschäftigten und Bewerber nach Eignung, Befähigung und fachlicher Leistung **allein dem Dienststellenleiter** obliegt.

Ein zulässiger Verweigerungsgrund liegt vor, wenn die Maßnahme gegen ein Gesetz, eine Verordnung, eine Bestimmung in einem Tarifvertrag, eine gerichtliche Entscheidung, einen Frauenförderplan oder eine Verwaltungsanordnung verstößt. Die Zustimmung kann vom Personalrat weiter verweigert werden, wenn die durch Tatsachen begründete Besorgnis besteht, daß durch die Beförderung die betroffenen Beschäftigten (nicht zum Zug gekommene Konkurrenten des Ausgewählten) benachteiligt werden, ohne daß dies aus dienstlichen oder persönlichen Gründen gerechtfertigt ist. Letzterer Versagungsgrund soll der Sicherung des Leistungsprinzips im öffentlichen Dienst dienen. Bedienstete, die wegen persönlicher Beziehungen bevorzugt oder wegen ihrer Abstammung, Religion, Herkunft, politischer oder gewerkschaftlicher Betätigung oder Einstellung benachteiligt worden sind, sollen hierdurch gebremst bzw. gefördert werden können. **Die Rechtsprechung betrachtet aber den Verlust einer rein tatsächlichen Beförderungschance nicht als einen Nachteil, der die Zustimmungsverweigerung rechtfertigen könnte, wenn dieser Verlust als Folge einer rechtmäßigen Auswahlentscheidung zugunsten eines anderen Bewerbers eintritt.** Eine Zustimmungsverweigerung des Personalrates ist weiter gerechtfertigt, wenn die durch Tatsachen begründete Besorgnis besteht, daß der Bewerber den Frieden in der Dienststelle durch unsoziales oder gesetzwidriges Verhalten stören werde (gemeint sind hier Fälle von ausgeprägter Unhöflichkeit, Klatschsucht, Denunziantentum, Mobbing bzw. Verstöße gegen Strafgesetze, Arbeitsschutz- und Unfallverhütungsvorschriften oder tarifrechtliche Bestimmungen).

96   Soweit es den **richterlichen Bereich** betrifft, ist der **Präsidialrat** zu beteiligen. Seine Zusammensetzung ergibt sich bei den Gerichten der Länder aus den jeweiligen Richtergesetzen der Bundesländer, die verschiedentlich auch eine Art Richterwahl vorsehen. Die Bedeutung des Präsidialrates hängt von seinem Selbstverständnis ab. Er kann tatsächlich einen gewissen Einfluß auf die Personalauswahl nehmen und in heiklen Fällen kann es dann zu einer vorgezogenen Kontaktaufnahme zwischen Ministerium und Präsidialrat kommen. Hat der Kandidat der Personalverwaltung die Überprüfung durch Personalrat oder Präsidialrat überstanden, erhalten auf Grund einer auf Art. 33 Abs. 2 i. V. m. Art. 19 Abs. 4 GG gestützten Entscheidung des Bundesverfassungsgerichts vom 19. September 1989 (NJW 1990, 501) die abgelehnten Mitbewerber **die Mitteilung, daß sie** 97 **nicht zum Zug gekommen sind**; hiergegen können sie mit verwaltungsverfahrensrechtlichen Mitteln vorgehen (vgl. Abschnitt F!). Nun erfahren die Bewerber um den Beförderungsposten zum ersten Mal den Stand des Auswahlverfahrens; wer keine Absage erhält, ist vorerst ausgewählt; er muß jetzt bangen, ob Mitbewerber ihre Nichtberücksichtigung hinnehmen oder nicht.

Bis zu der oben genannten Mitteilung spielen sich oft groteske Dinge ab. Die Gerüchteküche dampft und brodelt. Jeden Tag ist ein anderer der vielbeneidete, glücklich Auserwählte. Favoriten sterben mit der Plötzlichkeit, mit der sie geboren werden. Männer, die in stundenlangen Tennismatches bei 40 Grad Celsius im Schatten triumphierten und sonst kalt und gelassen bleiben wie ein Seeaal auf Eis, laufen jetzt mit vibrierenden Nervenknoten, sinnloses Zeug vor sich hinbabbelnd, stöhnend durch die Behördenflure. Hier kann der Behördenchef durch gezielte Andeutungen wie:»Es wird einer vom Haus« die Stimmung noch anheizen. Seine behördeninternen»Gegner« läßt er mit Feststellungen wie:»Mein Gott! Dreißig auswärtige Bewerbungen!« erblassen.

Sucht man die Entscheidungsträger in den Ministerien auf, wird man mit Floskeln wie:»Ihre Chancen sind nicht schlecht, aber entschieden ist noch nichts« abgespeist. Der Verfasser hat es selbst erlebt, daß ein leibhaftiger Ministerialrat in Anwesenheit eines Gerichtspräsidenten, der dem Verfasser vor fünf Minuten mitgeteilt hatte, daß seine Bewerbung erfolglos geblieben sei, bei sich verstärkender Gesichtsröte des Präsidenten munter erklärte:»Ihre Chancen sind wirklich gut.«

D. Organisationsfremde Überlegungen zum Karrieremachen

1. Vorbemerkungen

Karrieremachen, wie geht das? Zunächst haben die **Angehörigen** 98
des öffentlichen Dienstes als die unmittelbar Betroffenen hierüber
ihre eigene Meinung. Zum Glück für die verschiedenen Dienst-
herren stimmen die Ansichten der Beschäftigten des öffentlichen
Dienstes im wesentlichen mit den idealen Umständen überein, die
Verfassung, Beamtengesetze und Laufbahnvorschriften für eine
Karriere voraussetzen (vgl. Abschnitt C). Kollegen mit einem hohen
Maß an Initiative und Einfallsreichtum, die auf ihrem Gebiet einen
besonders guten Fachmann darstellen, haben nach allgemeiner
Ansicht bei Beförderungen die Nase vorn. Wer eine herausragende
Leistung bei seiner täglichen Arbeit zeigt, strebsam, pflichtgetreu ist,
sich loyal und neutral verhält und zudem noch Mitglied in der »richtigen« politischen Partei ist, dem werden insgesamt die besten
Chancen auf eine Beförderung eingeräumt. Die Kombination aus
traditioneller Arbeitsmoral und moderner Leistungsorientierung
gilt also als optimal, wenn ihr noch das politische Sahnehäubchen
aufgesetzt wird. Es kann aber nicht unerwähnt bleiben, daß der vorgenannten Ansicht oft ein rigider Fatalismus gegenübersteht, der
eine Beförderung für individuell nicht beeinflußbar ansieht. Selbstverständlich unterscheiden sich auf diesem Gebiet auch die Angehörigen verschiedener Laufbahnen und innerhalb dieser die der
diversen Laufbahngruppen. Wer wie die Polizeibeamten zu den
Hätschelkindern des Personalgesetzgebers gehört und eine Folge
schnell nacheinander eintreffender Beförderungen erlebt hat (vgl.
RdNr. 49), sieht das Beförderungswesen mit freundlicheren Augen
an als ein Finanzbeamter im nachgeordneten Bereich (Finanzämter),
der sich bei der Stellenkegelgestaltung als ein Opfer auf dem Altar
der Sparsamkeit des Finanzministers empfinden muß.

Neben den Beschäftigten des öffentlichen Dienstes stellen auch

99 **Organisationsfremde** Überlegungen zu Struktur und Effizienz des öffentlichen Dienstes an, wollen Gesetzmäßigkeiten erkannt haben und formulieren Prinzipien für Personalentwicklungen und Geschäftsabläufe. Erkenntnisse dieser Art haben für den einzelnen Beschäftigten zumeist keinen besonderen Wert, da sie auf die Besonderheiten seines Einzelfalles keine Rücksicht nehmen. Die erkannten Gesetzmäßigkeiten und formulierten Prinzipien entpuppen sich in der Regel als Binsenweisheiten, die zwar nicht widerlegt, aus denen aber auch nur schwerlich ganze Wissenschaften gemacht werden können, was jedoch eifrigst versucht wird. Obwohl diese »Regeln«, »Gesetze«, »Prinzipien« sich fast ausschließlich mit dem Vorwärtskommen im öffentlichen Dienst im allgemeinen befassen, sollen sie im folgenden kurz dargestellt werden, weil sie immer wieder in Abhandlungen, die das Karrieremachen zum Gegenstand haben, genannt werden und kein Leser mit dem Eindruck zurückgelassen werden soll, ihm seien bislang Wundermittel für eine Karriere im öffentlichen Dienst vorenthalten worden.

Zu den Organisationsfremden müssen wir vor allem die zahlreichen Statistiker und Soziologen rechnen, die mit Hilfe sozialwissenschaftlicher Methoden, die auf statistische Bedeutsamkeiten ausgerichtet sind, die herrschende Praxis zu erforschen suchen. Solche empirische Sozialforschung spielte insbesondere im Rahmen der Studienkommission für die Reform des öffentlichen Dienstrechts in den 70er Jahren eine mehr oder weniger gelungene Rolle, wobei durch Kleinreden unerwünschter Ergebnisse und Breittreten sozialökonomischer Daten (Ziele) der öffentliche Dienst zu einem merkwürdig blutleeren Gebilde geriet.

2. Witzig formulierte Gesetzmäßigkeiten und/oder auf Erfahrungen gestützte Prinzipien

Bei Erörterungen zur Struktur des öffentlichen Dienstes, zu Stellenkegel oder herrschendem Beförderungssystem darf seine Erwähnung nicht fehlen, das **Parkinsonsche Gesetz.** 100
Cyril Northcote Parkinson (1909–1993) war britischer Kolonialbeamter und später Historiker und Publizist. Im Jahre 1957 erschien sein »Parkinsons' Law« (vgl. Ullstein Taschenbuchverlag, München 2001). Parkinson vertrat die Ansicht, daß jede Verwaltung einer wachsenden Pyramide gleiche. Für die Arbeit, die zunächst A allein bewältige, seien im Laufe der Zeit noch die Untergebenen B und C und später deren Untergebene D und E, F und G zuständig. Jeder Beamte oder Angestellte wünsche die Zahl seiner Untergebenen, nicht aber die Zahl seiner Rivalen zu vergrößern. Beamte und Angestellte in einer Hierarchie schafften sich gegenseitig Arbeit, so daß man nicht davon sprechen könne, es herrsche Müßiggang. Da das Parkinsonsche Gesetz allen Beschäftigten gleichmäßig »zugute« kommt, ist es für die persönliche Karriere nicht ausschlaggebend, es verschafft dem Einzelnen keinen Vorteil vor der Konkurrenz.

Interessanter sind die Darlegungen *Parkinsons* zur »Begabtenauslese«, also zur Frage, wie man den richtigen Bewerber für einen Posten aus einer Schar von Bewerbern herausfischt. *Parkinson* verweist zunächst auf die **britische Methode alter Art.** Sie sei darauf 101
hinausgelaufen, den Nachwuchs für ein Amt aus dem Nachwuchs der bisherigen Amtsinhaber zu rekrutieren. Bei mehreren Bewerbern habe der Rang in der Aristokratie oder der Verwandten in der amtlichen Rangliste entschieden. Maßgebend sei also das Merkmal »Herkunft« gewesen.

Diese Auswahlmethode scheint bereits zur Zeit des Weltumseglers Captain James Cook (1728–1779) gegolten zu haben, denn sein Biograph Alan Villiers (Verlag die Brigantine, Hamburg 1971) schreibt: »Im achtzehnten Jahrhundert waren in England die Drahtzieher am Ruder, so daß es im allgemeinen beinahe unmöglich war, ohne Beziehung irgend etwas auf rechtem Weg zu erreichen.«

Bei der **britischen Methode neuerer Art** sei es um eine Mischung 102 aus »schulischer Vorbildung« und »sportlicher Leistung« gegangen. Der Besuch einer berühmten Schule oder Universität verbunden mit der sportlichen Betätigung in einem bekannten Team (Rudern, 103 Kricket, Rugby) habe den Ausschlag gegeben. Anders die **chinesische Methode alter Art.** Sie sei ein schriftliches Examen gewesen, in dessen Mittelpunkt Ausdauer und Belastbarkeit gestanden hätten. Das Examen sei in drei Abschnitten von je drei Tagen durchgeführt worden. Während des ersten Abschnittes habe der Kandidat drei Abhandlungen sowie ein Gedicht von acht gereimten Doppelversen schreiben müssen, während des zweiten Abschnittes fünf Essays über ein klassisches Thema. Im dritten Prüfungsabschnitt habe der Kandidat fünf Aufsätze über die Kunst des Regierens verfassen müssen. Wer diese Hürden überwunden habe, habe in der kaiserlichen Hauptstadt einen Aufsatz über ein politisches Tagesproblem zu fertigen gehabt. Ausgehend vom chinesischen Examen habe man auch in Europa versucht, die Kunst, griechische oder lateinische Verse zu verfassen, für eine Bestenauswahl zu nutzen. Das jetzt gelegentlich geübte Verfahren, die Auswahl mittels Intelligenztest und psychologischem Interview zu treffen, fördere im Ergebnis »pedantische Kleinbürger und Spießer vorsichtiger und mißtrauischer Gemütsart«, die wenig sagten und noch seltener etwas täten.

Parkinsons eigener Vorschlag zur Bestenauswahl ist eher für die Verwaltung als für den einzelnen Beschäftigten im öffentlichen Dienst von Bedeutung. Wie sein Gesetz ist auch dieser Vorschlag mit ironischer Feder geschrieben. Entscheidend sei Form und Inhalt der Ausschreibung. Die Ausschreibung müsse so hohe Anforderungen stellen, daß sich möglichst nur **ein** Bewerber melde. Gelänge die Abschreckung nur unzureichend, meldeten sich vielmehr mehr als ein Bewerber, sei es das Beste, den Sex-Appeal entscheiden zu lassen und dies in Form einer Frage an das nächste junge Mädchen (Empfangsdame, Schreibdame usw.) der Behörde: »Welchen ziehen Sie vor?«

104 Dem kauzigen *Cyril Northcote Parkinson* stellt sich *Dr. Laurence J. Peter* (1919–1990), Lehrer, Erziehungs- und Sozialberater, Schulpsychologe, Gefängnislehrer und Universitätsprofessor, würdig an die Seite; der Bühnenautor *Raymond Hull* (1919–1990) faßte *Peters*

Gedanken, das **Peter-Prinzip,** launig in Buchform (vgl. Rowohlt Taschenbuch Verlag, Reinbek bei Hamburg, 2001).

Das Peter-Prinzip besagt: In einer Hierarchie neigt jeder Beschäftigte dazu, bis zu seiner Stufe der Unfähigkeit aufzusteigen. Die Arbeit in einem System wird von den Mitarbeitern erledigt, die ihre Stufe der Inkompetenz noch nicht erreicht haben. Also: Ein guter Lehrer muß kein guter Rektor, ein guter Untergebener kein guter Chef sein! Es bleibt dem Leser überlassen, seinen Chef oder beliebig fremde Chefs auf die Richtigkeit des Peter-Prinzips zu überprüfen. Uns interessiert, welche Folgerungen *Peter* für einen Beschäftigten des öffentlichen Dienstes aus dem Peter-Prinzip für die Karriereplanung zieht, wenn auch uns der Zusammenhang mit dem genannten Prinzip etwas vage erscheint. *Peter* empfiehlt:»Schaffen Sie sich Gönner, viele Gönner führen zu einer Beförderung.« Persönlicher Ehrgeiz hingegen helfe in größeren Organisationen nicht voran, da dort das Dienstaltersprinzip stärker sei. Je nachdem, ob der Vorgesetzte selber noch auf der Stufe der Fähigkeit oder bereits der Unfähigkeit stehe, werde er seine Untergebenen nach der Leistung (output) oder nach dem Aufwand innerhalb der Hierarchie (input) beurteilen. Im Gegensatz zur Außenleistung seien Zuverlässigkeit, reibungsloser Arbeitsablauf, systematische Arbeitsweise, Unermüdlichkeit und gute Zusammenarbeit mit Kollegen innerhierarchische Leistungen, die dem hierzu Befähigten durchaus Aussicht auf Beförderung verhießen.

Anders als das Parkinsonsche Gesetz und das Peter-Prinzip ist das **Wanninger-Prinzip** nicht weltweit bekannt. Es entbehrt erstens **105** des Vorzuges, in englischer Sprache bekannt gemacht worden zu sein, und ist auch wegen seiner gewerkschaftsfeindlichen Tendenz etwas anrüchig. Das Prinzip bezieht seinen Namen von Karl Valentins legendärer Geschichte vom Buchbinder Wanninger, der bei der Baufirma Meisel & Compagnie anläßlich eines Telephongesprächs auf eine chaotische Mischung aus Unzuständigkeit und Unfähigkeit trifft, die ihn zuletzt zu der Äußerung hinreißt:»Saubande, dreckade!« In seinem Beitrag:»Das Wanninger-Prinzip oder die totale soziale Gleichschaltung« (Personal, Mensch und Arbeit, 1970 S. 215) vertritt *Oliver Hassencamp* die Auffassung, daß das Peter-Prinzip inzwischen durch Mithilfe der Gewerkschaften seine Endphase erreicht habe. Nach *Peter* müßten die Fähigen mühsam zur Stufe ihrer Inkompetenz aufsteigen. In Wirklichkeit gäbe es auf höheren Stufen gar keine Fähigen mehr. Auf unteren Posten säßen zwar noch Fähige, aber von den Inkompetenten besitze keiner mehr die Fähigkeit, Fähigkeiten anderer zu erkennen, geschweige denn zu beurteilen. Das Ganze sei eine Folge unseres sozialen Klimas. Mentor der Unfähigen sei die Gewerkschaft: Nur Begabte zu fördern wäre unsozial, denn für Unfähigkeit könne ja keiner was. Es finde also eine humane Gleichschaltung statt. Auch wer überhaupt nichts könne, könne aufsteigen.

106 Zuletzt noch der **Prinz-von-Homburg-Effekt**. Bei dem sogenannten Prinzen von Homburg handelt es sich um den am 24.1.1708 verstorbenen Landgrafen Friedrich II. von Hessen-Homburg, der 1675 als brandenburgischer General der Kavallerie in der Schlacht von Fehrbellin den entscheidenden Sieg über die schwedischen Truppen ermöglichte. Da es zwischen ihm und dem Großen Kurfürsten zu Verstimmungen kam, entstanden Legenden über angebliche Insubordinationen des Landgrafen. Heinrich von Kleist formte daraus sein großartiges, wenn auch unhistorisches Drama, wonach gerade die Eigenmächtigkeit Homburgs den Sieg herbeigeführt habe, dieser sich aber dennoch anschließend zu der Maxime bekannt habe, daß das Prinzip, alle empfangenen Weisungen ohne Rücksicht auf die eigene Einstellung bedingungslos auszuführen, die oberste Maxime einer Organisation sein müsse.

Hieran anschließend formulierte *Horst Bosetzky* den Prinz-von-Homburg-Effekt (vgl. Das »Überleben« in Großorganisationen und der Prinz-von-Homburg-Effekt; Deutsche Verwaltungspraxis 1978, 2 ff.). Ausgehend von der These »Nur wer auffällt, steigt auf« verweist *Bosetzky* auf die Möglichkeit, bei maßgeblichen Vorgesetzten durch »Überanpassung an die geltenden Normen oder aber durch Abweichung von ihnen in Richtung auf ihre Übertretung«, also positiv oder negativ aufzufallen. Das Auffallen allein – ohne dienstlichen Erfolg – genüge nicht zum Aufstieg: **Derjenige, der sich der Organisationsspitze und den von ihr gesetzten Normen gegenüber am loyalsten verhalte und sich am weitgehendsten ein- und unterord-**

ne, dabei aber auch außerordentlich viel leiste, werde am schnellsten aufsteigen. Das Kleistsche Drama zeige, daß der Erfolg allein eine Insubordination nicht ausgleiche. Es müßten noch informelle Beziehungen (die Nichte des Kurfürsten ist in Homburg verliebt und setzt sich für ihn ein) sowie eine Anerkennung des Subordinationsprinzips hinzukommen (»Ich will das heilige Gesetz des Krieges, das ich verletzt, im Angesicht des Heeres, durch einen freien Tod verherrlichen!«). Bei bestehenden informellen Beziehungen (Soziologendeutsch: hier soviel wie Vitamin B) könne man auch durch eine erfolgreiche Abweichung von bestehenden Normen mit anschließender Loyalitätsbekundung und Demutsgebärde den Fahrstuhl nach oben besteigen.

3. Statistiker und Soziologen

Luhmann/Mayntz (a. a. O. S. 173) kamen in ihrer sozialwissenschaftli- **107** chen Studie zu dem Ergebnis, daß die individuellen Beförderungschancen primär von der Zugehörigkeit zu einer bestimmten organisatorischen Einheit und vom Besitz bestimmter dienstrechtlich relevanter Merkmale (Status, Befähigung für eine Laufbahn bestimmter Art und Höhe) und **nur in sehr geringem Maße von persönlichen Eigenschaften und Verhaltensweisen abhingen.** Die voranstehende Feststellung scheint den Fatalismus weiter Kreise des öffentlichen Dienstes bezüglich der Möglichkeit, auf das dienstliche Fortkommen Einfluß nehmen zu können, zu rechtfertigen. Unterhalb der Ebene dieses sehr summarischen Ergebnisses zeigten sich jedoch in der genannten Studie für den Einzelnen durchaus bedenkenswerte Tatsachen:

Zunächst ist es nicht typisch, daß befähigte Personen im öffentlichen Dienst Blitzkarriere machen; eine scheinbare Ausnahme bildet lediglich die Kommunalverwaltung, in der jemand durch Wahl – auch bereits in jungen Jahren – in eine Spitzenposition gelangen kann. Ansonsten werden solche Positionen erst im späteren Verlauf einer Karriere erreicht. Die soziale Herkunft spiele nur beim Zugang zum höheren Dienst eine Rolle, nicht beim dienstlichen Fortkommen. Dreiviertel der Inhaber von Spitzenpositionen wiesen ein abgeschlossenes Hochschulstudium auf. Soweit Beförderungen ohne Funktionsänderung üblich seien (sogenannte Regelbeförderungen), komme dem Dienstalter entscheidende Bedeutung zu. Starken Einfluß auf eine Beförderung übe die jeweilige Verwaltungsebene aus. Für den höheren Dienst seien die Beförderungschancen am besten in den Ministerien, für den gehobenen Dienst auf der Bezirksregierungsebene; vermutlich beruhe dies auf dem bestehenden Stellenkegel. Generalisten wie Juristen und Volkswirte würden gegenüber Spezialisten wie Medizinern, Ingenieuren und Naturwissenschaftlern bevorzugt. Eine verdienstliche Tätigkeit außerhalb des öffentlichen Dienstes prädestiniere keineswegs zum Karriereerfolg.

Neben Personalmerkmalen wie Geschlecht, Alter, Vorbildung untersuchten *Luhmann/Mayntz* besonders den Einfluß persönlicher Eigenschaften wie **Emotionale Labilität, Dogmatismus, Ambiguitätsintoleranz, kausale Zurechnung, Dominanz** und **Denk-** sowie **Handlungsgeschwindigkeit.** Da dieses Begriffsvokabular nicht der Umgangssprache, sondern der Eignungspsychologie entstammt, soll es zunächst erläutert werden:

Emotionale Labilität zielt vorwiegend auf psychische, aber auch somatische (körperliche) Anzeichen bzw. Äußerungen innerer Unsicherheit, Unruhe oder Unausgeglichenheit ab. Wie jeder sieht, handelt es sich um ein Aussonderungsmerkmal. Gemeint sind Personen, die sich über alles aufregen, leicht verletzbar sind und immer kurz davor stehen, zu explodieren oder sich in einem unmotivierten Stimmungstief (innere Leere, Teilnahmslosigkeit) befinden.

Um ein Aussonderungsmerkmal handelt es sich auch beim Dogmatismus. Hierunter ist eine menschliche Haltung zu verstehen, die durch Kompromißlosigkeit, Vorurteile, Intoleranz gegen fremde Meinungen und Anpassungsschwierigkeiten gekennzeichnet ist. Im allgemeinen nimmt er bei allen Menschen mit dem Alter zu.

Bei der Ambiguitätsintoleranz ist das negative Werturteil vom Wortteil Intoleranz ablesbar. Gemeint ist ein Eindeutigkeitsbedürfnis, also die Neigung, die aus der Mehrdeutigkeit, der Ambivalenz, der Offenheit und Unbestimmtheit von Situationen erwachsende

Unsicherheit nicht hinzunehmen und sich dem nicht flexibel anzupassen, sondern den Versuch zu unternehmen, dieser Situation zu entgehen. Die Ambiguitätsintoleranz betrifft also Menschen, die nur nach einem festen Plan ihr Leben leben und Personen, die anders sind als sie, nicht verstehen können. Geht das Gerücht um, die Behörde werde verkleinert oder eine Abteilung an einen anderen Ort verlegt, stellen sie die Arbeit ein, bis die Lage sich geklärt hat. Der Begriff der kausalen Zurechnung beruht auf dem Gegensatzpaar internale – externale Haltung. Die externale Haltung könnte auch dem Fatalismus gleichgesetzt werden. Menschen mit dieser Haltung planen nicht im voraus, »weil es meistens anders kommt als man denkt«. Sie hoffen auf ihr Glück und irgendwelche Beziehungen, politisch sind sie uninteressiert (»uns fragt sowieso niemand!«). Die internale Haltung besteht dagegen in der Neigung, das eigene Geschick eher sich selbst, dem eigenen Tun und Lassen, den eigenen Fähigkeiten und der eigenen Leistung zuzurechnen – deshalb: kausale Zurechnung –, als äußere Faktoren, die Umstände, Glück oder Pech hierfür verantwortlich zu machen.

Dominanz läßt sich am besten mit Selbstbewußtsein übersetzen. Dominante Menschen halten sich für vieles befähigt. Es fällt ihnen leicht, anderen Leuten Befehle zu geben, die Verantwortung bei gemeinsamen Unternehmungen zu übernehmen, sie fühlen sich überlegen, verstehen es, andere zu überzeugen. Sie streben die Leitung einer Tagung oder zumindest die Übernahme eines Referates dabei an.

Denk- und Handlungsgeschwindigkeit: Menschen mit dieser Eigenschaft erkennt man bereits im Straßenverkehr. Sie gehen schneller als der Durchschnitt, und überqueren als erste die Straße, wenn die Ampel auf Grün schaltet. Sie haben eine schnelle Auffassungsgabe und erledigen ihnen gestellte Aufgaben schneller als der Durchschnitt. Ihr Leben läuft mit Elan ab.

Es bedarf nun keiner großen Phantasie mehr zu erraten, daß *Luhmann/Mayntz* denjenigen Beschäftigten des öffentlichen Dienstes gute Chancen auf Karriere einräumen, die emotional stabil, undogmatisch, ambiguitätstolerant, dominant, denk- und handlungsgeschwind sowie Anhänger der kausalen Zurechnung sind.

Da wir auch die Beamten, die den Aufstieg in den gehobenen und höheren Dienst geschafft haben, zu den Erfolgreichen zählen, ist interessant, welche Ergebnisse (immer vorausgesetzt, die Fragebögen wurden einigermaßen zutreffend ausgefüllt!) *Luhmann* und *Mayntz* hierzu ermittelten. Für die Frage, wer Aufstiegsbeamter wird und wie erfolgreich die neue Laufbahn beschritten wurde, spielten Geschlecht und Herkunft keine Rolle. Am leichtesten gelinge der Aufstieg vom mittleren in den gehobenen Dienst. Im übrigen seien die Aufsteiger nicht anders geartet als der allgemeine Karrierist: nämlich emotional stabiler als der Durchschnitt, ambiguitätstoleranter, weniger dogmatisch, also mit offenerer und flexiblerer Denkweise, dominanter, mehr auf die Übernahme von Führungsrollen bedacht, von internaler Haltung. Daneben weise der Aufsteiger noch eine große Aktivitätsbereitschaft, z.b. eine deutlich höhere Zahl von Mitgliedschaften in Vereinen und Verbänden oder an ehrenamtlicher Tätigkeit auf. Ihn kennzeichneten bessere verwaltungsinterne Berufsausbildung und gute Schulergebnisse aus; viele hätten die in der höheren Laufbahngruppe übliche Vorbildung (z.B. das Abitur).

Soweit die Ergebnisse aus den 70er Jahren des letzten Jahrhunderts.

108 *Wolfgang Pippke* (Karrieredeterminanten in der öffentlichen Verwaltung, S. 105), der im Rahmen einer Methode der empirischen Sozialforschung Berufsdaten von über 2000 Beamten und Angestellten des **höheren Dienstes** untersuchte, berücksichtigte grundsätzlich folgende Kriterien:

- Persönliche Merkmale (wie Alter, Geschlecht, Konfession, Familienstand, Wehrdienst, Mitgliedschaft im Personalrat, Parteimitgliedschaft, Schulbildung des Vaters, Beruf des Vaters),
- Merkmale der Ausbildung (Schulbildung, Studium), Berufsmerkmale (Auslandsarbeit, Mobilität zwischen Sachgebieten, Startbehörde),
- Merkmale der jetzigen Tätigkeit (Aufgabengebiet, Häufigkeit der Nebentätigkeit, erbrachte Überstunden, Veröffentlichungen in den letzten beiden Jahren),

- Merkmale der intellektuellen Fähigkeit (Schulnoten, grup-
  pierte Schulnoten, Abschlußnoten von berufsvorbereitenden
  Institutionen, Promotion, Note im 2. Staatsexamen),
- Persönlichkeitsmerkmale (Wertorientierungen bezüglich der
  Berufstätigkeit, Festhalten an Überzeugungen oder Anpassen,
  Konformität, Führungsstil, Idealismus, Rigidität, Extraver-
  sion = Konzentration der eigenen Interessen auf äußere
  Objekte).

Pippke kam zu folgendem abschließenden Urteil: Als eindeutige
Einflußfaktoren für die Erreichung einer Spitzenposition verblieben
**das Alter, das juristische Studium, eine gute Note im 2. Staats-
examen, ein Hochschulstudium überhaupt und die Mitgliedschaft
in einer politischen Partei,** wobei die Reihenfolge gelte: juristisches
Studium, gute Note im 2. Staatsexamen und das Alter (Dienstalter).
   Eine Bewertung dieser Einflußfaktoren darauf, ob die Besetzung
von Spitzenpositionen nach diesen Kriterien dem Ziel entspricht,
die unterschiedlich qualifizierten Arbeitskräfte entsprechend dem
Anforderungsprofil in höhere Positionen zu befördern, unterbleibt
hier wie übrigens im ganzen Buch, da es dem Verfasser um die
Mitteilung von Tatsachen, nicht um die Verkündung von Idealvor-
stellungen geht.

Um die Mechanismen der Statusverteilung in Arbeitsorganisationen
der sogenannten industriellen Leistungsgesellschaft geht es bei
Claus Offe (Leistungsprinzip und industrielle Arbeit, Frankfurt **109**
1970).
   Offe bestreitet, daß es in den modernen Kollektivarbeitsstätten
überhaupt noch möglich ist, die Statusverteilung nach dem Leistungsprinzip durchzuführen. Da die Leistung des einzelnen
Arbeitnehmers nicht mehr meßbar sei, wachse der **Einfluß extra-
funktionaler Auslesekriterien** auf den beruflichen Erfolg. In der
Industrie seien vermehrt periphere Rollenelemente wirksam,
nämlich **Erfolgsstandards** (Erfolg auf der früheren Position), **Aus-
bildungsstandards** (Vorbildung, Studium), **ideologische Orien-
tierungen** (Anpassungsbereitschaft, Vermeidung von Konflikten,

Loyalität mit den beherrschenden Interessen der Organisation, Übernahme der kulturellen Muster der herrschenden Statusgruppen,), **askriptive Merkmale** (Naturkategorien: Alter, Geschlecht, Hautfarbe; institutionelle Verkoppelungen: Konfession, Familienstand, Mitgliedschaft in Gewerkschaften, Parteien, Vereinen).

Offe führt diese augenscheinliche Abweichung vom Leistungsprinzip und seinen Ersatz durch extrafunktionale Auslese- und Aufstiegskriterien auf die aktuelle Unbrauchbarkeit des Leistungsprinzips zur Statusverteilung innerhalb einer modernen Arbeits-110 organisation zurück. »Die rationale Allokation (Anmerkung des Verfassers: hierunter ist die rationalste Zuordnung und Verteilung des Produktionsfaktors Arbeit durch die Mechanismen der Berufswahl und des Arbeitsmarktes im Rahmen des Leistungsprinzips zu verstehen) individueller Produktivkraft, die wenigstens den kritischen Sinn, wenn auch niemals die gesellschaftliche Wirklichkeit des Leistungsprinzips in früheren Phasen der industriellen Arbeit begründete, pervertiert sich in ein disziplinierendes System der Statusverteilung, das die Integration herrschender kultureller Werte und Interessen in die Berufsrolle prämiiert und dadurch subkulturelle Kollektive nach nicht-öffentlichen Wertstandards einstuft.«

E. Was für eine Karriere wirklich entscheidend ist

I. Vorbemerkung

»Jeder Mensch gilt in dieser Welt nur so viel, als wozu er sich selbst macht.
Das ist ein goldener Spruch, ein reiches Thema zu einem Folianten über den
esprit de conduite und über die Mittel, in der Welt seinen Zweck zu er-
langen; ein Satz, dessen Wahrheit auf die Erfahrung aller Zeitalter gestützt
ist …

Diese Erfahrung macht den frechen Halbgelehrten so dreist, über Dinge
zu entscheiden, wovon er nicht früher als eine Stunde vorher das erste Wort
gelesen oder gehört hat, aber so zu entscheiden, daß selbst der anwesende
bescheidene Literator (= Bücherkenner, Sprachkünstler; Anm. d. Verf.) es
nicht wagt, zu widersprechen, noch Fragen zu tun, die des Schwätzers
Fahrzeug aufs Trockene werfen könnten.

Diese Erfahrung ist es, durch welche der empordringende Dummkopf
sich zu den ersten Stellen im Staat hinaufarbeitet, die verdienstvollsten
Männer zu Boden tritt und niemand findet, der ihn in seine Schranken
zurückwiese. Sie ist es, durch welche sich die unbrauchbarsten, schiefsten
Genies, Menschen ohne Talent und Kenntnisse, Plusmacher und Wind-
beutel bei den Großen der Erde unentbehrlich zu machen verstehen.«

(Adolph Freiherr von Knigge: Über den Umgang mit Menschen,
Insel Verlag, 3. Auflage 1982, S. 37/38)

Knigge († 1796) nach Heinrich Heine »ein tiefer Kenner der
Menschen und Bestien«, hat den einführenden Satz, daß jedermann
nicht mehr und nicht weniger gelte, als wozu er sich selbst macht,
dahingehend für richtig erklärt, daß man nicht die Gelegenheit versäumen soll, sich von seinen vorteilhaften Seiten zu zeigen. Niemand solle ohne Not seine »ökonomischen, physikalischen, morali-
schen und intellektuellen Schwächen« aufdecken.

Dieser Abschnitt versucht eine Reihe karrierefördernder Merkmale, Eigenschaften und Umstände (Karrierelifter) zu erläutern und sie vor allem zu bewerten. Insbesondere die sogenannte Eignungspsychologie hat – wie wir gesehen haben: vgl. D 3! – zahlreiche Begriffe entwickelt, um das Musterbeispiel eines Karrieristen formulieren zu können. Es gibt nun aber Karrierelifter, die unabhängig von der jeweiligen Person und ihren Eigenschaften wirksam sind.

111 Jüngstes Beispiel ist die BSE- (Bovine Spongiforme Enzephalopathie) Krise. Während bis zum Ausbruch dieser Tierkrankheit die Lebensmittelüberwachungsstellen, Gesundheits- und Veterinärämter als praktisch bedeutungslos angesehen wurden und auf der Wegrationalisierungsliste der Staatskanzleien oder in forschen, wenn auch wenig durchdachten Plattmachungsplänen unangefochtene Spitzenreiter darstellten, ist man jetzt eifrigst bemüht, auf diesem Gebiet die Bürokratie in Form von Mittel- und Oberbehörden kräftig aufzurüsten und damit zwangsläufig die Beförderungsstellen deutlich zu vermehren. Jeder Krieg erhöht die Zahl der Generäle, jede Störung der öffentlichen Sicherheit die Beförderungsstellen bei der Polizei. Neben solchen zahlenmäßigen Erhöhungen der Beförderungsstellen kommt aber auch deren regionale Verschiebung in Betracht. Nehmen wir die »Entflechtung der Ballungsräume«. Wenn das bayerische Landessozialgericht praktisch geteilt wird und die Hälfte der Senate von München nach Schweinfurt kommt, so verbessern sich dadurch die Beförderungschancen zumindest der unterfränkischen Sozialrichter in Würzburg.

Eine Abhandlung über karrierefördernde Umstände kann solche Karrierelifter nicht außer acht lassen, spielen sie doch öfters eine bedeutendere Rolle als alles subjektive Bemühen.

Der Verfasser hat sich bemüht, über Erkenntnisse der Eignungspsychologie, Soziologie und Statistik hinaus ein System **unbeeinflußbarer (II)** und **beeinflußbarer (III)** Gegebenheiten der Person und der Behördenwelt zu postulieren, die sich förderlich auf eine Karriere im öffentlichen Dienst auswirken. Er versuchte dabei dem Hauptübel aller Systematisierungsbestrebungen zu entgehen, nämlich ein praxisfernes System theoretischer Begriffe aufzustellen und in dieses Prokrustesbett dann die Wirklichkeit zu pressen.

II. Unbeeinflußbare Gegebenheiten der Person und Behördenwelt	III. Beeinflußbare Persönlichkeitsmerkmale und Karrierehilfen
Adel, Herkunft Äußeres, soweit nicht variabel, Flaneur, Stimme, Dickdarm, Linkshändigkeit Dienstalters-(Anciennitäts-) Prinzip Freund, Familie, Ehefrau Geschlecht Intelligenz Karrierelifter Paranußeffekt Rasse Religion Sozialbeförderung	Äußeres, soweit variabel Berufsbegleitende Qualifikation, mentales Training Beurteilung, Tüchtigkeit Bildung, Vorbildung (Note II. Staatsexamen) Emotionale Kompetenz und Stabilität Erprobungsmaßnahmen Fremdsprachen Konformität Netzwerke Parteibuch (Ämterpatronage) Presse Seilschaft, Machtpyramide, Gönner, Protektion Selbstverleugnung Sonderaufgaben: Zwischenpräsident, Präsidialrichter, Arbeitsgemeinschaftsleiter Spezialist/Generalist Sportliche Leistungen Startbehörde, Mobilität Unverschämtheit Verbandsarbeit, Personal- oder Richtervertretung, Gewerkschaft Verbindung Wissenschaftliche und künstlerische Leistungen (Aufsätze, Promotion, Malerei) Zähigkeit

112

Ein kurzer Blick auf die Tabelle zeigt, daß die beeinflußbaren Umstände überwiegen. **Fatalismus ist also unangebracht!**

Die Schwierigkeit des Unterfangens, karrierefördernde Merkmale der Person und Gegebenheiten der Behördenwelt zu erfassen und zu bewerten, ist nicht zu unterschätzen: Als Beispiel möge der Satz Knigges dienen, »daß man nicht die Gelegenheit versäumen soll, sich von seinen vorteilhaften Seiten zu zeigen«. In welches Merkmal oder Kriterium soll man diese Weisheit einordnen? Das Offenbaren eigener Schwächen zur Unzeit ist sicher ein beeinflußbares Verhalten einer Person. Es wird durch bestehende Minderwertigkeitskomplexe gefördert. Diese wiederum sollen dem Karrieristen durch mentales Training ausgetrieben werden. Dennoch hatte der Verfasser Bedenken, diese Haltung dem Stichwort **mentales Training** einzuordnen. Zum einen betrifft dieses Training auch andere Schwächen des Menschen, zum anderen gibt es bereits in der Eignungspsychologie einen Begriff, nämlich den der emotionalen Labilität (vgl. D 3!), den wir als positives Karrieremerkmal »emotionale Stabilität« nennen und diesem Begriff wollen wir auch das Verschanzen der Persönlichkeit hinter der Attitüde »Nur keine Schwäche zeigen!« zuordnen.

Systemimmanent ist es, daß manche Begriffe sich inhaltlich berühren, ja überschneiden. Das Stichwort »Verbindung« tangiert auch den Merkmalskomplex »Seilschaft, Machtpyramide, Gönner, Protektion«. Das Beherrschen von »Fremdsprachen« kann sowohl als »Vorbildung«, als »Berufsbegleitende Qualifikation« oder im Rahmen einer »Beurteilung« auftauchen. Das »Parteibuch« ist ein Schlagwort für Parteizugehörigkeit, letztere wiederum berührt den Merkmalskomplex »Seilschaft« usw. Einzelne Fähigkeiten oder Persönlichkeitsmerkmale wurden gesondert aufgeführt, weil sie in der Diskussion über karrierefördernde Eigenschaften oder Gegebenheiten auch im Schrifttum selbständig Berücksichtigung finden. Bei anderen Merkmalen fördert es die Übersichtlichkeit der Darstellung, wenn sie im Komplex behandelt werden.

II. Unbeeinflußbare Gegebenheiten der Person und der Behördenwelt

»So hat für Dich das Glück unendlich mehr als das Gesetz getan.«
(Goethe, Die natürliche Tochter, 1.Aufzug, 5. Auftritt)

1. Adel, Herkunft   **113**

Friedrich II von Preußen:»Wie heißt er?«»Hilitan, Eure Majestät.«
»Wie heißt er?« und ohne die Antwort abzuwarten, mit immer stei-
gendem ungnädigem Ton ihm folgende Namen gebend:»Kilian,
Pelikan, er ist nicht von Adel?«
(Theodor Fontane, Wanderungen durch die Mark Brandenburg, Berlin
1892, S. 26: Eine Revue vorm alten Fritz)

Dieser von Fontane überlieferte mit Stockheben begleitete unangenehm berührende Auftritt des »alten Fritz« aus dem Jahre 1783 läßt
so recht erkennen, welche Schwierigkeiten bürgerlichen Personen
von adelsstarren Vorgesetzten bereitet wurden. Daß dies nicht überall so war, belegt die Tatsache, daß Goethe 1776 unter bedenklicher
Zurücksetzung verdienter adliger Mitbewerber in Weimar Karriere
machte (damals ohne Adelstitel!).
Noch lange konnte der Adel, der ja rechtlich nicht mehr existiert,
aber eine gesellschaftliche Tatsache ist, in gewissen Geschäftsbereichen des öffentlichen Dienstes eine herausgehobene Rolle spielen. Dies war bekanntermaßen so im Auswärtigen Dienst. Solange
man als ein wesentliches Erfordernis für die dortige Dienstleistung
ein gekonntes gesellschaftliches Auftreten ansah, waren Mitglieder
des Adels hierfür prädestiniert, denn es ist unbestritten, daß adlige
Familien aufopferungsvoll einen großen Teil ihres Vermögens der
Erziehung ihrer Kinder widmen. Dies hatte nur noch wenig mit der
berüchtigten Stelle des § 35 II 3 des Allgemeinen Preußischen
Landrechts zu tun:»Der Adel ist zu den Ehrenstellen im Staate, wozu
er sich geschickt gemacht hat, vorzüglich berechtigt«. Je konservati-

ver eine Gesellschaft organisiert ist, umso stärker wird sie von Mitgliedern des Adels repräsentiert. Die deutsche Gesellschaft ist nicht konservativ. Wie die folgenden Ausführungen zeigen werden, ist auch im auswärtigen Dienst die Zahl der beschäftigten Adligen im Abnehmen. Soweit es nicht um Politik, sondern um gesellschaftliche Repräsentanz geht, z.b. im konsularischen Dienst, hält sich noch ein bemerkenswerter Anteil des deutschen Adels. Dieser Anteil ist jedoch gering im Verhältnis zu dem, den der diplomatische Dienst der romanischen Länder aufweist.

Ein Blick in das Staatshandbuch der Bundesrepublik Deutschland – Ausgabe 2000 Bund – (Heymannsverlag Köln, Berlin, Bonn, München) zeigt folgendes: In dem genannten Werk sind die Mitglieder der deutschen Verfassungsorgane (Minister, Staatssekretäre, Abgeordnete, Bundesratsmitglieder), höhere Richter, Behördenchefs, die **ausländischen** Diplomatischen Missionen und konsularischen Vertretungen in der Bundesrepublik Deutschland und die Angehörigen des Auswärtigen Dienstes sowie die **deutschen** Konsule und Honorarkonsule enthalten. Das Staatshandbuch enthält ca. 7700 Namen, davon 167! adlige (Grafen, Freiherrn, Vons und entsprechende ausländische Bezeichnungen). Zieht man hiervon die Angehörigen der ausländischen Missionen und konsularischen Vertretungen – 54! – ab, so bleiben ganze 113 dem Bundesdienst angehörige Adlige übrig. Das sind 1,46 %. Wenn dem Verfasser auch keine Zahlen zum Verhältnis Gesamtbevölkerung: Adel zur Verfügung stehen, glaubt er doch den Schluß ziehen zu können, daß der Adel im öffentlichen Dienst der Bundesrepublik nicht überrepräsentiert ist. Erhöhte Karrierechancen können sich ergeben, wenn ein Adliger im »Herrschaftsbereich« eines adligen Vorgesetzten tätig ist oder auf einen Vorgesetzten trifft, der einen Adelstick hat, was gar nicht so selten ist. Solche Sympathien können aber auch zwischen anderen Personen gemeinsamer Landsmannschaft, Verbindung, Religion oder Liebhabereien bestehen.

114   »Wäre ich ein Fürst, so würde ich zu meinen ersten Stellen nie Leute nehmen, die bloß durch Geburt und Anciennität nach und nach heraufgekommen sind ...« (Goethe in Eckermann, Gespräche mit Goethe, C. H. Beck, München 1988, S. 582).

Was Goethe hier als gängige Praxis seiner Zeit tadelte, das Privileg der Herkunft, hat im gegenwärtigen öffentlichen Dienst nicht nur rechtlich, sondern auch tatsächlich nicht mehr die Eigenschaft eines karrierefördernden Kriteriums. Das schließt aber nicht aus, daß **einzelne** Vorgesetzte es für ganz normal, ja geradezu für geboten erachten, der Herkunft einer Person übermäßig Beachtung zu schenken. Die wohlfeile Verhaltensregel lautet: War der Vater Regierungspräsident oder Professor, kann der Sohn oder die Tochter kein Dummkopf sein. Diese Auffassung, die von einer ewigen Vererbung holandrischer bzw. hologyner Merkmale ausgeht, liegt nicht nur dem Prinzip der Erbmonarchie zu Grunde, sondern entspricht auch einer in der Bevölkerung weit verbreiteten Ansicht. Welche Eltern sind nicht der felsenfesten Überzeugung, daß kluge Eltern naturnotwendig kluge Kinder zeugen? Daß die Herkunft ein maßgebliches Auswahlkriterium darstelle, kommt auch in dem empörten Ausruf eines erfolglosen Bewerbers um eine hohe Richterstelle, die der Sohn eines Professors erhielt, zum Ausdruck:»Mein Vater war auch Professor!«Je weniger in der jeweiligen Herkunft ein Privileg gesehen wird – und Leute, die selbst über die sozialen Verhältnisse ihrer Eltern hinaufgestiegen sind, pflegen in der Regel in der Herkunft kein für ein Amt besonders qualifizierendes Kriterium zu erblicken –, desto weniger kommt einem Bewerber der soziale Stand seiner Eltern zugute.

Eine Ausnahme glaubte der Verfasser – allerdings vor nunmehr 40 Jahren! – im Universitätsbereich feststellen zu müssen. Den Kindern von Universitätsprofessoren kam man damals bei der Vergabe von Assistentenstellen und bei Promotion und Habilitation mehr entgegen als dies vom Gleichbehandlungsgrundsatz geboten gewesen wäre.

Auch hinsichtlich der Vergabe niedriger vergüteter Stellen bei den Landratsämtern kann man eine besondere Häufung von Kindern der Bürgermeister kreisangehöriger Gemeinden antreffen.

Letztlich soll hier noch»Harald des Vorletzten«gedacht werden, der als Sohn eines früheren Ministerpräsidenten und Mitschöpfers der bayerischen Verfassung als einer der letzten des II. juristischen Staatsexamens 1954 (daher der Name!) ausdrücklich»wegen der

Verdienste seines Vaters« unter Absehen vom Leistungsprinzip in den Staatsdienst eingestellt worden ist.

Ein Angehöriger des öffentlichen Dienstes tut heute gut daran, sich an den – so vorhanden – Leistungen seiner Vorfahren **innerlich** aufzurichten, auf seine Herkunft allein kann er seine Karriereplanung aber schwerlich mit Erfolg stützen. Im übrigen gehört es zu den traurigen Erkenntnissen der Geschichte, daß eine Familie allenfalls drei Generationen lang aus der Masse der jeweiligen Zeitgenossen herausragt, um dann wieder mehr oder weniger deutlich zu dieser herabzusinken.

115 2. Äußeres, soweit nicht variabel:
Flaneur, Stimme, Dickdarm,
Linkshändigkeit

Soweit das Äußere – vor allem durch Kleidung – veränderlich ist, werden dazu im Kapitel III Ausführungen folgen. Hier geht es um den von Natur gegebenen Adam (bzw. die äußere Eva), der – von Schönheitsoperationen einmal abgesehen – des Menschen Schicksal bestimmen kann.

Mit seinem Äußeren wird der Mensch den Erkenntnissen der Physiognomik zugänglich, also der Lehre, die es nach ihrem Selbstverständnis versteht, aus der Physiognomie, dem Aussehen eines Menschen, insonderheit des Gesichts, die ihm eigentümliche Geistesbeschaffenheit zu erkennen, also Rückschlüsse vom Äußeren auf den Charakter zu ziehen. Die Physiognomik interessiert hier als Hilfsmittel der Charakterkunde; aus der Form des Körperbaus soll ein Schluß auf die geistige Leistung möglich sein. Die Physiognomik wird so Teil der Psychologie.

116 *Otto Klemm* († 1939) unterschied in seiner »pädagogischen Psychologie« zwischen:

1. Zerebralem Typus: geeignet für das graphische Gewerbe, Feinmechaniker, Uhrmacher, Kontorist

2. Muskulärem Typus: geeignet für Schmied, Schlosser, Maurer, Fleischer, Soldat
3. Respiratorischem Typus: geeignet für Schreiner, Tapezierer, Maler
4. Digestivem Typus: geeignet für verschiedenartige Berufe.

Es freut einen zu erfahren, daß der *Fürst Metternich* († 1859) unter die zerebralen Typen eingereiht wurde, also für das graphische Gewerbe, die Feinmechanik, die Uhrmacherei und das Kontor geeignet erschien.

Heutzutage ist man in dieser Hinsicht vorsichtiger: Man geht davon aus, daß es keine festen Korrelationen zwischen Charaktereigenschaften und einzelnen physiognomischen Merkmalen gibt.

Wenn auch die wenigsten Vorgesetzten über Kenntnisse der Physiognomik verfügen, so muß man sich doch darüber im klaren sein, daß jeder Mensch auf Grund von Erfahrungen oder vorgefaßten Urteilen eine höchstpersönliche Physiognomik entwickelt, die im allgemeinen als Sympathie bzw. Antipathie kraft des ersten Eindrucks bezeichnet wird. Mancher Vorgesetzte geht auch davon aus, daß er den diagnostischen Blick der Heilpraktiker besitzt, welche die Krankheiten des Menschen am Zustand des Gesichts erkennen; sie frönen also der Pathophysiognomik und wollen die Schwächen ihrer Untergebenen aus deren Äußerem lesen. Wer denkt in diesem Zusammenhang nicht an *Adolf Hitlers* blonden, blauäugigen, rassereinen Germanen, dessen Typus in seiner allernächsten Umgebung aber nicht zu finden war. In den Vereinigten Staaten von Amerika wird unter den Managern der »WASP« privilegiert, also der Ami »**w**hite, **a**nglosaxon and **p**rotestant«. Unter deutschen Behördenchefs finden sich auffallend viele »Napoleons« und »Bismarcktypen«, also kleinformatige, quirlige Energiebündel und die körperlich mächtigen Herrschertypen mit ausgeprägtem Kinn, die natürliche Autorität ausstrahlen.

Wenn Shakespeare seinen Julius Cäsar sagen läßt (Akt I, Szene II): »Laßt wohlbeleibte Männer (fat men) um mich sein, mit glatten Köpfen (sleek-headed) und die nachts gut schlafen. Der Cassius dort hat einen hohlen Blick (a lean and hungry look); er denkt zu viel: die

113

Leute sind gefährlich«, dann wird hier die höchstpersönliche Physiognomik Shakespeares deutlich; und weiter Cäsar:

»Wär er nur fetter – zwar ich fürcht ihn nicht;
Doch wäre Furcht nicht meinem Namen fremd,
Ich kenne niemand, den ich eher miede
Als diesen hagern Cassius. Er liest viel;
Er ist ein großer Prüfer, und durchschaut
Das Tun der Menschen ganz; er liebt kein Spiel,
Wie du, Antonius; hört nicht Musik;
Er lächelt selten, und auf solche Weise,
Als spott er sein, verachte seinen Geist,
Den irgendwas zum Lächeln bringen konnte.
Und solche Männer haben nimmer Ruh,
So lang sie jemand größer sehen als sich.
Das ist es, was sie so gefährlich macht.«

Wäre der Begriff nicht schon belegt, müßte man sagen, daß Shakespeare reine »Gestaltpsychologie« betrieb. Ihm waren also hagere Gestalten mit hungrigem Blick sowie mit nicht glattgekämmtem Haar (not sleek-headed) und ohne Lebenslust verdächtig; um eigene Worte Cäsars handelte es sich ja nicht.

117   Positiv wäre demnach der **Flaneur** erschienen. Dieser Typ lebt definitionsgemäß in der Großstadt, sieht sich von keinen echten Problemen und Bedrohungen belästigt und nimmt die Schwierigkeiten des Lebens nur insoweit wahr, als ihm dies nicht Spaß und Selbstverliebtheit verdirbt. Beruflich nicht übermäßig ehrgeizig, ist dieser Typ sozusagen handsam und macht dem Chef keine Schwierigkeiten; der Spaßfaktor könnte dabei sonst zu kurz kommen. Selbst wenn ein solcher Mensch einmal etwas verbockt hat, kommt er in der Regel glimpflich davon. »Er ist halt ein lustiger Mensch«, heißt es dann. Was einem anderen ein Disziplinarverfahren einbringen würde, wird beim Flaneur mit einem Augenzwinkern abgetan. Sympathien, die Shakespeare einem Cäsar andichtete, sind natürlich auch bei anderen weniger Mächtigen anzutreffen. Das echte Flaneurtum ist aber dem Menschen angeboren. Versuche, es sich

zuzulegen, müssen deshalb zwangsläufig scheitern. Der Flaneur ist der typische Dritte, wenn zwei sich um eine Beförderungsstelle streiten.

Beim ersten Eindruck, der im Sekundenbereich gewonnen wird, spielt die **Stimme des Menschen** eine große Rolle: Wer flüssig und **118** sauber formuliert, dem wird eine hohe Geisteskraft bescheinigt. Eine tiefe Stimme wirkt glaubwürdiger, die hohe Stimme gilt als typisch für den Lügner (auch beim Einsatz des Polygraph genannten Lügendetektors).

Robert Charroux behauptet in seinem Buch »Phantastische Vergangenheit« (Fischer Taschenbuch Verlag, Frankfurt a. Main 1977 S. 254), daß nach Arbeiten des französischen Chirurgen *Professor Pierre Duval* in Vaugirard (Stadtteil von Paris) »charakterstarke Tatmenschen einen Dickdarm haben, dessen Länge unter der durchschnittlichen bleibt (111 cm bei einem Körpergewicht von 62 kg).« Alles deute darauf hin, daß der **Dickdarm** einen direkten Einfluß auf **119** die Gehirnfunktion ausübe, und daß ein langer Dickdarm eine gewisse Neigung zum Idealismus begünstige. Eine Dickdarmresektion führe bei Mystikern und kirchlichen Würdenträgern zu einer geistigen Metamorphose in Richtung auf eine realistische / materialistische Haltung. Bei der Auswahl menschlicher Roboter, Kosmonauten oder Astronauten genannt, scheide derjenige aus, dessen Dickdarm länger als 111 cm sei.

Wer also wissen will, ob er seine Karriere auf den Typ des unverwüstlichen Tatmenschen setzen kann, kann sich mittels einer Darmspiegelung, die im Glücksfall die Krankenkasse bezahlt, Sicherheit in diesem Punkte verschaffen.

So sind wir nun, beginnend beim Äußeren, beim Inneren angekommen, von der Physiognomie als Spiegel der Seele zur Spiegelung des Darmes. Nachdenkenswert bleibt, daß der Idealist Schiller in seinem Distichon »Sonntagskinder« bereits formuliert hat: »Ach, was haben die Herren doch für ein kurzes Gedärm!« (Büchmann, Bertelsverlag 1955 S. 120). Schiller war bekanntlich Mediziner und wußte vermutlich, wovon er sprach!

Gestützt auf die Tatsache, daß *Albrecht Dürer, Leonardo da Vinci* und *Albert Einstein* **Linkshänder** waren, erschienen in den Achtziger **120**

Jahren des vorigen Jahrhunderts in den Zeitungen gelegentlich Schlagzeilen wie: »Ist Ihr Kind Linkshänder? Dann ziehen Sie vielleicht ein Genie groß.« Aufhänger für diese Aufgeregtheiten war vorzugsweise der Umstand, daß von den letzten fünf amerikanischen Präsidenten – *Richard M. Nixon, Gerald R. Ford, James E. Carter, Ronald W. Reagan* und *George Bush* – lediglich *Carter* kein Linkshänder war. Nachdem Linkshänder in der Schule nicht mehr gezwungen werden, mit der rechten Hand zu schreiben, gibt es heute nur noch wenig verdeckte Linkshänder. Wären also Linkshänder besonders begabt, wäre die Linkshändigkeit ein passables Auswahlkriterium.

Aber der Mensch ist ein kompliziertes Wesen und das Erkennen seiner Vorzüge und Nachteile im gewissen Sinne der Gattung Mensch verborgen; ein Schäferhund kommt von seinem Standpunkt aus sicher leichter zu einem Urteil über seinen Herrn.

»Gesicherte Daten, aus denen hervorgeht, daß Linkshändigkeit besondere Talente nach sich zieht, gibt es nicht ...« (vgl. Rik Smits, Linkshänder, Albatros Verlag Düsseldorf, 2002 S. 224). Das einzige Gebiet, auf dem Linkshänder einen Vorsprung haben, sind Sportarten wie Tennis, Baseball, Boxen und Fechten. Aber dies fällt unter Kapitel III bei Sportliche Leistungen. Andererseits ist die den Linkshändern nachgesagte Ungeschicklichkeit – in übertragener Bedeutung: linkisch – sprichwörtlich. In der Regel beruht sie jedoch auf der Rechtshändigkeit der technischen Welt.

120a 3. Dienstalters- (Senioritäts-, Anciennitäts-) Prinzip

> »Da hilft nichts für; das ist der Fluch des Dienstes.
> Beförderung geht Euch nach Empfehl' und Gunst,
> Nicht nach ehmal'gem Rang, wo jeder Zweite
> Den Platz des Vormanns erbt.«
> (*Shakespeare, Othello, Akt I, Szene I*)

Was der Soldat Jago hier dem jungen Venezianer Rodrigo klagt, ist die Nichteinhaltung des Anciennitätsprinzips, »wo jeder Zweite den Platz des Vormanns erbt« (where each second stood heir to th' first).

Daß dieses Prinzip aber nicht geeignet ist, jedermann zufrieden zu stellen, zeigt der Roman aus der K.u.k.-Zeit, in dem ein Leutnant an vor ihm in der Anciennitätsliste stehende Kollegen vergiftete Pralinen versendet, um sich den Weg zu einer Beförderung freizumachen.

Da nach Verfassung und Gesetz das Leistungsprinzip dem Dienstaltersprinzip überlagert ist, gibt das höhere Dienstalter keinen Anspruch – oder besser gesagt, da es einen Rechtsanspruch auf Beförderung nicht gibt – keine Vorzugsstellung auf Berücksichtigung bei einer Personalmaßnahme. In der Regel spielt das Dienstalter bei einer Beförderung auf eine herausgehobene Dienststellung keine Rolle. Eine Ausnahme kommt dann in Betracht, wenn das Lebensalter eines Bewerbers wegen der bestehenden rechtlichen Bestimmungen (z.b. Verbot der Altersbeförderung, Nichterreichen der Ruhegehaltsfähigkeit der Gehaltssteigerung) erkennen läßt, daß seine diesmalige Nichtberücksichtigung eine spätere Beförderung entweder unmöglich macht oder für ihn ohne Interesse sein wird. In solchen Fällen wird die entscheidende Stelle – arbeitet sie verantwortungsbewußt – prüfen, ob das Vorziehen eines Bewerbers mit geringerem Dienstalter auf Grund seiner besseren Beurteilung gerechtfertigt ist.

Aller Hervorhebung des Leistungsprinzips in Verfassung und Gesetz zum Trotz hat sich das Dienstaltersprinzip in manchen Verwaltungen quasi durch die Hintertüre eingeschlichen und durch jahrelange Praktizierung verfestigt. Hier fällt es dann schwer, kurzfristig eine andere Beförderungspraxis einzuführen, ohne bei den Beschäftigten einen Aufruhr hervorzurufen. Grundsätzlich kann das Dienstalter immer dann berücksichtigt werden, wenn ihm für die Eignung, Befähigung und Leistung Bedeutung zukommt.

Wer im öffentlichen Dienst Karriere machen will, tut einerseits gut daran, vorwärts zu streben, als ob es ein Dienstaltersprinzip nicht gäbe, andererseits aber durchaus auf seine Wirksamkeit Bedacht zu nehmen. Letzteres gilt insbesondere bei einem **Behörden- 121 wechsel**. Wo es geht, vermeidet es der kluge Mann (die kluge Frau), sich zu einer Dienststelle zu verändern, in der ihm ranggleiche Kollegen mit höherem Dienstalter vorsitzen. Leider nehmen die

Personalverwaltungsstellen (Ministerien usw.) auf eine richtige altersmäßige Gliederung der Beschäftigten kaum Rücksicht, sei es, weil sie andere Probleme drücken, sei es, weil ihnen ein anderes Ziel, als eine leere Planstelle zu besetzen, gar nicht in den Sinn kommt. Ihre Rechtfertigung ist ja auch simpel genug: Auf das Dienstalter kommt es ja eh nicht an.!

Man ist aber auch bei sorgfältigster Auswahl der Dienststelle – soweit sich so etwas überhaupt bewerkstelligen läßt – nicht davor gefeit, ranggleiche, jedoch dienstältere Kollegen in die Behörde, die Abteilung, gedrückt zu bekommen. Gelegentlich hilft ein Vorstellig-werden beim Chef mit vorsichtiger Äußerung von Abwanderungs-gedanken; wenn der Chef einen allerdings sowieso los werden möchte, ist man in einem solchen Fall schneller bedient als ge-wünscht.

Gelegentlich gewinnt das Dienstalter eine Bedeutung, an die zu Beginn eines Auswahlverfahrens niemand gedacht hat. Dies ist der Fall, wenn sich mehrere Bedienstete von Unterbehörden um eine Beförderungsstelle an der Oberbehörde bewerben. Hier kann es pas-sieren, daß im Vorfeld des Verfahrens, nämlich während des Beur-teilungsverfahrens, nur die Rangfolge in der jeweiligen Unterbehör-de vom Beurteilenden ins Auge gefaßt wird. Im Auswahlverfahren stehen sich dann plötzlich Bewerber mit gleicher »Papierform« gegenüber; unter »Papierform« verstehen wir hier die sich aus Examensnote und Beurteilung ergebende Qualifikation – ungeach-tet anderer Auswahlkriterien. In einer solchen Pattsituation wird dann gern auf das Dienstalter zurückgegriffen, das den Vorteil hat, für ein Kalenderjahr 365 Differenzierungen zu ergeben.

Freilich muß nochmals darauf hingewiesen werden, daß das Dienstaltersprinzip jederzeit zur Seite geschoben werden kann. Will die entscheidende Behörde einen dienstjüngeren Bewerber auf der Beförderungsstelle sehen, steht eine reiche Auswahl von Begrün-dungen zur Verfügung. Beispiele: Die Behörde braucht einen **jungen dynamischen Chef** (die Behörde ist in Tiefschlaf gefallen; der Vizepräsident ist steinalt). Es bestehen Zweifel, ob der dienstältere Bewerber **in den nächsten Jahren** (wer weiß schon, wie sich der Gesundheitszustand der Bewerber bis dahin ändert) die erhöhte

Belastung aushält. Der Chefsessel muß jetzt ein für allemal **auf längere Zeit** besetzt bleiben, um »Ruhe in den Laden zu bringen« (der dienstältere Bewerber geht in absehbarer Zeit in Pension). Es muß endlich auch einmal eine **Frau** etwas werden. Im Erfinden solcher Begründungen sind die personalverwaltenden Stellen der öffentlichen Hand unerschöpflich.

4. Freunde, Familie, Ehefrau

»Es ist ein Segen, wenn unser Mann vor dem 28. Lebensjahr noch nicht die Frau fürs Leben getroffen hat, denn er sollte frei und ungebunden sein, um von einer Firma oder Branche zur anderen, von einem Teil des Staates in einen anderen überwechseln zu können, je nachdem, wo sich ihm die besten Aussichten und Fortbildungsmöglichkeiten bieten.«
(Vance Packard S. 267)

Die hier aufgeworfene Frage, ob **Freunde**, die Familie oder die **122** Ehefrau einen günstigen Einfluß auf die Karriere eines Beschäftigten des öffentlichen Dienstes haben, betrifft nicht die Freunde, die man im Rahmen des Karrierestrebens »Gönner« nennt. Gemeint sind vielmehr die Personen, die einen an einem kritischen Punkt der Karrierekurve unterstützen, ohne selbst Teil der Organisation zu sein. In seinem Buch »Finks Krieg« (suhrkamp taschenbuch, Frankfurt 1998) unterscheidet *Martin Walser* zweierlei Arten von »Freunden: »Kraftquellen« und »Männer, die die Straßenseite wechseln, wenn sie einen auf sich zukommen sehen, oder den Engländer spielen« (nicht die Hand geben), weil sie um ihr eigenes Ansehen fürchten oder sich durch jede Art von Hinwendung an einen Hilfsbedürftigen einfach überfordert fühlen.

Damit ist zu diesem Thema fast alles gesagt. Die Menschen sind in der Regel nicht böse, sondern schwach.

Die **Familie**, die hier angesprochen werden soll, beschränkt sich **123** auf Geschwister und Eltern, gelegentlich auf Onkel und Tanten. Die eigenen Kinder scheiden aus: Sind sie noch klein, verstehen sie nur, daß der Vater schlecht gelaunt ist; sind sie schon größer, sind auch ihre eigenen Probleme größer. Auch Eltern sind in solchen Fällen schlechte Ratgeber. Meistens ziehen sie wieder ihre alten Vorurteile, die sie sich während der Erziehung gebildet haben, aus der Tasche. Man ist dann entweder von vorneherein unfähig, faul, streitsüchtig, ungeduldig oder – wenn die alte Affenliebe noch andauert – bei einem schlechten Vorgesetzten, einer bösen Clique, im Pech und das Unglück, das schon sie, die Eltern erfahren hätten, lasse noch immer von der Familie nicht ab. Natürlich ersetzen weder eine stumpfsinnige Verurteilung noch eine kritiklose Lobhudelei oder die Annahme eines Sippenunglücks den in Wirklichkeit erforderlichen guten Ratschlag.

Geschwister betrachten ihren Bruder, ihre Schwester, Onkel und Tanten ihren Neffen normalerweise als einen Gegenstand, der der eigenen angenehmen Unterhaltung dient. Schwimmt man im Glück, ist dies bei den nachgewiesenen hervorragenden Genen der Sippe nicht verwunderlich. Sitzt man in der Klemme, wird man nach dem Stand eines Gerichtsverfahrens gefragt, dessen unglücklicher Ausgang schon in der Presse breitgetreten worden ist oder die lieben Verwandten suchen sich gleich einen anderen Gesprächspartner: Unglück ist ansteckend!

124 Karriere und **Ehefrau**, dieses Kapitel hat viele Facetten. Erfahrungsgesättigte Erkenntnisse sind rar; im allgemeinen kann nur die Außenseite Karrierist/Ehefrau beobachtet werden. Ehefrauen, die ihre Männer zu beruflichen Erfolgen antreiben, können sich für phlegmatische Typen durchaus positiv auswirken. Manche Ehefrauen verhelfen ihren Ehemännern auch auf etwas zweifelhafte Weise zu Erfolg. So soll der Vater (?) des französischen Malers Delacroix, Charles Delacroix, zur Belohnung für die Liebesdienste seiner Ehefrau Victoire von *Talleyrand* zum Minister, Gesandten und Präfekten gemacht worden sein, obwohl letzterer ihn für völlig unfähig hielt.

Ehefrauen, die selbst karrierebewußt den eigenen Berufsweg gehen, können sogar ein eheinternes berufliches Wettrennen veranstalten. Der Verfasser erinnert sich eines Juristenehepaars, wo er und sie abwechselnd die Karriereleiter hochkletterten und dabei auch den Weg in die neuen Bundesländer nicht scheuten. Sie machte als Präsidentin eines großen Landgerichts – nicht unerwartet – das Rennen.

Was die nicht berufstätige Ehefrau anbelangt, so war in der freien Wirtschaft das Thema »Ehefrau: Aktivposten oder Hemmschuh?« lange Zeit von nicht unerheblichem Gewicht. Personalberatungsfirmen überprüften routinemäßig die Ehefrau eines Managers. Bevor jemand für einen bedeutenden Posten eingestellt wurde, erfolgte in der Regel eine Einladung in ein elegantes Restaurant zum Diner. Offensichtlich ging es dabei vor allem um das Auftreten der Frau, ihre Konversation und ihr Benehmen. Die Frau stellte dabei gelegentlich den eigentlichen Aktivposten des Gespanns dar. Soweit es sich um Familienunternehmen handelte, die Firma also als Firmenfamilie oder die Firmenleitung als Direktionsfamilie betrachtet wurde, mußte die Ehefrau eines Spitzenmanagers auch die Frauen der leitenden Herren der Firma davon überzeugen, daß sie zu den richtigen Gesellschaftskreisen gehörte. Zumindest mußte die Ehefrau alkoholfest – wenn nicht abstinent –, nicht aufreizend gekleidet und gestimmt sein (zu alledem: Vance Packard S. 77 ff.).

Solange die Ehefrau als unselbständiger Teil des berufstätigen Ehemanns angesehen wurde, gab es auch im öffentlichen Dienst »Kränzchen«, in denen die Gattinnen des Behördenleiters und des Stellvertreters die »Neue« musterten. Nachdem nun die sexuellen Beziehungen der Menschen untereinander weitgehend als moralfreie Privatsache angesehen werden, in die der Staat sich nicht einzumischen habe und das Zusammenleben der Menschen ohne Trauschein sich eines gewissen modischen Trends erfreut, werden Überlegungen, wie sie früher angestellt wurden, heute weitestgehend unterlassen. Es spielt also offiziell keine Rolle, ob die Ehefrau sich mißfällig über den Dienstherrn äußert, ob sie sich anläßlich einer Gartenparty sinnlos betrinkt, ob ihre Haushaltsführung eine Belastung für den Ehemann darstellt, ob letzterer jedes halbe Jahr sich dem Abenteuer einer neuen Liebe aussetzt.

Aber Vorsicht! Das Offizielle ist nicht ausnahmslos des Maßgebende.

Immer noch gibt es Präsidententreffen mit Damen, wozu am

Abend auch die Kollegen der veranstaltenden Behörde mit ihren Damen geladen werden. Immer noch finden im Rahmen der Standesorganisationen Tagungen und Sternfahrten und Juristentreffen statt. Genügend Gelegenheit also, die weibliche/männliche Begleitung abzuschätzen und bei den Sternfahrten auch einen Blick auf die Kinder zu werfen. Die innere Überzeugungsbildung von Vorgesetzten kann traditional, emotional, wertrational oder zweckrational sein. Immer wird am Ende einer Personalbewertung eine der folgenden Kurzbeurteilungen stehen: Absteigend, Vorsicht, Stillstand, Aufsteigend. Wer kann ausschließen, daß das Erscheinungsbild seiner Begleitung dabei nicht den Ausschlag gibt, also das Zünglein an der Waage ist.

An kleinen Orten, in denen in wenigen Vereinen (Tennis, Golf, Kunst, Chor) die gesamte Gesellschaft sich zusammenfindet, kann eine streitsüchtige Ehefrau einiges Unheil für die Karriere ihres Mannes anrichten. Ein beiläufig dem Minister durch einen Abgeordneten zugeflüstertes Wort kann den ohnehin schon Zaudernden endgültig zum Urteil »Vorsicht!« verleiten.

Der Karrierist muß immer daran denken, daß praktisch niemand ihm die angestrebte Position gönnt. Man läuft deshalb ständig Gefahr, von einem anderen aus der Karrierebahn geworfen zu werden.

Nach Ansicht des Verfassers sind nicht die Frauen für eine Karriere im öffentlichen Dienst ein Aktivposten, die ihren Ehemann antreiben, sondern die, die sich aus dem Chaos des beruflichen Aufstiegs heraushalten. Oft ist es leichter, im Unglück allein zu sein, als ständig die Notwendigkeit zu fühlen, sich wegen seines »Versagens« rechtfertigen zu müssen. Eine Ehefrau tut deshalb gut daran, die Kunst des Zuhörens meisterlich zu handhaben, im übrigen aber klar zum Ausdruck zu bringen, daß für sie das Leben auch ohne weiteren beruflichen Aufstieg weitergehen wird.

5. Geschlecht

Jahrzehntelang wurde die Frage, ob sich das Geschlecht positiv oder negativ auf die Karriere im öffentlichen Dienst auswirkt, einseitig auf die Frage verengt, ob Frauen im öffentlichen Dienst benachteiligt werden oder nicht. Nachdem von einer **rechtlichen Benachtei-** 125 **ligung** ersichtlich nicht mehr die Rede sein kann und eine solche auch von keiner ernst zu nehmenden Person, Stelle oder Organisation mehr behauptet wird, hat sich die Diskussion schon dahingehend verlagert, in welchem Umfang Frauen bei gleicher Eignung, Befähigung und fachlicher Leistung **bevorzugt werden dürfen**. Im Kern geht es um ein Auffüllen des Personalkörpers – bezogen auf ein Laufbahnamt – mit weiblichen Beschäftigten, bis von diesen ein gleicher Beschäftigungsanteil wie bei den Männern erreicht ist (**Quoten-** 126 **regelung**).

Europarechtlich trifft die Richtlinie des Rates 76/207 EWG vom 9.2.1976 (ABL EG Nr. L 39) »zur Verwirklichung des Grundsatzes der Gleichbehandlung von Männern und Frauen hinsichtlich des Zugangs zur Beschäftigung, zur Berufsbildung und zum beruflichen Aufstieg sowie in bezug auf die Arbeitsbedingungen« eine Regelung.

Art. 1 Abs. 1 der genannten Richtlinie des Rates normiert den Grundsatz der Gleichbehandlung der Geschlechter. Entscheidend sind jedoch die folgenden Bestimmungen des Art. 2. Sie lauten:

(1) Der Grundsatz der Gleichbehandlung im Sinne der nachstehenden Bestimmungen beinhaltet, daß keine unmittelbare oder mittelbare Diskriminierung aufgrund des Geschlechts – insbesondere unter Bezugnahme auf den Ehe- oder Familienstand – erfolgen darf.

(4) Die Richtlinie steht nicht den Maßnahmen zur Förderung der Chancengleichheit für Männer und Frauen, **insbesondere durch Beseitigung der tatsächlichen bestehenden Ungleichheiten, die die Chancen der Frauen in den in Art. 1 Abs. 1 genannten Bereichen beeinträchtigen, entgegen.**

Wer die abgedruckten Absätze des europäischen Rechts liest, dem wird klar, daß hier eine Quadratur des Kreises versucht wird: Frauen sollen gefördert, Männer aber nicht diskriminiert werden. Das entscheidende Urteil des Gerichtshofs der Europäischen Gemeinschaften (EuGH) vom 11.11.1997 – Rs C – 409/95 (NJW 1997, 3429) stellt denn dann auch fest, daß Art. 2 Abs. 1 und 4 der Richtlinie einer nationalen Quotenregelung nicht entgegenstehen, nach der bei gleicher Qualifikation von Bewerbern unterschiedlichen Geschlechts in bezug auf Eignung, Befähigung und fachliche Leistung weibliche Bewerber in behördlichen Geschäftsbereichen, in denen im jeweiligen Beförderungsamt einer Laufbahn weniger Frauen als Männer beschäftigt sind, bevorzugt zu befördern sind, sofern nicht in der Person eines männlichen Mitbewerbers liegende Gründe überwiegen, **vorausgesetzt**, diese Regelung garantiert den männlichen Bewerbern, die die gleiche Qualifikation wie die weiblichen Bewerber besitzen, in jedem Einzelfall, daß die Bewerbungen Gegenstand einer objektiven Beurteilung sind, bei der alle die Person der Bewerber betreffenden Kriterien berücksichtigt werden und der den weiblichen Bewerbern eingeräumte Vorrang entfällt, wenn eines oder mehrere dieser Kriterien zugunsten des männlichen Bewerbers überwiegen. Solche Kriterien dürfen allerdings gegenüber den weiblichen Bewerbern keine diskriminierende Wirkung haben.

Was europarechtlich erlaubt ist, muß innerstaatlich nicht rechtmäßig sein. Das Bundesverfassungsgericht wird deshalb nicht um eine Entscheidung zu Art. 3 GG herumkommen. Es ist zu hoffen, daß das Gericht der Versuchung widersteht, sich ähnlich wie der EuGH dem gegebenen Dilemma zu entziehen. Es könnte beispielsweise in den sauren Apfel beißen und feststellen, die Gleichbehandlungsrichtlinie gehe dem nationalen Verfassungsrecht vor (vgl. Hess. Staatsgerichtshof, B. vom 16.4.1997, ZBR 1997, 323 ff.); womit es allerdings seine eigene Kompetenz in Verfassungsfragen stark beschädigen würde. Im Ergebnis wäre damit auch wenig gewonnen. Ominös blieben auf jeden Fall die vom EuGH genannten, aber nicht erläuterten »Kriterien« und ihre »diskriminierende Wirkung«, die ja die Instanzgerichte zu prüfen haben. War die Quotenregelung in Reinkultur der – gescheiterte – Versuch, die Welt mit der feministischen Brechstange zu ändern, ist die jetzige rechtsstabilisierende (flexible) Quotenregelung des EuGH in Gefahr, in dem unwegsamen Morast der unbestimmten Rechtsbegriffe zu versinken.

Unabhängig von solchen Quotenregelungen, die letztlich für alle Frauen gelten, ob wirklich tatsächliche Ungleichheiten gegenüber Männern bestehen und unabhängig davon, ob diese die Chancen der Frauen beeinträchtigen, läßt sich auch ohne Quotenregelungen eine **Besserstellung der Frauen** in mancher Hinsicht feststellen.

Gewisse Minister und insbesondere Ministerinnen fühlen sich augenscheinlich in weiblicher Umgebung wohler und sorgen systematisch für die Besetzung herausragender Dienstposten mit Frauen. Oft auch bildet dieses Verhalten das argumentatorische Gegengewicht gegen das Fehlen einer Quotenregelung, oft dient es zum Stimmenfang innerhalb einer Frauenunion oder der weiblichen Wählerschaft überhaupt. Manch ein Minister beruhigt damit seine bessere Hälfte und seine aufmüpfigen Töchter oder Schwiegertöchter. Natürlich werden diese Fälle innerhalb der Ressorts nicht offen als Frauenförderung ausgewiesen; die Frauen haben sich vielmehr durch ihre bisherigen Leistungen und in erster Linie durch die Erwartungen, die man in ihre künftigen Erfolge setzen kann, empfohlen.

In Hollywood, so heißt es, müßten sich die angehenden Filmsternchen durch die Betten der Agenten, Filmanwälte, Regisseure, Producer und vor allem Kapitalgeber hochdienen. So etwas ist glücklicherweise im öffentlichen Dienst der Bundesrepublik Deutschland nicht erforderlich. Wer könnte es aber gedanklich ausschließen, daß die weibliche Bürochefin eines Ministers, die durch die eifersüchtige Ministersgattin aus der Rolle der Beichtschwester vertrieben wird, ohne Rücksicht auf Anciennität, aber in beispielhafter Beachtung des Leistungsprinzips plötzlich auf dem flachen Lande als Vizepräsidentin auftaucht.

Eine flapsige Äußerung unter männlichen Vorgesetzten ist:»Die meisten Frauen verfügen über überschüssige Energie.« Dies scheint mit einer alten orientalischen Erkenntnis übereinzustimmen:»Gehst du in das Innere der Wüste, nimm nur weibliche Kamele mit!«

Alles in allem genießen heutzutage Frauen im öffentlichen Dienst einen gewissen Vorzug gegenüber männlichen Bewerbern.

6. Intelligenz

Unter Intelligenz ist hier nicht die emotionale Intelligenz mit ihren Spielarten zu verstehen (vgl. Kapitel III), sondern jene Fähigkeit, die mit Tests ermittelt zu werden pflegt und als Ergebnis den 127 **Intelligenzquotienten** (IQ) ergibt.

Die Sache ist von Anfang an komplizierter als das allgemeine Herumhantieren mit IQs erkennen läßt. Der IQ ist das Maß für die allgemeine intellektuelle Leistungsfähigkeit, **das sich aus dem Verhältnis von Intelligenzalter (IA) zum Lebensalter (LA) nach der Formel IQ = (IA/LA) x 100** ergibt. Hierbei bedeutet ein Ergebnis von rund 100 durchschnittliche Intelligenz, quasi die Intelligenznorm. Personen mit unter 69 gelten als »schwachsinnig«, mit 90–109 als »normal begabt«, mit 110–119 als »intelligent«, mit 120–139 als »talentiert« und Werte über 140 als »genial«. Das Intelligenzalter ist eine Bezeichnung für jene Altersstufe, die den in einem Intelligenztest gezeigten Leistungen äquivalent ist. Bezugsmaßstab ist also die durchschnittliche Entwicklung der Intelligenz innerhalb verschiedener Altersgruppen (wichtig bei Intelligenztest von Kindern!).

Der Intelligenztest stellt auf Aufgaben ab, deren Lösung den Einsatz intellektueller Fähigkeiten erfordert. Die Bearbeitung dieser Aufgaben durch den Prüfling soll die allgemeine intellektuelle Leistungsfähigkeit quantitativ erfassen lassen. Das Ganze hängt letztlich davon ab, welche Dimensionen der Intelligenz die psychologische Intelligenzforschung identifiziert hat, also als Intelligenzfaktoren anerkennt. Dabei ist es strittig, inwiefern die Intelligenzentwicklung außer von Erbanlagen auch von Umweltbedingungen und sozialem Milieu in der frühesten Kindheit abhängt.

Das, was durch systematische Bildung und Schulung vermittelt werden kann, nennt der Verfasser hier nicht Intelligenz. **Unter diesen Begriff faßt er die Fähigkeit, anschauliche und abstrakte Beziehungen zu erfassen und herzustellen und dadurch neuartige Situationen und Probleme zu bewältigen und zu lösen.**

Nimmt man die Ergebnisse der Intelligenztests ohne die dabei gebrauchten Methoden und erzielten Ergebnisse zu problematisieren, so stellt sich im Rahmen der vorliegenden Untersuchung die

Frage, welchen Konkurrenzvorteil ein hoher IQ seinem Besitzer bringt. Geht man von der Annahme aus, daß die Stellung als Klassenbester etwas mit dem IQ zu tun hat, so kann jeder aus seiner eigenen Erfahrung heraus feststellen, daß diese »Primi« oder »Primusse« ihre schulischen Leistungen herzlich wenig in Beruf und Leben fortsetzen konnten. Die Entscheidung der Frage, wer am Ende seiner Laufbahn einen Führungsposten einnimmt, hängt augenscheinlich von anderen Fähigkeiten ab als von reinen Intelligenzanforderungen.

Intelligenz ist eben nur eine **Schwellenkompetenz**: »Wir kon- **128** kurrieren in unserem jeweiligen Beruf nicht mit Leuten, denen es an der erforderlichen Intelligenz mangelt, um in unseren Beruf hineinzukommen oder sich in ihm zu behaupten, sondern mit der sehr viel kleineren Gruppe derer, die es geschafft haben, die Hürden der Schule, der Aufnahmeprüfungen und sonstiger kognitiver Herausforderungen zu überwinden, um überhaupt in den Beruf hineinzukommen« (Daniel Goleman S. 31).

In der Praxis bedeutet dies, daß die beruflichen Konkurrenten im Durchschnitt einen IQ von 110 aufwärts besitzen, denn um in akademischen oder technischen Studiengängen erfolgreich zu sein, benötigt man in der Regel einen IQ von 110 bis 120. Wie schaut es aber mit den Leuten mit einem IQ über 140 (genial) aus. Die Frage ist bei der geringen Zahl der in Betracht kommenden Personen (1–1,5 %) reichlich theoretischer Art. Zudem gewährt die Natur kein Licht ohne Schatten. So führt *Cicero* an: »Aristoteles ait, omnes ingeniosos melancolicos esse« (Tusc 1,80). Danach sollen also alle ausgezeichneten und überlegenen Menschen melancholisch sein, wobei melancholisch etwa dem deutschen Wort »schwermütig« entspricht. Demnach handelt es sich um Menschen, die sich über angenehme Eindrücke nicht zu freuen vermögen und über unangenehme gleich verzweifelt sind. Daß Menschen dieser Gemütsart stark selbstmordgefährdet sind, braucht nicht betont zu werden. Das Wissen um die eigene Intelligenz und mangelnder beruflicher Erfolg bringen sie in einen inneren Spannungszustand, der geeignet ist, ihr Nervensystem zu zerrütten. Es ist deshalb nicht verwunderlich, daß man auch in Irrenanstalten auf hohe IQs trifft.

Die freie Wirtschaft versteht es, ihre Mitarbeiter mit gewaltigen Anreizen zu locken (hervorragende Bezahlung, enorme Leistungsprämien). Bei den Nachteilen, die demgegenüber die Beschäftigten des öffentlichen Dienstes hinzunehmen gezwungen sind, ist es sowieso eine ziemlich unerklärliche Erscheinung, daß sich immer noch Personen mit hohem IQ dort bewerben.

Wie im Eingangssatze angedeutet, wird der IQ heute von der
129 **Theorie der vielfachen Intelligenzen** abgelöst. Ganz im Vordergrund steht jetzt die emotionale Intelligenz (Peter Salovey, John D. Mayer, Reuven Ou-Bar) mit den fünf Gruppen: Intrapersonale Fähigkeiten, interpersonale Fähigkeiten, Anpassungsfähigkeit, Streßbewältigungsstrategien und motivationale Stimmungsfaktoren. Im Grunde geht es um die Frage, wie komme ich mit mir und meiner Umwelt zurecht (Psychological Well-being).

7. Karrierelifter im engeren Sinne

130 **Karrierelifter** im engeren Sinne sind Umstände, die ohne unser Zutun eintreten oder schon vorhanden sind, aber sich nicht immer ohne unsere Mitwirkung karrierefördernd auswirken. So gibt es Behörden oder Gerichte, die absehbar für eine Karriere geeignet sind und solche, bei denen dies nicht der Fall ist. Eine quasi automatisch karrierefördernde Wirkung kommt infolge der hierarchischen Ordnung des öffentlichen Dienstes einer starken Personalvermehrung zu. Wenn im Sicherheitsbereich sich durch **Änderung der Sicherheitslage** die Planstellen vermehren, tritt zwangsläufig auch eine Erhöhung der Beförderungsstellen ein. Als das Verwaltungsgericht Ansbach bundesweit und später bayernweit für die Verwaltungsakte des Bundesamtes für die Anerkennung ausländischer Flüchtlinge in Zirndorf zuständig war und die Klagen der Asylanten zu einer wahren **Klagenflut** heranwuchsen (1975 : 2000, 1979: 16493; bei bayernweiter Zuständigkeit 1993: 28567 Klagen), kam es auch zu einem starken Anwachsen der Spruchkörper – Kammern – (1975: 6; 1979: 11; 1993: 23 Kammern – jeweils ohne Disziplinar- und Personalvertretungskammern). Da der Freistaat Bayern der richtigen Ansicht war, daß das Allheilmittel nicht in überbesetzten Spruchkörpern besteht, wuchs auch die Zahl der Vorsitzendenstellen entsprechend an. Es kam, da in das als »erledigungssüchtig« berüchtigte Richterkollegium von auswärts nur wenig Richter drängten, zur Beförderung relativ junger R 1-Richter zu Vorsitzenden. Allein die Tätigkeit am Ansbacher Verwaltungsgericht erleichterte also den beruflichen Aufstieg.

Oft öffnen sich auch Aufstiegswege, die auf lange Zeit verschlossen erscheinen. Dazu gehört »**das Eingreifen des Himmels**«, wie **131** das unerwartete Ableben eines Vorgesetzten oder dessen endgültiger Ausfall im öffentlichen Dienst genannt werden.

Den selben Effekt bringt auch ein weiterer **Aufstieg des Vorgesetzten** mit sich. Dabei wird zum einen die Planstelle frei, zum anderen eröffnet sich auch gelegentlich die Möglichkeit, beim bisherigen Vorgesetzten an dessen neuer Dienststelle eine Mitarbeiterstelle zu erlangen (sogenannter **Huckepackaufstieg**).   **132**

Auch die sogenannte **Wende** und der sich daran anschließende **133** Aufbau des öffentlichen Dienstes in den neuen Bundesländern brachte dem Wanderungswilligen manchen Aufstieg.

Karrierefördernd kann sich auch die **Schaffung neuer Staats- 134 ziele** auswirken. Als die Industrialisierung und die Zunahme der Bevölkerung eine Gefährdung der natürlichen Ressourcen befürchten ließen, wurden nach und nach beim Bund und den Ländern Umweltbehörden geschaffen. Der Verfasser erinnert sich an die Jahreswende 1970/71, als das bayerische Staatsministerium für Landesentwicklung und Umweltfragen geschaffen wurde. Als einer der Ministerialdirigenten wurde der damalige Vizepräsident an der Regierung von Unterfranken ausersehen. Dieser, ein leutseliger Herr, der stets zu Fuß statt mit dem Dienstwagen seiner Behörde zustrebte (was damals bei einem Vizepräsidenten noch ganz unerhört war!), um möglichst viel Kontakt zu den Bürgern, aber auch zu den Angehörigen der anderen Würzburger Behörden und Gerichte zu erlangen, sprach zahlreiche Beamte und Richter hinsichtlich eines Wechsels zu dem neugeschaffenen Ministerium an. Die Zukunft zeigte, daß niemand einen solchen Wechsel zu bedauern hatte. So mancher, dessen Staatsexamensnote für eine Beschäftigung in einem

Ministerium bisher nicht ausgereicht hatte, kam so in die Ministeriallaufbahn.

Gelegentlich hilft es einem Angehörigen des öffentlichen Dienstes, daß er bei einem Auswahlverfahren zurückgesetzt oder 135 schlichtweg benachteiligt wird. Es entsteht ein **Härtefall**. Die Zurücksetzung oder Benachteiligung ist für die Personalverwaltungsstelle oft unvermeidbar; sei es, daß die Frauenquote Beachtung gebietet oder daß ein Vorgesetzter »irgendein geheimes Aber an einer Person entdeckt« (Mörike, Maler Nolten) oder sein »Mit dem kann ich nicht« äußert. Sucht die Personalverwaltungsstelle hier nach einem Ausweg, so kann es geschehen, daß der Betroffene statt der angestrebten Vizepräsidentenstelle unvermutet eine Präsidentenstelle angeboten bekommt.

An einen Karrierelifter unseligen Angedenkens sei hier noch erinnert: Unmittelbar nach Kriegsende wurden von der Besatzungsmacht fast alle Beamten und Richter ihrer Ämter für verlustig erklärt und die so verwaisten Stellen mangels »unbelasteter« oder »völlig entlasteter« Fachleute mit Leuten ohne Sachkunde besetzt, die ihrerseits – Ironie der Geschichte – nach Kreisleiterart regierten, weil sie nichts anderes gewohnt waren. Diese Landräte und Oberbürgermeister amtierten meistens nur kurze Zeit, dann war es mit ihrer »Karriere« zu Ende. Als die Ströme der Flüchtlinge und Heimatvertriebenen über das Land hereinbrachen (7,9 Millionen bezogen auf das Gebiet der Bundesrepublik), verfügte die Bayerische Staatsregierung, daß jede soundsovielte freiwerdende Beamtenstelle mit einem solchen Neubürger zu besetzen sei; es lag also eine frühe Form einer uneingeschränkten Quotenregelung vor!

8. Paranußeffekt

»Niemand kommt rein zufällig nach oben.«
(Vance Packard)

Das vorangehende Kapitel hat karrierefördernde Umstände aufgezeigt, die aus Sicht der aufstiegsbegierigen Angehörigen des öffentlichen Dienstes zufällig eintreten oder schon vorhanden sind. In Wahrheit haben alle aufgeführten Fälle eine durchaus nachzuspürende Ursache, geschehen also nicht zufällig.

Nun gibt es aber auch Fälle, in denen die Mitkonkurrenten lediglich noch zu dem Stoßseufzer fähig sind: »Warum denn ausgerechnet der?!« Unser oben stehendes Zitat belehrt uns, daß auch auf dem Gebiet der Personalauswahl nichts dem Zufall überlassen ist, wenn auch das kausale Geschehen nicht sofort oder gar nicht nachzuverfolgen ist.

Der Verfasser faßt diese Fälle in Anlehnung an ein physikalisches Phänomen unter den Begriff »Paranußeffekt« (englisch: Brazil-nut effect). Worum geht es nun beim **Paranußeffekt**? 136

Schüttelt man Körnermischungen, unterscheiden sie sich in ihrem Verhalten von anderen Substanzen. Anders als bei einer Flüssigkeitsmischung trennen sich zwei Kornarten in der Weise, daß die großen Körner steigen, also einen Auftrieb erhalten. Das stellt zunächst ein unerklärliches Phänomen dar, außer man geht davon aus, daß die größeren Körner eine geringere Dichte haben. Zur Erklärung des in den 30er Jahren bekanntgewordenen Phänomens wurden verschiedene Theorien entwickelt, die aber letztlich alle zu keiner restlosen Klärung der Erscheinung beitrugen. Neueste Untersuchungen (Nature, Vol. 414, 11. November 2001) sprechen dafür, daß ein verwickeltes Spiel der Natur vorliegt. Dabei spielen die Übertragung der durch das Schütteln erzeugten Schwingungen auf die Körnermischung, die Luft in den Hohlräumen und der in der Versuchsanordnung bestehende Luftdruck eine Rolle; möglicherweise verhalten sich die Luft in den Zwischenräumen (Hohlräumen) und die kleinen Teilchen der Mischung wie Flüssigkeiten.

Kein Naturwissenschaftler neigt bei alledem zu der Auffassung, daß der Paranußeffekt ein Ergebnis des Zufalls darstellt, dem allenfalls mit Wahrscheinlichkeitsrechnungen beizukommen ist. Die Gesetze der Natur verbergen sich oft lange vor den Augen der Forscher. Fast undurchdringlich sind gelegentlich die Ratschlüsse der Menschen. Dies gilt auch für die Bestenauswahl. Aber man kann davon ausgehen, daß der »Beste« **nicht ausgelost** wird. Oft geht einer Personalauswahl ein persönliches Auftreten eines Bewerbers voraus, es kommt zum **Türschwelleneffekt.** Die entscheidende Person der Personalverwaltungsstelle gewinnt den Eindruck, daß Haltung, Sprechweise und die allgemeine Einstellung des Bewerbers – ohne dessen bewußtes Hinzutun – ihn zur Idealbesetzung für den ausgeschriebenen Posten machen. Oder der Chef der Spitzenbehörde erfährt, daß einer der Bewerber im Ausland während einer Urlaubsreise einem Menschen das Leben gerettet hat und findet dies belohnenswert. Gelegentlich hinterläßt eine eher nebenher gemachte Äußerung den entscheidenden Eindruck; die Äußerung muß nicht unbedingt vom Bewerber selbst kommen, das Wort eines hochgestellten oder hochgeachteten Dritten wirkt meistens noch stärker. Den Konkurrenten bleiben diese Vorgänge notwendigerweise verborgen. Sie vermögen vom Karrieristen nicht gezielt gesteuert oder bewirkt zu werden und **können deshalb außerhalb seiner Karriereplanung bleiben.**

9. Rasse

Die in den Vereinigten Staaten von Amerika zu verspürende Bevor-
137 zugung von »Wasps« (**W**hite, **A**nglo**s**axon, **P**rotestant) läßt es nicht völlig neben der Sache liegend erscheinen, wenn der Verfasser im
138 Rahmen seiner Untersuchung auch den Fragenkomplex der **Rasse** abtastet. Es wird sich zeigen, daß die dabei auftretenden Probleme schwieriger zu entscheiden sind, als dies auf den ersten Blick erscheint.

Das Problem löst sich nicht durch den Umstand, daß Art. 33 Abs. 2 GG den gleichen Zugang zu jedem öffentlichen Amt lediglich jedem **Deutschen** nach seiner Eignung, Befähigung und fachlichen

Leistung gewährt. Rasse und Staatsangehörigkeit entsprechen sich nicht. Ein Blick in ein Länderspiel irgendeiner Sportart im Fernsehen zeigt, daß die europäischen Nationalmannschaften immer öfter Vertreter verschiedener Rassen aufweisen. Interessant ist dies an der Antisemitismusdiskussion: Semiten sind auch die Araber, nicht alle Juden sind Zionisten (Anhänger der Bewegung zur Sicherung eines nationalen jüdischen Staates), nicht alle Zionisten sind Israelis, nicht alle Israelis sind Juden.

Das Zugangserfordernis zu einem öffentlichen Amt, die deutsche Staatsangehörigkeit, ist nicht an eine bestimmte Rasse gebunden. Aus der gleichen Wertewelt stammt auch das Diskriminierungsverbot des Art. 3 Abs. 3 GG, wonach niemand wegen seiner Rasse benachteiligt oder bevorzugt werden dürfe. Ähnliches fordert das »Internationale Übereinkommen zur Beseitigung jeder Form von Rassendiskriminierung« vom 7. März 1966 (Beitrittsgesetz der Bundesrepublik Deutschland vom 9.5.1969 – BGBl. II 961). Allerdings findet die Konvention nach ihrem Art. 1 Abs. 2 keine Anwendung »auf Unterscheidungen, Ausschließungen, Beschränkungen oder Bevorzugungen, die ein Vertragsstaat zwischen eigenen und fremden Staatsangehörigen macht«. Die Zugangssperre Staatsangehörigkeit wird freilich durch die Freizügigkeitsgarantie für Arbeitskräfte im Rahmen der Europäischen Union und ihre Auslegung durch den Europäischen Gerichtshof (vgl. RdNr. 31) durchlöchert.

Soweit bisher von Rasse, Rassendiskriminierung oder Vertretern verschiedener Rassen die Rede war, muß der Verfasser gestehen, daß er auf etwas voraus gegriffen hat, was durchaus nicht einem feststehenden Begriff zugeordnet werden kann. Gubelt in v. Münch/ Kunig, Grundgesetz – Kommentar (4. Aufl., München 1992, RdNr. 97 zu Art. 3) vertritt die Auffassung, »Rasse« sei in diesem Zusammenhang nicht »im wissenschaftlichen Sinn« gemeint. Der Begriff umfasse Gruppen mit bestimmmten vererbbaren Eigenschaften; die Diskriminierung von Farbigen, Mischlingen, Juden, Zigeunern usw. sei danach verboten. Gemeint sind bei den Europiden also nicht etwa die Unterteilung in nordische, fälische, alpine, ostbaltische, dinarische oder mediterrane Rasse.

Die Rassendifferenzierung erweist sich demnach in der Praxis als eine primitive Hautfarbendifferenzierung: schwarz, gelb, weiß (sog. Phänotypisierung). Geht man von der mosaischen Religion aus, gibt es sonach schwarze, gelbe und weiße »Juden«. »Rasse« ist demnach Bestandteil des normativen Versuchs, Diskriminierungen, insbesondere Judenverfolgungen, unter Bezugnahme auf Rassenmerkmale zu verhindern.

Gerichtskundig sind Benachteiligungen oder Bevorzugungen seitens des Staates wegen der Rasse noch nicht geworden (vgl. Dürig in Maunz-Dürig-Herzog-Scholz, Kommentar zum Grundgesetz, RdNr. 63 zu Abs. 3 Art. 3 GG).

139 10. Religion

Als Goethe zum Geheimen Legationsrat ernannt wurde, da mußte er am 25.6.1776 u. a. schwören, »Gott möge verhüten, daß er sich zu den Papisten, Calvinisten oder andern widrigen Sekten abwenden werde«. Die evangelisch-lutherische Konfession war damals im Herzogtum Sachsen-Weimar-Eisenach also Einstellungsbedingung.

Jetzt bestimmt Art. 33 Abs. 3 Satz 1/2. HS des Grundgesetzes, der eigentlich neben Art. 4 Abs. 1 und 2 GG und Art. 140 GG i. V. m. Art. 136 WRV überflüssig erscheint, daß die Zulassung zu öffentlichen Ämtern sowie die im öffentlichen Dienst erworbenen Rechte von dem religiösen Bekenntnis unabhängig sind. Und Satz 2 des Art. 33 Abs. 3 GG legt fest: Niemandem darf aus seiner Zugehörigkeit oder Nichtzugehörigkeit zu einem Bekenntnisse oder einer Weltanschauung ein Nachteil erwachsen. Es verbleibt aber bei der Regelung des Art. 3 Abs. 3 GG, daß niemand wegen seiner religiösen Anschauungen bevorzugt werden darf (vgl. RdNr. 80).

Religion oder Konfession als Einstellungsbedingung sind aber notwendigerweise nicht ausgestorben: Wenn für den katholischen oder islamischen Religionsunterricht ein Lehrer gesucht wird, findet jedermann es normal, wenn die Personalauswahl auf Angehörige dieser Religionsgemeinschaften fällt (vgl. RdNr. 85).

Die Auslese im öffentlichen Dienst ist ohne Rücksicht auf Glauben und religiöse Anschauungen vorzunehmen (§§ 8, 23 BBG).

Dennoch kann eine bestimmte Konfession zum Karrierelifter werden. Allen Vorschriften zum Trotz glaubte man jedenfalls in der Vergangenheit, einer konfessionell geprägten Bevölkerungsmehrheit nicht einen Spitzenbeamten einer anderen Konfession vorsitzen lassen zu können. Der Verfasser erinnert sich an die Verhältnisse in einer katholischen Bischofsstadt, in der der jeweilige Regierungspräsident einfach katholisch sein »mußte« – er hatte ja bei der Fronleichnamsprozession der Beamtenschaft vorauszugehen –, während es üblich war, zum Vizepräsidenten möglichst einen Evangelischen zu nehmen. Eine solche konfessionelle Ausrichtung einer Großbehörde, die ja der Öffentlichkeit nicht verborgen bleibt, schärft den Blick für Vorgänge dieser Art. Eines Tages stellt man fest, daß der Großteil der Planstellen eines Gerichts mit Mitgliedern einer Marianischen Kongregation besetzt ist. Ein neuer Gerichtspräsident, der wegen seiner Mischehe Ärger mit dem katholischen Klerus gehabt hat, füllt sein Gericht mit Protestanten auf. Sein Nachfolger hat ein Buch über Engel geschrieben – aus katholischer Sicht! Alles Zufall?

Wie sehr bei der Vergabe von Posten in den 60er und 70er Jahren des vorigen Jahrhunderts noch auf die Konfession geachtet worden ist, läßt sich den Lebenserinnerungen des früheren Bundespostministers und Bundestagspräsidenten Richard Stücklen entnehmen: »Die neue Regierung wurde 1966 gebildet (unter Bundeskanzler Kurt Georg Kiesinger), und ich wurde mit der Begründung abgelöst, unter den drei CSU–Ministern müßte einer evangelisch sein.«

Mag dies auch alles Vergangenheit sein, auszuschließen sind solche »Auswahlüberlegungen« von vorneherein auch heute nicht. Vorgesetzte, die durch die »richtige« Auswahl irgendwelchen wirklichen oder lediglich befürchteten Schwierigkeiten vorbeugen wollen, sterben wohl nie völlig aus.

Untersuchungen von Merkmalen von Führungskräften haben früher angeblich einen günstigen Einfluß der protestantischen Konfession ergeben, der von den Soziologen (insbesondere Max Weber †1920) mit der Eigenart der protestantischen Ethik erklärt wurde. Der Verfasser ist **einem solchen Vorrang einer Konfession** in der Praxis **nicht** begegnet.

11. Sozialbeförderung

Zu den Beförderungen, von denen man weder in der Verfassung oder Gesetzen noch in Lehrbüchern über Beamtenrecht etwas liest,
140 zählen die sogenannten **Sozialbeförderungen**. Man liest und hört über sie nichts, weil es sie eigentlich gar nicht gibt (nicht geben darf). Die Personalverwaltungsstelle wird nach außen niemals zugeben, aus **Fürsorge** oder **Mitleid** eine solche Entscheidung getroffen zu haben und sie auch anders begründen.

Nach Art. 33 Abs. 2 GG sind im Beamtenrecht Eignung, Befähigung und fachliche Leistung als einzig ausschlaggebende Kriterien für eine Vielzahl personalrechtlicher Entscheidungen vorgeschrieben. Andererseits gehört die Pflicht des Staates zur Fürsorge gegenüber seinen Beschäftigten zu den hergebrachten Grundsätzen des Berufsbeamtentums (Art. 33 Abs. 5 GG). Soweit sich Beförderungen in diesem Rahmen halten, können sie deshalb nicht ohne weiteres als rechtswidrig angesehen werden, z.b. wenn ein älterer Bediensteter vor seinem Ausscheiden unter Einhaltung der Vorschriften über das Verbot der Altersbeförderung (vgl. RdNr. 42) befördert wurde, um seine Altersversorgung zu verbessern. Dieses Mittel wurde früher auch gerne dazu benutzt, unliebsame Planstellenhocker, deren Arbeitsleistung gegen Null tendierte, geräuschloser in den vorzeitigen Ruhestand schicken zu können.

In großem mißbräuchlichen Umfang wird dieses edle Instrument der Fürsorge vor Wahlterminen benutzt, um Beamten der gleichen
141 **Parteizugehörigkeit** zu einer besseren Altersversorgung (bei politischen Beamten) oder zu einer vorgezogenen Karriere zu verhelfen – ob der Regierungswechsel nun kommt oder nicht. Man bedauert es in diesem Falle als Steuerzahler, daß keine Beförderungen zulässig sind, die an die Bedingung eines Regierungswechsels geknüpft werden können.

Eine nicht unerhebliche Zahl von Beförderungen geht auf reines
142 **Mitleid** hinaus. Der Vorgesetzte, der bei der 30. Bewerbung eines Beschäftigten diesem zum 30. Mal eine Ablehnung mitzuteilen hat, ist anfällig dafür, dafür zu sorgen, daß es nicht zu einer 31. Ablehnung kommt – sei es, weil er Mitleid mit dem Bewerber oder mit sich

selbst hat. In Fällen dieser Art, bei denen die Kollegen meistens keine Ahnung vom wahren Ablehnungsgrund haben, gerät der Vorgesetzte leicht in ein schiefes Licht. Jagos Klage über die Nichteinhaltung des Dienstalters findet eben stets Widerhall. Selbst wenn der Ablehnung schwere geahndete oder – was häufiger ist – nicht geahndete Disziplinarvergehen zu Grunde liegen, kommt der Tag, an dem das hohe Dienstalter ein Machtwort spricht. Wechselt der Vorgesetzte, dann gelten diese Fälle als »ungelöst«. Der neue Vorgesetzte sieht nur noch die Schieflage des Personalfalles. War er mit dem früheren Vorgesetzten zudem noch über Kreuz, so fühlt er gar noch eine Verpflichtung, »die Sache in Ordnung bringen zu müssen.«

Liegt der Ablehnung bloße Unfähigkeit zu Grunde und hat der Abgelehnte ausreichend auf die Tränendrüsen seines weichherzigen Vorgesetzten gedrückt, so ist es äußerst wahrscheinlich, daß er bei einem Auswahlverfahren zum Zuge kommt, damit er sich nicht weiter grämen muß.

III. Beeinflußbare Persönlichkeitsmerkmale und Karrierehilfen.

»Henry Ford II legte größten Wert auf das Äußere. Wenn jemand die richtigen Kleider anhatte und die richtigen Ausdrücke benutzte, die gerade im Schwange waren, war Henry beeindruckt.« *(Jacocca S. 133)*

»Ein hübscher junger Mann, eine sichere Art des Auftretens, ein stolzer Schritt empfahlen ihm die Person; Zaudern, Unbehilflichkeit, Unsicherheit machten ihm die Menschen verdächtig.« *(Heinrich Meyer über Goethe in Goethe, Das Leben im Werk, Europäischer Buchclub, Stuttgart, Zürich, Salzburg 1948 S. 28)*

Zuerst zeigte die junge Dame sich im weiten Karokleidchen als »unschuldiges, hilfesuchendes Mädchen«. Im schwarzen Rock, grauen Blazer und Dutt spielte sie dann »die verläßliche rechte Hand des Chefs«; im extravaganten Abendkleid war sie »eine Frau, die genau weiß, was sie erreichen will«. Signale durch Kleidung bildeten das Ziel des Seminars, das für »Frauen in Führungspositionen« angeboten wurde. Durch Aussehen zu Ansehen. Im Minirock zur Chefetage (sogenannte Psychologie des Minirocks).

Der Verfasser erinnert sich noch an eine junge Juristin, die tagein tagaus in einem knallroten Kostüm durch die Amtsräume tigerte. Die Dame griff also stark zur Farbe, um ihre Weiblichkeit zu betonen.

»Frauen sollten durchaus mannigfaltig gekleidet gehen, jede nach eigener Art und Weise, damit eine jede fühlen lernte, was ihr eigentlich gut stehe und wohl zieme« (Goethe, Die Wahlverwandtschaften, II. Teil, Kapitel 7).

Wer es sich von berufstätigen Frauen nicht partout in den Kopf gesetzt hat, den ihres Vorgesetzten zu verdrehen, sollte beachten, daß **das Kleid den dienstlichen Aufgaben gerecht werden muß**. Der Auswahl der Kleidung hat die Standortbestimmung vorauszugehen: Welche Position habe ich? Wie alt bin ich? Jeans mögen noch so praktisch für die Arbeit am Bildschirm und Computer sein, an Frauen, die Karriere im öffentlichen Dienst machen wollen, sind sie im Dienst fehl am Platz. Für Behörden, in denen der Chef selbst mit Jeans zur Arbeit erscheint, unter Huldigung des Mottos: »Kleidung ist Privatsache!«, kann man sich natürlich auch an dieses Motto halten; man beachte allerdings den Unterschied: Der Chef ist schon Chef, der/die Untergebene will es erst werden. Die konservative Kleiderordnung verlangt Berufskleidung von guter Qualität, weder in der Farbe noch im Schnitt aufdringlich. Auch ein dezentes Äußeres verrät Stil und Eleganz. Entscheidend für Damen ist es, immer blütenfrisch auszusehen. Diese Typen kommen durch alle Moderichtungen aller Zeiten am besten durch. Mit Wasser sollte man **144** reichlich, mit Puder und Parfüm sparsam umgehen. Das gilt auch für die Herren der Schöpfung.: Man sollte nicht zu dem Eindruck gelangen, daß sie sich jeden Morgen in Rasierwasser baden. Diamanten und Gold dürfen nur mit größter Zurückhaltung zur Berufsbekleidung getragen werden. Auf alles Auffällige ist zu verzichten! Für Damen, die in der Öffentlichkeit Funktionen haben, hat sich eine quasi Stewardess-Kleidung herausgebildet: Schwarz–Weiß oder Dunkelblau–Weiß. Unerschüttert steht in allen Veränderungen der Mode das Kostüm.

Wer Karriere im öffentlichen Dienst machen will, sollte sich weder als Modepüppchen noch als Dandy präsentieren.
»Elegant ist, was nicht auffällt.« Ein eitler Stutzer, ein Modenarr, der jede neue Moderichtung – mag sie noch so geschmacklos sein – sklavisch befolgt, wird in der Regel zwar die Aufmerksamkeit des weiblichen Personals an den Bildschirmen erregen, aber kaum die Achtung seiner Vorgesetzten erringen. Wer schon eine gewisse Stellung errungen hat, z.b. als Richter, und gezwungen ist, eine Amtstracht oder Robe zu tragen, tut gut daran, sich konservativ zu kleiden. Männer in solchen Positionen sollten nicht danach streben, die Farbigkeit der Männchen im Tierreich zu übertreffen. Man ist im Dienst und nicht auf der Balz! Im Zeitalter der Casuals und Sportswear sieht man nicht selten schreckliche Kombinationen von dunkler Robe und heller Sommerhose; möglichst dazu noch Pantinen à la Dorfrichter Adam. Recht wird gesprochen »Im Namen des Volkes« und nicht im Namen der Bequemlichkeit.

Der Verfasser denkt in diesem Zusammenhang immer an den Leiter seines Gymnasiums im Allgäu, dessen Kleidung bei Abschlußfeiern einer merkwürdigen Abstufung unterlag: Oben ein Glatzkopf mit goldenem Zwicker, dann ein langschößiger Frack, unter diesem sahen eine hirschlederne Kniebundhose (die Alltagsuniform) und Haferlschuhe hervor. Solche barocken Erscheinungen alpenländischer Provenienz finden gelegentlich in gewissen Münchner Zirkeln Anerkennung. Seine Karriere hinsichtlich der Außenerscheinung auf einem solchen Typ aufzubauen, erscheint dem Verfasser dennoch gewagt.

In Zeiten revolutionärer Stimmungen werden bestimmte Kleidungsstücke auch zur Demonstration politischer Haltungen getragen (vgl. Sansculotten, Jakobinermütze usw.). Erinnert sei an die Turnschuhgeneration! Diese Leute zogen die Turnschuhe alsbald aus, wenn nur der Dienstherr sie vor dem Abtreten der robusten Sohlen rechtzeitig genug beförderte.

Kleider machen Leute, aber nur, wenn auch die Körperhaltung dazu paßt. Der klassische graue Hosenanzug signalisiert bei einer Frau zwar Kompetenz, Stärke und Seriosität, **doch lediglich dann, wenn die Frau sich selbstbewußt gibt und nicht verklemmt auf der Stuhlkante sitzt.** Doch wie läßt sich ein unerwünschter Eindruck verhindern? Vieles an unserem Auftreten ist nicht variabel, einiges können wir ändern:

145 **Der Mensch setzt also Selbstdarstellungstechniken ein.** »Was überzeugt, sind nicht Leistungen, sondern die Rolle, die einer spielt« (Max Frisch, Mein Name sei Gantenbein S. 135). Alles gut, solange die Selbstdarstellung nicht in Verstellung übergeht! Da die Beurteilung eines Menschen durch die Zuordnung zu Stereotypen erleichtert, wenn auch leicht verfälscht wird, ist **davor zu warnen, gleich zu Beginn eines Gesprächs mit einem Unbekannten mit markanten Persönlichkeitsmerkmalen herauszurücken.** Ist der Vorgesetzte Jäger, schadet es natürlich nicht, ins Gespräch einfließen zu lassen, daß man im gegenwärtigen Jahr einen Jagdurlaub beabsichtige. Ansonsten kann man schnell die Antipathie eines engagierten Tierfreundes hervorrufen und befindet sich unversehens im Verteidigungszustand. Tennisspieler, Golfer, Bodybuilder, Reiter, Jaguarfahrer, Bartträger! sind Stereotypen, die sich vorschnell in den Neuronen des Hirns eines Vorgesetzten einlagern. Ein Bart ist schwer zu verheimlichen. Trotzdem empfiehlt es sich nicht, zur Vorbereitung eines Vorstellungstermins bei einem amtsbekannten **146** **Barthasser** (»Dient nur der Tarnung!«) sich den Bart abzurasieren. Wer jahrelang mit Überzeugung einen Bart getragen hat, bleibt auch ohne Bart ein Bartträger. Bei Abrasieren des Bartes wird das Gesicht widersprüchlich; der Gesamteindruck ist dann nicht mehr stimmig. Wer gewohnt ist, in heiklen Situationen sich den Bart zu kratzen oder zu raufen, tut dies auch ohne Bart. Ohne Bart wirkt dieser Mann unsicher.

Letztlich läuft in diesem Bereich alles auf eine gediegene Selbstsicherheit hinaus. Inwieweit diese durch mentales Training erlangt werden kann, ist bereits Gegenstand des nächsten Unterkapitels.

2. Berufsbegleitende Qualifikation, mentales Training

Der praktische Dienst erfordert Kenntnisse und Fähigkeiten, die durch Studium und Vorbildung meist nicht sämtlich erworben werden. Auch eine sogenannte **berufsvorbereitende Ausbildung** ver- **147** harrt viel im Theoretisch-Gelehrten. Schwimmen ist eben schlecht auf dem Trockenen zu lernen. Oft steht man auch dem technischen Fortschritt hilflos gegenüber. Nun kann man sich zwar, je höher die bereits erreichte Stellung ist, einige Zeit vor neuer Technik verschließen. Dies geht jedoch nicht auf Dauer und jedenfalls auf Kosten des eigenen Selbstwertgefühls und des äußeren Ansehens. An einer weiteren Qualifikation führt also kein Weg vorbei: Windows 98/NT, eine Interneteinführung, Word 2000, Tabellenkalkulation mit Excel 2000, eine Datenbankanwendung mit Access 2000, Präsentieren mit PowerPoint 2000 (die Software ändert sich fast jährlich), Organisieren und Verwalten mit Outlook und Handheld Organizer. Berufsspezifisch können auch Multimedia & Graphik, HTML-Syntax, die Sprache des WWW und Webserverwissen gefordert sein.

Vor Jahren (1968) wurde in Bayern der »Kronprinzenkurs« einge- **148** führt. Die Staatskanzlei machte sich anheischig, die Hoffnungsträger aus allen Ministerien zu Königen der Verwaltung auszubilden. Die Zahl der Teilnehmer dieser elitären und kostspieligen Fortbildung unter Leitung des früheren Ministerialdirektors Dr. Baer betrug zwischen 15 und 19 (Mindestalter: 32, Höchstalter: 38 Jahre). Die Auswahlkriterien waren: gute Examensnote, überdurchschnittliche Bewährung in der Praxis, persönliche Eignung für Führungsposten (vgl. BayVBl. 1970, 48 ff.). Dem theoretischen Fortbildungslehrgang von 13 Monaten schloß sich ein dreieinhalbmonatiger Studienaufenthalt im Ausland an (Großbritannien, Frankreich, USA). Während dieser Zeit waren die Teilnehmer von ihren Dienstgeschäften freigestellt. Um die Sache ist es in letzter Zeit ruhig geworden. Wer sich auf seine eigenen Kosten zur Führungskraft ausbilden

149 lassen will, kann dies mit der **Assessment Center Technik** (ACT) tun. Eigentlich handelt es sich hierbei um einen psychologischen Eignungstest. Die ACT wird aber auch zum Training von Führungskräften verwendet. Die Seminarteilnehmer werden durch eine Reihe anforderungsorientierter Verfahren systematisch beobachtet. Ziel des Entwicklungsassessmentcenters ist es, über die Ermittlung von Stärken und Schwächen konkrete Trainingseffekte zu erreichen. Die Teilnehmer erhalten ganz konkrete Hinweise, wie sie ihre Führungsfähigkeiten verbessern können; das Führungsverhalten soll über videogestütztes Feedback ständig verbessert werden (vgl. zu allem: Neubauer/v. Rosenstiel, Handbuch der Angewandten Psychologie Bd. 1, München 1980).

150 Das **NLP** (Neuro-Linguistisches Programmieren) klingt zwar nach Computer, gehört aber in das Gebiet der Kommunikation und Selbsterfahrung. Dieses weite Feld kann man auf teuren Managerkursen oder in preiswerten Volkhochschulkursen bestellen (die folgenden Zitate entstammen verschiedenen Volkshochschulprogrammen): »Rhetorik«, »Erfolgreich – gewußt wie!«, »Sicher auftreten – geschickt argumentieren«, »Wie überzeuge ich meinen Chef?«, »Selbstrepräsentation«, »Kreatives Führungsverhalten«, »Smarte Durchsetzungsstrategien«, »Mnemotechniken« (Lern- und Merktechniken), so oder ähnlich nennen sich die Kurse, die den inneren Adam, die innere Eva auf Hochtouren bringen sollen.

Wem die vorstehend angeführten biederen Ziele nicht genügen, wer also vehement den Kern seiner Persönlichkeit verändern und Körper, Geist und Seele neu zu konditionieren beabsichtigt, der
151 bedarf der Lebensenergie **Chi.** Hier preist sich der Tai Chi Ch'uan Yang – Stil nach Cheng Man – Ch'ing an: Bewegungskunst, Entspannungs- und Atemübungen, die Schulung des Körperbewußtseins sowie die sanfte Art der Selbstverteidigung und Meditation erwarten den Adepten. Oder vielleicht »Bewußtsein durch Bewe-
152 gung« nach Moshe **Feldenkrais**; eine gymnastische Bauchentspannung angelehnt an das japanische Judo (»Nur wenn Du weißt, was
152a Du tust, kannst Du tun, was Du willst«). Oder **Aikido** (jap.), die eigene Mitte finden, den Impulsen aus dem Zentrum folgen, den Fluß
153 der Lebensenergie anregen. Ähnlich **Reiki** (sprich: Reeki), die »uni-

verselle Lebenskraft«. Reiki wirkt nach der Verheißung seiner Propheten auf der körperlichen, geistigen und seelischen Ebene und soll nach seinem Erneuerer, Dr. Usui, helfen, Blockaden zu lösen, Selbstvertrauen zu geben, Körper und Geist zu kräftigen und zu reinigen, Entspannung zu fördern, innere Harmonie und geistiges Wohlbefinden herzustellen oder zu intensivieren. Wem die tägliche Arbeit am Schreibtisch Schultern, Nacken, Kopf und Rücken verspannt, dem bietet sich **Shiatsu** an. Noch umfassender soll 154 **Hatha-Yoga** wirken: Stärkung der Muskeln, Harmonisierung des 155 Bewegungsapparats und der inneren Organe, Anregung des Kreislaufs, Beruhigung des Nervensystems, Verbesserung der Atmung und Steigerung der Konzentrationsfähigkeit. Seien noch **Qi Gong** 156 oder **Taiji-Quigong** erwähnt, chinesische Übungen, durch die durch 157 »das eigene Erfahren und Erspüren der Lebensenergien das Vertrauen in das Selbst« wächst. »Während des Übens wird der Geist leer und es darf tiefe Entspannung eintreten, die von großer Wachheit geprägt ist.« Zielgerichtet wird »mit verschiedenen Energiezentren, Meridianen (Energiebahnen) und dem Energiekörper« gearbeitet.

Der kurze Überblick über gerade moderne Methoden – die Welt der Weiterbildung ist in Modetrends vernarrt –, Körper und Geist für den Lebenskampf zu härten, mag genügen

Man muß sich in erster Linie darüber im klaren sein, daß Yoga in seiner brahmanischen als auch buddhistischen Form – zieht man alles phantastische Beiwerk ab – letztlich zu einer Geisteshaltung führen muß, die dem Karrieremachen diametral entgegensteht.

Wer Yoga verinnerlicht hat (der Kopfstand symbolisiert den Wandel!), sich also in der erwünschten versenkten Betrachtung befindet, ist von allen Zuständen befreit, von allen Gedanken verlassen, er gleicht einem Toten. Er kennt weder Geruch noch Geschmack, noch Farbe, noch Tastgefühl, noch Laut, noch sich selbst, noch einen anderen. Sein Geist schläft nicht, auch wacht er nicht, ist von Erinnerung und Vergessen befreit. Er kennt weder Kälte noch Wärme, weder Glück noch Unglück, weder Ehre noch Verachtung. Er ist von allem (Leiden) erlöst: Nirwana.

Wird aber Yoga seines religiösen Ziels (seiner konfessionellen

Welten) entkleidet, also lediglich als technische Methode zur konzentrativen Selbstentspannung benützt, wird es nicht mehr leisten, als das **autogene Training** nach Professor *Schultz* († 1970) oder die Progressive Muskelentspannung nach *Edmund Jacobson*. Hier tut sich auch für den Europäer die Grenze auf zwischen Erhöhung der Lebensfähigkeit im rastlosen Berufskampf und einer fernöstlichen totalen Verneinung jeglicher Realität. Ein Zweites kommt hinzu: Fernöstliche Lehren sind stark durch ihre Lehrer geprägt. Fast zwangsläufig bedürfen sie eines Gurus (Sanskrit: Ehrwürdiger). Die Gefahr, in die Abhängigkeit eines solchen Weisheitslehrers zu geraten, ist bekanntlich nicht gering. Der Verfasser erinnert sich einer jungen Inspektorin, die nach Besuch eines Selbsterfahrungskurses im Ausland anschließend regelmäßig verstört zwischen ihren Arbeitsmitteln und Akten saß.

Die Wirkung solcher Besuche persönlichkeitsbildender (-verändernder) Kurse auf eine erfolgreiche Karriere im öffentlichen Dienst kann man als gering einschätzen. Es scheint der Satz zu gelten: Was Hänschen nicht lernt, lernt Hans nimmermehr. Jedenfalls hat der Verfasser während seiner Dienstzeit von keinem im öffentlichen Dienst Erfolgreichen gehört, daß dieser die Dienste eines solchen Lehrers, Gurus, Heilers, Coachs oder Trainers in Anspruch genommen hat. Die Kurse werden überwiegend von Frauen besucht, denen man zuerst einredet, sie hätten gewisse Mängel, Zweifel, Ängste, diffuse Gefühle, um dann diese angeblichen Mängel simsalabim mittels eines Manipulations-Schuhus wegzuzaubern. **Es ist das Gebiet der meist unterfinanzierten -gogen und -logen.**

Wer im öffentlichen Dienst Karriere machen will, muß aus anderem Holz geschnitzt sein. Nehmen wir den Lieblingsspruch eines Mannes, der auf anderem Gebiet Karriere gemacht hat, den des früheren Managers des Fußballklubs FC Bayern München, *Robert Schwan* († 2002): »Ich kenne nur zwei intelligente Menschen: Schwan am Vormittag und Schwan am Nachmittag.«

3. Beurteilung, Tüchtigkeit

Das jedem Bewerber um ein Aufstiegsamt zukommende Recht auf chancengleichen Zugang zu jedem öffentlichen Amt nach Maßgabe von Eignung, Befähigung und fachlicher Leistung (hierzu RdNr. 85) und die damit gegebene Möglichkeit der Verwaltungsgerichte, Personalauswahlentscheidungen daraufhin zu kontrollieren, ob der Dienstherr die Grenzen der Beurteilungsermächtigung eingehalten hat, insbesondere ob er den anzuwendenden Begriff oder den gesetzlichen Rahmen der Beurteilungsermächtigung verkannt hat, von einem unrichtigen Sachverhalt ausgegangen ist, allgemein gültige Wertmaßstäbe nicht beachtet, sachfremde Erwägungen angestellt oder gegen eine Verfahrensvorschrift verstoßen hat, machen die in **157a** der **Beurteilung** enthaltenen Leistungs- und Eignungsfeststellungen zum **Dreh- und Angelpunkt jeder Personalauswahlentscheidung**.

Da Beurteilungen dazu dienen sollen, die Rangverhältnisse zwischen verschiedenen Bediensteten deutlich zu machen, fordert ein brauchbares Beurteilungswesen die Einheitlichkeit der Beurteilungsmaßstäbe zumindest insoweit, als die erstellten Beurteilungen letztlich – wenn möglich; anders bei verschiedenen Bundesländern oder zwischen Bund und Land – von einer obersten Stelle überprüft und gebilligt werden. Auf diesem Gebiet liegt aber vieles im argen. Es gibt überaus beurteilungsfaule Vorgesetzte, treffen diese mit faulen Ministerialbeamten zusammen, kann es vorkommen, daß jahrelang keine periodischen Beurteilungen erstellt und bei Auswahlentscheidungen lediglich Anlaßbeurteilungen gefertigt werden (Motto: »Der soll's werden!«).

Eine weitere **Unsitte** ist das **Beurteilen nach unterschiedlichen Statusämtern**: Man läßt bei Unterbehörden Höchstbewertungen zu, setzt diese aber im Rahmen einer Auswahlentscheidung wieder herunter. Nach der Rechtsprechung hat der Dienstherr bei von unterschiedlichen Behörden (z.B. Unterbehörde/Mittelbehörde) erstellten Beurteilungen das Recht und die Pflicht, diese selbständig wertend zu vergleichen, wobei eine strikte Bindung an die als Gesamturteil vergebenen Prädikate nicht bestehe (vgl. Hess. VGH, B. v. 2.7.1996, NVwZ 1997, 615). Es kann also einem mit »hervorra-

gend« beurteilten R 1-Richter passieren, daß er gegenüber einem mit
»sehr gut« bewerteten R 2-Richter beim Streit um eine Vorsit-
zendenstelle 1. Instanz den Kürzeren zieht (siehe Hess. VGH, B. v.
25.10.2001, BDVR-Rundschreiben 2002, 55 ff.). Nachdem Bayerische
Verwaltungsgerichte Auswahlentscheidungen, die zu Gunsten
beurteilungsschwächerer Bewerber lediglich mit Hinweis auf deren
höheres Dienst- oder Lebensalter getroffen worden waren, aufgeho-
ben haben, bemühen sich die Vorgesetzten, die dienstlichen Beurteilungen »stimmig« zu machen, was ja leicht möglich ist, da das
Dienstalter berücksichtigt werden kann, wenn ihm für die Eignung,
Leistung und Befähigung Bedeutung zukommt (z.b.»hat sich in langer Richterdienstzeit bewährt«).

158   Ein Problem stellt auch das Verhältnis **Regelbeurteilung** zur
Sonderbeurteilung dar. Eine solche Sonderbeurteilung, die außerhalb der Regelbeurteilungen erstellt wird, ist von der höchstrichter-
lichen Rechtsprechung, insbesondere dem Bundesverwaltungsgericht, anerkannt worden (BVerwG, B. v. 22.7.1997, BVerwG 1 WB
8.97).

    Ergibt ein Vergleich der dienstlichen Beurteilungen von Be-
159 werbern für keinen von ihnen einen entscheidenden **Eignungs-**
vorsprung, muß, wie bereits ausgeführt, die Entscheidung nicht
automatisch zu Gunsten des Dienstälteren ausfallen. Die Auswahl-
behörde kann in solchen Fällen das Anforderungsprofil des Dienstpostens in den Vordergrund ihrer Überlegungen rücken. Ausschlaggebend können dann die Verwendungsschwerpunkte eines
160 Bewerbers werden. Die **Formulierung** des **Anforderungsprofils** ist
dabei allein in das Ermessen des Dienstherrn gestellt.

    In Ausschreibungen von Vorsitzendenstellen am Bayerischen
Verwaltungsgerichtshof hat zum Beispiel das zuständige Ministerium die Klausel aufgenommen, die Bewerber müßten so und so
lang als Richter (Beisitzer) an diesem Gericht tätig gewesen sein. Eine
isolierte Anfechtung dieses Anforderungsprofils ist wohl nicht möglich, eine gerichtliche Überprüfung anläßlich einer Konkurrenten-
klage bislang nicht erfolgt, aber kaum erfolgversprechend.

    Nach alledem ist eine hervorragende Beurteilung die wichtig-
ste Plattform für den Start in eine Karriere.

Wenn es mit rechten Dingen zugeht, ist **Tüchtigkeit** die Basis für eine hervorragende Beurteilung. Tüchtigkeit ist mehr als gute Arbeit. Die Behördenatmosphäre entscheidet, welche Eigenschaften ein Mensch haben muß, um erfolgreich zu sein. Eine Behörde, in der sichtlich die Arbeitsquantität über die Arbeitsqualität geht, kann nicht mit wenig äußerst qualitätsvoller Leistung aufgemischt werden. Hier hat man sich der Vorgabe anzupassen und kann nur bei einzelnen spektakulären Fällen Qualität demonstrieren. Hat man sich auf diese Weise im Hause an die Spitze gearbeitet, gilt es, sein **Verhältnis zum Vorgesetzten zu ordnen.** Das Gefühl, Chef zu sein, ist nicht selten das einzige, was Vorgesetzte im Leben besitzen. Sie haben für dieses Ziel oft Familie, Freizeit und Gesundheit geopfert. Sie fühlen sich deshalb berechtigt, in der erlangten Position unangefochten zu bleiben. Besonders kommunale Wahlbeamte sehen überall verdächtige Personen, die nichts anderes im Sinn haben, als an ihrem Stuhl zu sägen. Bei einer Vielzahl von Oberbürgermeistern, Oberkreisdirektoren und Landräten handelt es sich deshalb um pathologische Fälle. Solche Fälle gibt es natürlich auch in der Privatindustrie: »So manche Führungskraft, die nach außen einen charismatischen Eindruck vermittelt, verhält sich den eigenen Beschäftigten gegenüber wie ein Idiot« (Goleman S. 205).

Grundlage jeder **Beziehung zum Chef** muß **Loyalität** sein. Dies 161 umschließt die Pflichten, sich strikt an die Zuständigkeiten zu halten und den Chef auch vor eigenen Fehlern zu schützen, soweit dies möglich ist. Mit seiner Rolle als Untergebener muß man zufrieden sein und dies auch gegenüber dem Chef zum Ausdruck bringen. Nur ganz wenige Vorgesetzte verzeihen es, wenn man sich in genialischer Manier über Klima und Kultur einer Behörde hinwegsetzt. Man stellt Vorgesetzte nicht vor deren Vorgesetzten bloß. Man kratzt auch nicht an seinem Lack oder stochert in seinen Wunden (Musterbeispiel: Man erzählt nicht langatmig über das großartige Prüfungsergebnis des Sohnes bei der I. juristischen Staatsprüfung, wenn man weiß, daß die Tochter des Vorgesetzten durch die Prüfung gefallen ist).

Vor allem jüngeren Bediensteten fehlt in der Regel jedes Gespür im Umgang mit Vorgesetzten. Sie beachten zwar durchaus die

Anforderungen des Dienstes, denken aber viel zu wenig daran, daß auch der Chef ein Mensch ist; sie sind zu sehr in der Gefühlswelt ihrer Altersgenossen eingeschlossen. Auch der Chef ist für Lob empfänglich, insbesondere, wenn es die Verhältnisse seiner Behörde betrifft. Andererseits sollte man sich von einem Chef fernhalten, wenn dieser seinen Lastern frönt. In erster Linie ist hier der Alkohol zu nennen. Auch wenn man selbst Außergewöhnliches verträgt, empfiehlt sich dies. Alkohol baut Hemmungen ab und ehe man sich versieht, sagt man etwas, was man nicht sagen wollte, oder muß etwas anhören, was auch der Chef nicht sagen wollte. Es ist zwar möglich, daß man zum Lieblingsaufkumpan des Chefs aufsteigt, die Gefahr, daß es zu einem schweren Zerwürfnis kommt, ist aber größer.

Daimler-Chrysler, BMW, Audi stellen hervorragende Autos her; dennoch haben sie Werbeetats, die einen nicht unwesentlichen Bruchteil ihrer Einnahmen verschlingen. Diese Tatsache hat auch der Angehörige des öffentlichen Dienstes zur Kenntnis zu nehmen. 162 Ein gewisses Maß an **Eigenwerbung** ist unbedingt erforderlich, also die Kunst, **stilvoll** aufzufallen. Der letzte Halbsatz enthält eine Warnung: In untergeordneten Positionen kann es zu negativen Ergebnissen führen, wenn man übertrieben danach strebt, Eindruck zu schinden, besonders wenn man versucht, sich wichtig zu machen und sich mit äußeren Anzeichen von persönlicher Bedeutung zu umgeben. Spitznamen wie »Der Staatstragende« sind dann schnell vergeben und hängen dem Betroffenen sein ganzes Berufsleben wie eine Klette an. Da im öffentlichen Dienst der Verfahrensablauf meistens bis aufs i-Tüpfelchen geregelt ist, ist es nicht einfach, stilvoll aufzufallen.

»Cosi fan tutte!" ist hier die schlechteste Devise. Geht es in den Abteilungen oder Sachgebieten einer Behörde stürmisch zu, ist es möglich, gerade dadurch aufzufallen, daß man mit der eigenen Abteilung oder dem eigenen Sachgebiet nicht auffällt. Wird eine Behörde mit Beschwerden des Publikums überschüttet, kann man versuchen, die eigene Organisationseinheit durch besondere Rücksichtnahme und höfliches Verhalten hier herauszuhalten. Ist gegenüber dem Publikum ein besonderer Service möglich, so gewährt man ihn, auch wenn er mit Mehrarbeit verbunden ist. Hat die Presse sich auf eine Behörde eingeschossen, bemüht man sich um ein gutes Verhältnis zu den Journalisten. Ein gutes Verhältnis zur Presse zahlt sich immer aus, denn davor, daß man negativ in die Schlagzeilen kommt, ist man als Angehöriger des öffentlichen Dienstes nie sicher. Die meisten Journalisten sind nicht bösartig, sie übersehen aber oft nicht die Auswirkungen ihrer Schreibtischtäterei.

An **Betriebsausflügen** nimmt man teil. Wer hier dienstliche **163** Überlastung zu demonstrieren sucht, demonstriert in Wahrheit seine Inkompetenz oder daß er sich bei der Behörde nicht wohl fühlt. Letzteres mag aber kein Chef. Durch sein Privatleben sollte man möglichst beim Chef nicht auffallen. Künstlerische oder wissenschaftliche Leistungen können eine Ausnahme rechtfertigen; im allgemeinen schätzt der Chef es nicht, daß ein Untergebener auf irgend einem Gebiet fähiger ist als er selbst. Das Betreiben von Extremsportarten (Fallschirmspringen, Paragliding, Tiefseetauchen usw.) läßt leicht Befürchtungen bezüglich längerer Erkrankungszeiten entstehen.

Halten wir zum Schluß nochmals fest: Seitdem das Verwaltungsgericht wie ein Damoklesschwert über der Auswahlentscheidung hängt, gibt eine hervorragende Beurteilung die beste Basis für eine Karriere.

4. Bildung, Vorbildung (II. Staatsexamen)

Eine gute **Note im II. Staatsexamen** ist jedenfalls bei Juristen die **164** beste Voraussetzung für eine Karriere.

Der Satz von Ludwig Thoma:»Er hatte einen Einser im Staatskonkurs und damit einen Freibrief im gesamten rechtsrheinischen Bayern« kann auch heute noch einige Richtigkeit für sich in Anspruch nehmen, wobei der Einser sich auf die Platzziffer bezieht. Noten- oder punktemäßig wird ein Einser heute kaum noch erreicht, da es keine königlichen Prinzen mehr gibt, deretwegen man die Examensaufgaben in einem Termin einmal so leicht macht.

Von den »Primussen« war bereits – etwas negativ – die Rede **165** (vgl. II 6), aber es darf nicht außer acht gelassen werden, daß über

Schulbildung, Studium und Vorbereitungsdienst die Karriereleiter oft ihren Anfang nimmt. Alle Prüfungskommissionen stehen nämlich bei der mündlichen Prüfung vor der Frage, was ist das für ein Kandidat ? Ein Blender? Ein Unglücksrabe im Schriftlichen? In dieser Situation greift man gerne auf frühere, manifeste Unterlagen zurück. Ein Einser in Deutsch, Latein oder Mathematik im **Abiturzeugnis** bleiben da nicht ohne Wirkung, wenn es um die Eröffnung einer Staatslaufbahn oder um den Engelssturz aus dem Himmel des Staatsdienstes geht. Das Abiturzeugnis ist Bestandteil der Prüfungsakten und geht oft reihum in der Prüfungskommission.

Kommt man im Vorbereitungsdienst zu den einzelnen Ausbildungsstationen, stehen die Ausbilder wieder vor den gleichen Schwierigkeiten wie die Mitglieder der Kommission für die mündliche Prüfung. Ein oder zwei, wenn es hoch kommt drei schriftliche Arbeiten sind Grundlage des **Stationszeugnisses**. Wie gern greift man da auf die Note des **I. Staatsexamens** zurück, nach der man sich beim Anwärter/Referendar vorsichtig erkundigt hat.

Die Note im (angeforderten) Abschlußzeugnis des Vorbereitungsdienstes, beim Verfasser von elf Stationen, ausgestellt vom Oberlandesgerichtspräsidenten, bleibt, auch wenn sie nicht für die Note des II. Staatsexamens zählt, zusammen mit der Note des I. Staatsexamens bei der Kommission für die mündliche Prüfung des II. Staatsexamens nicht ohne Einfluß.

Ist die Note des II. Staatsexamens sehr gut oder sogar hervorragend, so hat man einmal die Gewißheit, in den Staatsdienst kommen zu können, und zweitens die Annehmlichkeit, sich Justiz oder Verwaltung und darüber hinaus das passende Bundes- oder Landesministerium aussuchen zu können. Selbst wenn man den Dienst an oberster Stelle ablehnt und in der Provinz bleibt, leuchtet einem die Note des II. Staatsexamens wie der Stern von Bethlehem voraus und die»Weisen« folgen einem in Bewunderung nach. Das Beurteilungsstück wiederholt sich; jedenfalls am Anfang wagt niemand von den Beurteilern, dem juristischen Star die Karriere zu verderben, selbst wenn er so dumm wäre, wie Ludwig Thoma gelegentlich die amtierenden Einserjuristen geschildert hat. Da die Mehrzahl der Juristen mit guter Note im II. Staatsexamen besser ist als Thoma sie aus seiner eigenen II. Staatsexamensnotensituation geschildert hat, weicht ihre dienstliche Beurteilung meist nicht wesentlich von ihren Noten in den Staatsexamen ab. Damit ist die Karriere einigermaßen abgesichert.

Das Wort **Bildung** bezieht sich natürlich auf ein weites Feld. Aber **167** selten finden diese speziellen Fähigkeiten oder Kenntnisse Anklang im öffentlichen Dienst. Der Verfasser erinnert sich eines Mitschülers, der einen wesentlichen Teil seiner Freizeit mit dem Studium wenig bekannter Sprachen zubrachte. Mag es Gälisch (Keltisch) und Tigrina (Nordäthiopisch) gewesen sein. Damit kann man nur Karriere machen, wenn man es bis zum Hochschullehrer bringt. Wenig nützlich ist auch ähnlich exotisches Wissen, z.b. daß ein Korfiot ein Bewohner der Insel Korfu und ein Konduktor auch der Träger einer rezessiven Erbanlage bzw. ein gesunder Überträger einer erblichen Krankheitsanlage ist.

Bildung in der Form der **Allgemeinbildung**, die man früher **168** durch ein Studium generale erlangen konnte, bringt keinen unmittelbaren Vorteil für die Karriere. Der Berufsalltag ist meistens zu hart, um sich daneben mit Literatur, Geschichte, Astronomie, Geographie, Technik oder Kunst ausgiebig zu beschäftigen. Viele Vorgesetzte sind gerade deshalb Vorgesetzte geworden, weil sie ihr Leben einseitig auf berufliche Anforderungen ausgerichtet haben. Wer es gewohnt ist, in seiner »Freizeit« Klausurarbeiten zu korrigieren, wird kaum zu einem Band Rilkescher Gedichte greifen; man kann damit im Dienst eh' nichts anfangen. Für unfähige Vorgesetzte stellt sich das Problem überhaupt nicht, da sie auf Grund ihrer »Unersetzbarkeit« sich keine Freizeit leisten können. Ist bei solchen Personen noch ein Rest des Gefühls übrig, auf weiten Gebieten des Menschseins »blank« zu sein, so besteht die Gefahr, daß sich ein Neidgefühl einstellt, das sich für einen Untergebenen mit gutem **Allgemeinwissen** nicht günstig auswirken kann. Fehlt es aber auch an diesem Rest des genannten Gefühls, so erscheint gutes Allgemeinwissen überhaupt als überflüssig. Mit einer gewissen Berechtigung kann sogar darauf verwiesen werden, daß unter den Beurteilungsmerkmalen (vgl. RdNr. 89!) das Wort Allgemeinbildung gar nicht auftaucht (§ 41 Abs. 1 BLV nennt zwar »Bildungsstand«).

5. Emotionale Kompetenz und Stabilität

Der Begriff »Emotionale Kompetenz« kommt in keinem staatlichen Beurteilungsschema vor. Soweit er in der Wirtschaft zur Erklärung von Managerkarrieren Verwendung findet, wird er in Ergänzung oder auch Abgrenzung zum Intelligenzquotienten »Emotionale Intelligenz« genannt. Man versteht darunter zunächst »die Fähigkeit, unsere eigenen Gefühle und die anderer zu erkennen, uns selbst zu motivieren und gut mit Emotionen in uns selbst und in unseren Beziehungen umzugehen« (Goleman S. 387).

Die Brisanz dieser Persönlichkeitsanforderung an einen Manager wird deutlich, wenn man sie dem Bild des jungen Managers gegenüberstellt :Es soll sich (nur in den 60er Jahren?) um »neurotische Stürmer, seelisch eingefrorene Perfektionisten, aalglatte, kühle, anpassungsfähige, energiegeladene, leisetretende, durch und durch beherrschte, makellose Spieler um die Macht« handeln (so Vance Packard S. 317, 326). Vielleicht erkennt der Leser in dem voranstehend gebotenen Managerbild manche Kollegen oder Vorgesetzte oder – fast unglaublich – sich selbst.

169 Weitet man den Begriff der **Emotionalen Kompetenz** zu einem vollen Persönlichkeitsbild aus, so umfaßt er folgende Gefühls- und Gedankenfelder:

»1. Selbstwahrnehmung: wissen, was wir im Augenblick empfinden, und diese Präferenzen in unsere Entscheidungen einbeziehen; eine realistische Einschätzung unserer Fähigkeiten und ein wohlbegründetes Selbstvertrauen besitzen.
2. Selbstregulierung: mit unseren Emotionen so umgehen, daß sie uns bei unseren Aufgaben nicht stören, sondern diese erleichtern; gewissenhaft sein und Gratifikationen aufschieben, um ein Ziel zu verfolgen; sich von emotionalen Belastungen gut erholen.
3. Motivation: uns von unseren tiefsten Präferenzen in Richtung auf unsere Ziele drängen und leiten lassen; sie nutzen, um die Initiative zu ergreifen und danach zu streben, uns zu verbessern, und angesichts von Rückschlägen und Frustrationen nicht aufzugeben.

4. Empathie: spüren, was andere empfinden; fähig sein, sich in ihre Lage zu versetzen, und persönlichen Kontakt und enge Abstimmung mit einer großen Vielfalt unterschiedlich geprägter Menschen pflegen.
5. Soziale Fähigkeiten: in Beziehungen gut mit Emotionen umgehen und soziale Situationen und Beziehungsgeflechte genau erfassen; reibungslos mit anderen interagieren; diese Fähigkeiten für Kooperation und Teamarbeit nutzen und um zu überzeugen und zu führen, zu verhandeln und Streitigkeiten zu schlichten« (Goleman S. 388).

Manchem mag es fraglich erscheinen, ob man solche Mustermenschen überhaupt im öffentlichen Dienst gebrauchen kann. Die Bürokratie steht und fällt mit Befehl und Gehorsam. Aber auch bei der Emotionalen Kompetenz ist das Ende der Fahnenstange erreicht, wenn sie zur **konfliktscheuen Kuschelgruppenmentalität** entartet. 170

Aus den fünf voranstehenden emotionalen und sozialen Kompetenzen ragt unzweifelhaft die **Emotionale Stabilität** heraus. Sie ist 171 das **A** und **O** jeder Karriere. Ich führe an»das wohlbegründete Selbstvertrauen«,»sich von emotionalen Belastungen gut erholen«, »angesichts von Rückschlägen und Frustrationen nicht aufgeben«, »reibungslos mit anderen interagieren«.

Die Emotionale Stabilität (Vitalität und psychische Festigkeit) setzt ein gutes Nervenkostüm voraus. Dieses ist zuallererst ein Geschenk der Natur, eine Gabe der Geburt. Andererseits ist es keine Kunst, seine halbwegs guten Nerven Nichtigkeiten wegen zu ruinieren oder diese ohne Unterlaß dem Sturm der Leidenschaften preiszugeben. Auch wer die Segel seines Geistes oder Ehrgeizes unaufhörlich spannt, kann leicht Schiffbruch erleiden. Wenn aber das Schicksal gewichtig an das Tor klopft und Krankheit und Tod in seinem Köcher führt, dann ist guter Rat teuer. Es wird heute viel von Trauerarbeit (Sigmund Freud) gesprochen, diese Arbeit geht jedoch der dienstlichen verloren. **Einen Knick in der Leistungskurve kann sich der Karrierist aber nicht leisten.**

Sicher sind die Ratschläge:»Fasse Mut! Sei getrost! Alles in der Welt geht vorüber; alles läßt sich überwinden durch Standfestigkeit;

alles läßt sich vergessen, wenn man seine Aufmerksamkeit auf einen anderen Gegenstand heftet« das, was man einen billigen Trost nennt, aber die Konzentration auf die Berufsarbeit ist wohl noch die häufigst angewandte Medizin (»Man vergräbt sich in die Arbeit«).

Glücklicherweise wird die Emotionale Stabilität viel häufiger bei rein dienstlichen Belastungen eingefordert : Man muß einen Vortrag vor einem gelehrten Gremium halten, einen Minister begrüßen, eine schwierige Sitzung leiten, einem strengen Vorgesetzten Rechenschaft ablegen, eine Fehlleistung der eigenen Behörde gegenüber der Presse darlegen, Konflikte zwischen Untergebenen schlichten. Gründlichste Vorbereitung – ohne Rücksicht auf Zeit und Aufwand – sind die Vorarbeit. Fachliche Kompetenz gibt Sicherheit. Wer außerdem noch psychisch über die Runden kommt, kann sich zum Besitz der Emotionalen Stabilität beglückwünschen. **Natürlich ist**
172 **die Versagensangst groß.** Aber im Laufe einer langen Laufbahn hat man in Ehren ergraute Präsidenten anläßlich von Einweihungsfeiern bei der Begrüßung von Erzbischöfen (Erzbischöfliche Gnaden) und frischgebackene Vizepräsidenten bei Willkommensgrüßen an Landesbischöfe mit zittrigen Händen und hohlen Stimmen erlebt, wobei nicht selten die genannten Namen / Vornamen noch von deren Vorgängern stammten. In Umkehrung eines Wortes von Talleyrand kann man sagen, das sind zwar Fehler, aber keine Verbrechen.

Die Emotionale Stabilität ist Voraussetzung jeder Karriere, denn »wir leben nicht mehr im Muskelzeitalter, sondern im Nervenzeitalter« (Rudolf W. Lang S. 20).

6. Erprobungsmaßnahmen

173 **Erprobungsmaßnahmen** kommen in Form von **Abordnung, Umsetzung** und **Versetzung** vor. Die Rechtsprechung qualifiziert Abordnung und Versetzung als Verwaltungsakte, da mit diesen in die Rechtsstellung des Beamten eingegriffen wird. Demgegenüber fehlt es bei der Umsetzung an der unmittelbaren Rechtswirkung nach außen i. S. § 35 VwVfG.
174 Ziel der Erprobung kann einmal eine **Vorauswahl** für einen **ande-**

ren Dienstposten sein; z.b. wird ein Regierungsrat eines Finanzamtes an die Betriebsprüfungsabteilung eines anderen Finanzamtes abgeordnet, damit man sieht, wie er sich auf diesem speziellen Gebiet bewährt. In der Regel dient aber die Erprobung der Vorauswahl für eine Beförderung – entweder an der bisherigen Behörde oder an der höheren Behörde, zu der der Beamte abgeordnet wurde. Zeichnet sich zum Beispiel ab, daß in einem Jahr die Stelle des Leiters der Landwirtschaftsabteilung an einer Bezirksregierung durch Ruhestandsversetzung frei wird, so kann der Dienstherr mutmaßliche Bewerber um diese Stelle, sagen wir zwei Leitende Regierungsdirektoren, an das zuständige Landwirtschaftsministerium abordnen, um von oberster Stelle eine »Beurteilung« herbeizuführen.

Bei der Erprobungsabordnung ändert sich das Amt im statusrechtlichen Sinne nicht, die beiden Leitenden Regierungsdirektoren bleiben in ihrer Besoldungsgruppe A 16.

Gelegentlich werden die Ämterbesetzungen von langer Hand vorbereitet. Mit Zustimmung des Beamten, der ja befördert werden will, kann eine vorbereitende Abordnung sogar die Dauer von zwei Jahren übersteigen (§ 17 Abs. 2 Satz 3 BRRG, § 27 Abs. 2 Satz 3 BBG, wobei allerdings der Personalrat gemäß § 75 Abs. 1 Satz 1 Nr. 4 BPersVG bei einer Dauer von mehr als 3 Monaten teilweise mitzubestimmen hat). Andererseits gebietet oft die Fürsorgepflicht, den Erprobungskandidaten nicht mit den Unkosten (bei Ortswechsel) und Unsicherheiten seiner Stellung allein zu lassen. Ist absehbar, daß der Leiter einer Direktion für Ländliche Entwicklung in drei Jahren in den Ruhestand geht, und ist als Nachfolger nicht der bisherige Stellvertreter des Behördenleiters im Rang eines Leitenden Regierungsdirektors (A 16), sondern aus welchen Gründen auch immer ein Regierungsdirektor (A 15) aus dieser Behörde vorgesehen, so liegt es als Vorbereitungshandlung nahe, den Regierungsdirektor aufzuwerten und ihn unter Beförderung zum Ministerialrat (A 16) an das zuständige Landwirtschaftsministerium zu versetzen. Es liegt also eine Erprobungsversetzung vor. Der Versetzte hat einen neuen Dienstvorgesetzten, der auch für die Beurteilung zuständig ist.

Die Erprobungszeit ist nicht mit der Probezeit nach den §§ 7 und

8 BLV zu verwechseln, auch wenn § 11 Satz 5 BLV hier eine gewisse Gleichstellung zuläßt.

175 Für die **Übertragung** von **höherwertigen Dienstposten** sieht das Gesetz als Regel vor, daß der Beamte seine Eignung in einer Erprobungszeit von höchstens einem Jahr nachzuweisen hat (§ 11 Sätze 1 und 2 BLV). Die Feststellung dieser Eignung kann auch formlos in freier Beschreibung erfolgen (vgl. BVerwG, U. v. 10.2.2000, RiA 2001, 40).

Der heikle Punkt bei der Erprobungsabordnung, -umsetzung, -versetzung ist, wer wird zu einer Erprobung zugelassen. Wenn ein Oberregierungsrat mit der Wahrnehmung der Geschäfte eines Referatsleiters A 15 beauftragt wird, kann zwangsläufig ein weiterer Bewerber nicht mehr mit diesen Geschäften betraut werden. Es muß also eine **Vorauswahl** stattfinden. Nach § 8 Abs. 1 Satz 1 BBG ist die

176 Auslese der Bewerber durch **Stellenausschreibung** zu ermitteln.

§ 23 BBG, der Voraussetzungen für eine Beförderung festlegt, bezieht sich aber nur auf den materiellrechtlichen Grundsatz des § 8 Abs. 1 Satz 2 BBG, wonach die Auslese nach Eignung, Befähigung und fachlicher Leistung vorzunehmen ist.

§ 1 Abs. 1 Satz 1 BLV bestimmt, daß bei »Übertragung von Dienstposten« nur nach Eignung, Befähigung und fachlicher Leistung zu entscheiden ist. Die Entscheidung über die Beförderung fällt tatsächlich mit der Übertragung des höherwertigen Dienstpostens (allerdings unter dem Vorbehalt, daß der Beamte sich für den neuen Dienstposten eignet). Rechtlich stellt aber die Übertragung des Dienstpostens keine Beförderung dar. Hinzukommt, daß bundesrechtlich eine Ausschreibungspflicht nur für Einstellungen, nicht für Beförderungsstellen gilt; dies macht der Zusammenhang der Bestimmungen der §§ 7, 8 BBG deutlich. Das Bundesverwaltungsgericht hat auch frühzeitig darauf hingewiesen, daß sich eine solche Pflicht nicht aus dem Grundgesetz ergibt (vgl. BVerwG, U. v. 16.10.1975, BVerwGE 49, 232).

Nach § 4 Abs. 2 BLV sollen **Beförderungsdienstposten innerhalb des Behördenbereichs ausgeschrieben** werden. Die obersten Dienstbehörden regeln Art und Umfang der Ausschreibungen und ihrer Bekanntmachung. Von einer Ausschreibung kann allgemein oder im

Einzelfall insbesondere abgesehen werden, **wenn Gründe der Personalplanung oder des Personaleinsatzes entgegenstehen.** Das Beamtenrechtsrahmengesetz spricht die Frage nicht an, die Landesgesetzgebung divergiert. Ob es den Grundsatz der Ausschreibungspflicht gibt (nach Art. 33 Abs. 2 GG), erscheint sonach fraglich (a. A. Laubinger, Leistungsprinzip bei der Beförderung von Beamten, Verw. Arch. 83, 269). Dem Dienstherrn verbleibt jedenfalls ein großer Spielraum hinsichtlich des Ob und Wie der Ausschreibung. Das Anforderungsprofil einer Stelle (wir denken an den Ministerialrat; »der Bewerber sollte Ministerialerfahrung besitzen«) und der Ausschreibungsaufwand (»es kommen allenfalls zwei Bewerber in Betracht«) können letztlich fast immer eine Nichtausschreibung soweit rechtfertigen, daß der **Verfahrensanspruch** des Bewerbers nicht als gröblich verletzt ange- 177 sehen wird. Neuerdings versuchen Beamtenrechtler den Dienstherrn strenger an die Kandare zu nehmen (vgl. Schnellenbach, ZBR 1997, 169).

Wird eine Ausschreibung unterlassen, ein Ausschreibungsverfahren abgebrochen oder ein neues Ausschreibungsverfahren in Gang gesetzt (vgl. RdNr. 93), so muß man immer im Auge behalten, daß die Ausschreibung lediglich als behördliche Verfahrenshandlung i. S. von § 44a VwGO zu werten ist (siehe OVG Bautzen, B. v. 19.2.1998, NVwZ-RR 1999, 209). Der Bewerber kann die Einhaltung der Verfahrensbestimmung nicht isoliert erzwingen, ohne die abschließende Entscheidung mit anzufechten. Das bedeutet, daß der Bewerber schlimmstenfalls die gesamte Erprobungszeit seines Konkurrenten abwarten muß und erst im Beförderungsverfahren gegen dessen beschlossene Ernennung vorgehen kann.

Da die Erprobungsmaßnahme – wie ihr Name besagt – eine Erprobung zum Gegenstand hat, kann sie natürlich nur dann karrierefördernd sein, wenn sie erfolgreich verläuft. Andererseits ist bereits die Auswahl für eine Erprobung in der Regel ein Vorteil, es sei denn, der Vorgesetzte schaut nicht über die offensichtlich vorhandenen Defizite hinweg (Fall: BVerwG, U. v. 10.2.2000, RiA 2001, 40).

7. Fremdsprachen

Daß die Kenntnis exotischer Fremdsprachen im Normalfall keine Karrierevorteile mit sich bringt, haben wir bereits festgestellt (vgl. Kapitel III 4).

Anders sieht die Sache bei den Personen aus, die neben einem abgeschlossenen Hochschulstudium noch Englisch und Französisch mündlich und schriftlich perfekt beherrschen. An solchen Koryphäen herrscht ein großer Mangel.

Als Wirkungsfelder kommen u. a. der deutsche öffentliche Dienst, insbesondere bei den Bundesministerien, die Tätigkeit in der Europäischen Union (EU) und der Dienst bei den Vereinten Nationen (UNO) in Betracht. Die EU mit ihren Organen Europäischer Rat, Rat der EU (Ministerrat), Europäische Kommission, Europäisches Parlament, Europäischer Gerichtshof, Europäischer Rechnungshof, 178 Europol und Europäische Zentralbank kennt als **offizielle Amtssprachen** ihrer 15 Mitglieder (künftig um 10 erhöht) nur Englisch und Französisch. Das bedeutet, daß nur in diesen beiden Sprachen alle Verordnungen, Richtlinien, Protokolle, Gerichtsentscheidungen, Ratsbeschlüsse und vorbereitenden Papiere in verbindlicher Form vorliegen. Alle Übersetzungen hiervon sind rechtlich unverbindlich. Deshalb ist es für die einzelnen Mitglieder wichtig, über ausreichend Fachleute zu verfügen, die die offiziellen Amtssprachen perfekt beherrschen und insbesondere die speziellen Rechtssprachen kennen, damit es nicht zu einer unrichtigen Auslegung von EU-Vorschriften kommt; oft stimmt bereits die englische mit der französischen Version nicht überein.

Auch für die Bundesrepublik Deutschland sind diese Fachleute 179 unentbehrlich. Das Auswärtige Amt unterhält zudem **Ständige Vertretungen** bei der EU, der NATO und WEU in Brüssel, bei der UNESCO und OECD in Paris, bei der FAO in Rom, bei der Abrüstungskonferenz in Genf, bei der UNO in New York und bei den Büros der UNO sowie anderen internationalen Organisationen in Genf und Wien, zusätzlich eine Vertretung bei der OSZE in Wien und beim Europarat in Straßburg.

Natürlich kann die Bundesregierung bei all den genannten internationalen Organisationen auch eigene Staatsangehörige als Bedienstete unterbringen; es wird vielerseits beklagt, daß sie von dieser Möglichkeit bislang nur kargen Gebrauch gemacht hat.

Neben der Bundesrepublik sind aber auch die einzelnen Bundesländer bestrebt, bei der EU präsent zu sein. So unterhält z.b. die Bayerische Staatskanzlei ein monumentales **Informationsbüro** in Brüssel. Dieses dient der Beobachtung aller wichtigen politischen Vorgänge bei der EU sowie der Sammlung und Nutzbarmachung entsprechender Informationen, der Herstellung von Kontakten und der Pflege der Verbindungen der Staatsregierung zu den Organen der EU, zu den mit Europafragen befaßten Stellen in Brüssel und zu den bei der EU akkreditierten Personen und zu anderen internationalen Organisationen in Brüssel sowie der regelmäßigen Information der Staatsregierung über die von diesen Stellen verfolgte allgemeine Politik und verfolgten Absichten. Zusätzlich soll die Staatskanzlei, d. h. ihr Informationsbüro, die Interessen der Staatsregierung gegenüber den Organen der EU wahrnehmen und wirkungsvoll die eigenen Interessen in der Öffentlichkeit darstellen; hierzu gehört auch die Unterrichtung interessierter Stellen in Brüssel über Entwicklungen in Bayern mit europäischem Bezug. Die bayerische Wirtschaft soll über Förderungsmöglichkeiten der EU informiert werden und entsprechende Anträge vor Ort vorabgeklärt und begleitet werden. Dem Büro obliegt außerdem die wirksame und umfassende Information und Unterstützung der Staatsministerien bei der Wahrnehmung der diesen zugewiesenen Aufgaben gegenüber den Organen der EU.

Angesichts dieses dem Informationsbüro in Brüssel gestellten Aufgabenkreises wird deutlich, daß perfekte Kenntnisse in den genannten Amtssprachen ein weites Tor zu einer Karriere auch im Landesdienst öffnen können, wenn sie mit anderen Befähigungen verbunden sind.

180

8. Konformität

Der Weise eilet seiner Zeit voraus.
Der Kluge geht mit ihr auf allen Wegen.
Der Schlaukopf beutet sie gehörig aus.
Und nur der Dumme stellt sich ihr entgegen.
(Verfasser unbekannt)

Die Konformität stellt ein Persönlichkeitsmerkmal dar. Es geht um die vorderhand einfache Frage, wie stimmt der Beschäftigte mit seiner Behörde überein. In der Privatwirtschaft wird die Firma oft als die Mutter und der oberste Boss als der Vater ausgegeben mit dem – unausgesprochenen – biblischen Gebot: »Du sollst deinen Vater und deine Mutter ehren.«

Allen Behörden und Gerichten wurde im Freistaat Bayern vom **181** Dienstherrn ein **Leitbild** aufs Auge gedrückt, das die in der jeweiligen Organisation etablierten Wert- und Normvorstellungen zum Ausdruck bringen soll. Wer also Leithammel werden will, wird mit dem Leitbild konform gehen müssen. Jede Bürokratie wird durch ihr autokratisches Innenleben charakterisiert; das gilt auch für die Fraktionen des Bundestags und der Landtage. Beim öffentlichen Dienst ist diese Eigenschaft nicht zwangsläufig eine Folge der autoritären Neigung ihrer führenden Organisationsmitglieder, sondern beruht auf der Legalität aller Vorgänge der Organisation. Diese Legalität, die Außenstehenden oft als Unbeweglichkeit und Sturheit erscheint, muß notwendigerweise die Wertorientierung und das Verhalten aller Behördenzugehörigen beeinflussen. Der Behördenangehörige ist eben nicht mehr Privatperson, sondern Glied oder Rädchen der Bürokratie.

Selbst wenn man das Leitbild nur als ein utopisches Wunschbild, als Produkt politischer Zaubermänner betrachtet, kann doch nicht bestritten werden, daß es – auf realistische Ziele zurechtgestutzt – durchaus auf praktische Verwirklichung ausgerichtet ist, dem man sich also anpassen oder versagen kann. In diesem Umfang wird es auch Bestandteil der jeweiligen Herrschaftsstruktur.

Soweit einer Organisation wie etwa einem Gericht, was seine

Entscheidungsträger anbelangt, Unabhängigkeit verbürgt ist, gleicht das Leitbild einem fernen Stern. Eine gewisse Nonkonformität in Form einer kreativen Individualität kann sich hier sogar karrierefördernd auswirken.

Aber auch in der **Verwaltung** darf Konformität nicht mit bloßem **Nichtauffallen, Nichtaufmucken, Nichtneinsagen** verwechselt werden! Es ist nicht notwendig, daß die Beschäftigten einer Behörde sich wie eine Affenherde mit dem Anführer hin und her wiegen. Solche Marionetten werden weder von den Kollegen noch vom Vorgesetzten geschätzt.

Andererseits ist ein gewisses Maß an Konformität für eine Karriere erforderlich, da eine Organisation nur sinnvoll arbeiten kann, wenn die Mehrheit ihrer Angehörigen mit ihren Zielen und ihrem Innenleben einschließlich dem beruflichen Fortkommen einverstanden ist. Umgekehrt gilt auch, daß die Behördenatmosphäre entscheidet, welche Eigenschaften ein Mensch haben muß, um erfolgreich zu sein. Wer mit dem Leitbild seiner Organisation nicht übereinstimmt (zu hektisch, zu statisch, Quantität vor Qualität), wird hier keinen beruflichen Aufstieg erleben.

9. Netzwerke

Motto: Vier Augen sehen mehr als zwei.
         Vier Ohren hören mehr als zwei.

Nicht nur auf dem Gebiete des internationalen Terrorismus gibt es **Netzwerke** (El Qaida; al Qa'ida = Basis).   182

Netzwerke bestehen auch innerhalb des öffentlichen Dienstes **in Form vertikaler und horizontaler Informationsstränge.**   183

Wie kommt es nun zu einem Netzwerk? Oft spielt dabei der Zufall eine Rolle. Während des juristischen Vorbereitungsdienstes werden Arbeitsgemeinschaften gebildet. Im Rahmen einer solchen Arbeitsgemeinschaft lernen sich z.B. die Rechtsreferendare A, B und C kennen. Sie verkehren auch außerdienstlich miteinander und bereiten sich gemeinsam auf die II. Staatsprüfung vor. Nach dem

Bestehen des Staatsexamens findet entsprechend den erreichten Staatsnoten und Wohnsitzwünschen eine Separierung statt. A beginnt seine berufliche Laufbahn im Innenministerium in X, B an der Regierung von Y, C am Verwaltungsgericht Y. Nach einiger Zeit beendet C seinen Dienst als Proberichter und wird an das örtlich nahe gelegene Landratsamt Z versetzt. A, B und C bleiben nach wie vor in Verbindung. Es besteht nun ein vertikaler Informationsstrang vom Ministerium zur unteren Instanz, dem Landratsamt. Durch gemeinsame Aufgaben, Besprechungen, Tagungen und dergleichen entstehen für A, B und C jeweils auf ihrer Verwaltungsebene horizontale Informationsstränge, wobei es gar nicht auf ein zielgerichtetes Handeln ankommt; vielmehr bilden sich solche horizontalen Informationsstränge praktisch automatisch. Damit besteht jetzt aber ein Netzwerk, also ein vertikales und horizontales Informationsgeflecht.

Netzwerke im Rahmen des öffentlichen Dienstes dienen nicht einem gemeinsamen Handeln, dies wäre illegal, zumindest dienstpflichtwidrig. Netzwerke dienen vielmehr der Information. Sie **184** geben ihren Mitgliedern einen **Informationsvorsprung**: B, der nach wie vor an der Regierung von Y tätig ist, erfährt z.b. in der Kantine, dem **Hauptinformationsfeld** eines Netzwerkes, daß Regierungsrat D an das Innenministerium in X gehen soll. A bestätigt B, daß dieses Gerücht im Innenministerium umgehe. B teilt diese Nachricht nun C mit, von dem B weiß, daß er an die Regierung von Y versetzt werden will, weil er mit seinem Landrat in Z nicht mehr zurecht kommt. C fährt daraufhin sofort zum Innenministerium, trägt seinen Versetzungswunsch vor und weist dann auf die freiwerdende Planstelle an der Regierung von Y hin. Der Personalreferent ist froh, die Nachfolge D so schnell gelöst zu haben und freut sich von C zu hören, daß die Proberichterin E am Ende ihrer Probezeit ist und wegen ihres Ehemanns gerne in Y bleiben möchte und bereit ist, an das örtlich nahe gelegene Landratsamt Z zu gehen.

Netzwerke dieser Art verschaffen ihren Mitgliedern zwar gewöhnlich keine Karriereposten, sie bereiten aber eine Karriere vor und sind deshalb für jeden Karrieristen **unentbehrlich**.

10. Parteibuch (Ämterpatronage)

>»In einigen Behörden kann sogar eine Maus nur in den Keller
kommen, wenn sie das Parteibuch der SPD hat.«
(Ingo v. Münch in Die Zeit Nr. 24 vom 10.6.1988)

In den Beratungen zum Bundeshaushalt 1989 beantragten DIE
GRÜNEN, einen Haushaltstitel »Rechtstatsachenforschung zur
Ämterpatronage der Parteien« in Höhe von 50000 DM zu bewilligen:
Die »überfällige Studie, die das ganze tatsächliche Ausmaß an
Ämterpatronage, darunter z.b. die Auswirkungen entsprechender
Parteizugehörigkeiten auf Aufstiegstempo und Stellenbesetzung
empirisch (erfassen solle, könne) als Grundlage für mögliche gesetz-
liche Schritte dienen.« Denn »die Ämterpatronage der politischen
Parteien (habe) in verschiedenen Spielarten ein Ausmaß erreicht, das
nicht länger hingenommen werden könne« (vgl. ZBR 1988, 366).

Im Jahre 1999 beschloß der Bundestag auf Antrag der Regierungsfraktionen SPD / DIE GRÜNEN vier Planstellen im höheren
Auswärtigen Dienst bei Einzelplan 05 einzurichten. Die Stellen sollten nach dem Willen der Parlamentarier der Regierungsfraktionen
nicht mit Laufbahnbeamten des Auswärtigen Dienstes, sondern mit
drei Mitarbeitern der SPD-Fraktion und einem der Friedrich-Ebert-
Stiftung besetzt werden.

Hierauf wandte sich der Vorsitzende des Personalrates des
Auswärtigen Amtes, Friedrich Däuble, mit einem offenen Brief vom
23.11.1999 an Bundesaußenminister Fischer: »Bei ihrer Amtsein-
führung hat der Personalrat davor gewarnt, den Auswärtigen Dienst
zum Abschiebebahnhof für Versorgungsfälle zu machen. Der Anlaß
ist jetzt gegeben, diese Warnung mit größtem Nachdruck zu wieder-
holen. Die von ihnen mehrfach gewürdigte Leistungsfähigkeit und
Kompetenz des Auswärtigen Dienstes beruhen insbesondere auf der
eigenen Ausbildung und spezifischen Berufserfahrung seiner Angehörigen. Dies sind unverzichtbare Voraussetzungen für eine seriöse
und kompetente Aufgabenerfüllung auf der Ebene B 3. Wenn jetzt
gleich in mehreren Fällen bei Seiteneinsteigern hierauf verzichtet
werden soll, werden die strukturellen Voraussetzungen für das gute

Funktionieren des Auswärtigen Dienstes völlig außer Acht gelassen und entsprechender Schaden angerichtet Ein solcher Einstieg in eine Umgestaltung des Dienstes, bei der die Trennung von Partei und Staat nicht mehr respektiert wird, wird die Qualität des Auswärtigen Dienstes mindern und damit den Interessen Deutschlands schaden.«

Hierauf wurden in einem offenen Brief der SPD-Fraktionsgeschäftsführung vom 9.12.1999 die SPD-Fraktionsreferenten und der Mitarbeiter der Friedrich-Ebert-Stiftung zu höchstqualifizierten Außenpolitikberatern hochgejubelt, deren Qualität die Interessen Deutschlands verbessern würde.

Auch die CDU und die unionsnahe Presse nahm sich jetzt des Themas an (38. Sitzung des Auswärtigen Ausschusses des 14. Dt. BT. am 26.1.2000; Sten Martensen, Aufstand im Außenamt, Die Woche vom 20.4.2000 S. 8).

Spiegel, Zeit, Rheinischer Merkur, Bonner Generalanzeiger, F.A.Z. berichten gelegentlich über solche Fälle von Ämterpatronage (vgl. ZBR 1988, 366 Fußnoten 7, 8, 9).

185 Für die Parteien jeglicher Couleur existiert dieses Problem offiziell gar nicht. Es herrscht hier eine **Übereinstimmung** der **Volksvertreter bezüglich der Machterhaltung,** die nicht einmal hinsichtlich ihrer Einigkeit bei der Diätenerhöhung übertroffen wird.

186 Die Rechtswidrigkeit steht dieser Ämterpatronage auf die Stirn geschrieben: **Die Parteibuchwirtschaft der Parteien verstößt gegen das Leistungsprinzip des Art. 33 Abs. 2 GG. Die parteipolitische Geeignetheit fällt nicht unter den Begriff der beamtenrechtlichen Eignung. Art. 33 Abs. 5 GG fordert eine Auswahl nach dem Leistungsprinzip, parteipolitische Neutralität und Förderung auch der parteilosen Beschäftigten. Art.3 Abs. 3 GG verbietet eine Benachteiligung oder Bevorzugung wegen der politischen Anschauung. Art. 20 Abs. 1 GG mißbilligt, daß eine Partei über ihre Regierungszeit hinaus durch Angehörige des öffentlichen Dienstes weiterhin Herrschaft ausübt** (vgl. Hans Herbert v. Armin, Parteien und Patronage, PersV 1988, 21 ff.; Manfred Wichmann Parteipolitische Patronage, ZBR 1988, 365 ff.; Gernot Biehler, Ämterpatronage im diplomatischen Dienst?, NJW 2000, 2400 ff.).

Es soll nicht verschwiegen werden, daß es auch Verteidiger der

Verfassungswirklichkeit gibt. Dazu gehört *Horst Bosetzky* (Die instrumentale Funktion der Beförderung, VerwArch. 63, 372 ff.), der für die Parteien folgende entschuldigende Worte findet: »Die Parteien selber haben immer nur eine sehr begrenzte Zahl von lukrativen Posten in ihren eigenen Organisationen zu vergeben. Möglicherweise ist diese Instrumentalisierung, dieses Instrumentalisiertwerden mit der Belohnung durch Beförderung für die öffentliche Verwaltung effizienzmindernd, was für mich indes noch nicht einmal feststeht, auf alle Fälle ist es aber zum Überleben des gesellschaftlichen Systems notwendig« (a. a. O. S. 435 Fußnote 57).

Die verquersten Parteiideologen versteigen sich sogar zu der Behauptung, eine Beseitigung der Ämterpatronage stehe einem Berufsverbot für Parteimitglieder gleich (vgl. ZBR 1988, 366).

Es ist ein offenes Geheimnis, daß dem persönlichen Referenten eines Ministers, Staatssekretärs oder Amtschefs in der Regel eine schnelle und zügige Karriere in jungen Jahren zuteil wird (Wolfgang Pippke, Karrieredeterminanten S. 138 ff.).Solche Fälle zeigen zwar, daß das **Parteibuch** einen Karrierelifter darstellt, doch kann hier eine 187 Karriere bei Regierungswechsel auch schnell ihr Ende finden, denn es gibt genügend Methoden der Kaltstellung unbequemer Beamter (Außerachtlassen der Zuständigkeit, Zuordnung eines Aufpassers, Überstülpen von Beratungsgruppen und ähnliches, Wichmann, ZBR 1988, 368 Fußnote 29).

Wenn es um die Besetzung von **Spitzenpositionen** geht, hat die Zugehörigkeit zu einer bestimmten Partei, wenn diese an der Regierung ist, einen großen Einfluß. Die Patronage oder **Günstlings-** 188 **wirtschaft** hat verschiedene Ziele. Soweit die Gunst der Parteien niederrangigen Funktionsträgern gewährt wird, kann hierdurch den Parteien kaum ein Einfluß auf die Verwaltung zuwachsen; für die Verwaltung selbst verstärkt sich unter Umständen die Ineffizienz. Der sich für die Parteien ergebende Gewinn besteht vorrangig in der Mitgliederwerbung durch den gezeigten Belohnungseffekt.

Im Gegensatz zu dieser **Belohnungspatronage** soll die Günst- 189 lingswirtschaft in den Schaltstellen der Macht, die **Herrschafts-** 190 **patronage** dafür sorgen, daß der politische Wille der Regierung reibungslos nach unten fortgesetzt Beachtung findet. Um den Wider-

stand der Opposition zu brechen oder zumindest zu schwächen, ist
191 mit großem Erfolg die **Proporzpatronage** eingeführt worden
(Musterbeispiel: Oberste Bundesgerichte).

Selbst wenn die Parteien sich nicht auf eine Proporzpatronage
192 einigen konnten, kommt die regierende Partei nicht um **Feigenblatt-
beförderungen** herum. Gibt es zu viele Genossen einer Partei in
einem Gerichts- oder Verwaltungszweig, empfiehlt es sich, Mitglied
der Opposition zu werden. Wird man bei einer Personalauswahl übergangen, kann man dann prächtig Krawall machen und sämtliche
Demokraten, Demagogen und sogar Geistliche in Harnisch bringen.

Das über der Günstlingswirtschaft hängende Damoklesschwert
der Konkurrentenklage (vgl. RdNr. 157) kann in Verbindung mit sen-
siblen Zeiten (Wahlzeiten) gelegentlich dazu führen, daß die Aus-
193 wahl eher auf einen **verdeckten Parteigänger** (Sympathisant ohne
Parteibuch) statt auf ein eingetragenes Parteimitglied fällt. Seitdem
die Parteibuchwirtschaft und damit die Arroganz der Macht das
Licht der Öffentlichkeit oder besser gesagt die öffentliche mündliche
Verhandlung in den Gerichtssälen zu fürchten hat, muß die Personalauswahl stimmig gemacht werden, also aus einem durchschnittlichen Nobody eine beruflich herausragende Koryphäe modelliert
werden. Zu einer solchen Verschönerungskunst möchten sich nun
doch wiederum nur wenige Chefs hergeben, die vielleicht selbst
doppelt verdeckte Parteigänger sind und Sympathie für eine Partei
heucheln, die ihnen in Wirklichkeit fehlt. Freilich, Versuchungen gibt
es immer: Mehr Planstellen gegen mehr Gunst für ein Parteimitglied
oder umgekehrt.

In vielen Verwaltungszweigen sitzt eine große Anzahl bloßer
194 **Parteimitläufer.** Hier ist zu erwarten, daß der Segen der Partei im
wesentlichen auf die echten Funktionsträger fällt. Im übrigen spielt
auch der jeweilige Chef eine Rolle. Ist er parteilos, möchte er oft seine
Behörde unpolitisch (kein Streit unter den verschiedenen Parteien)
halten. Nicht selten sind ähnliche Motive bei einem strammen Parteimitglied als Chef anzutreffen: Er will keine Aufpasser der Partei in
seiner Behörde und schon gar keinen»Parteifreund«, der an seinem
Stuhl sägt.

Zusammenfassend läßt sich sagen, daß in der Regel eine Mitgliedschaft in einer politischen Partei nichtverfassungsfeindlicher Art karrierefördernd ist. Es kommt aber sehr auf die Atmosphäre in einem Verwaltungszweig an. Die bloße Mitläuferschaft reicht meistens für eine Karriere nicht aus.

11. Presse

»Die Wirkung der Kommentierung lokaler Ereignisse auf die öffentliche Meinung im Verbreitungsgebiet gehört zu den eindruckvollsten Erlebnissen jedes Journalisten. Hier wird journalistische Macht noch unmittelbar spürbar. Vor dieser Macht darf der Kommentator nicht zurückschrecken.«
(Aus der Reihe:»Praktischer Journalismus«)

Wer als Angehöriger des öffentlichen Dienstes in der Öffentlichkeit steht, sei es als Richter oder Beamter, bekommt unerwartet neue zusätzliche Vorgesetzte, die Medien.

Das allgemeine Unverständnis, das in den Medien gegenüber der Bindung der vollziehenden Gewalt und der Rechtsprechung an Gesetz und Recht (vgl. Art. 20 GG) herrscht, macht es Behörden und Gerichten schwer, ihre Entscheidungen in der Öffentlichkeit darzustellen. So sehr sich die Medien dagegen wehren würden, in die Nähe eines gängigen Mottos des Dritten Reiches gestellt zu werden, läuft ihre Kritik an Verwaltungsentscheidungen oder Gerichtsurteilen doch oft lediglich auf »das gesunde Volksempfinden« hinaus. Wenn ein deutsches Strafgericht einen Totschläger zu 14 ½ Jahren Haft verurteilt hat und dieser erhält wegen einer anderen zuvor begangenen Tat 10 Jahre Haft, so bekommt er keine 24 ½ Jahre Haft, sondern insgesamt nur die Haftstrafe von 15 Jahren (§ 38 Abs. 2 StGB). »Was, von 10 Jahren nur ein halbes Jahr« heult die Presse auf. Aber die genannte Vorschrift haben deutsche Bundestagsabgeordnete gemacht, nicht deutsche Richter!

Wenn in Wunsiedel ein extremistischer Aufmarsch stattfindet, dann liegt es nicht im Belieben der zuständigen Verwaltung, ob sie den Aufmarsch verbietet. Die Behörde ist vielmehr an die Vorgaben der Gesetze (die die Kritiker meistens gar nicht kennen!) und an die Verfassung gebunden, die vom Bundesverfassungsgericht allgemein verbindlich ausgelegt wird.

Wer durch mediales Unverständnis vorstehender Art in seiner Amtsführung molestiert wird, kann, wenn er Glück hat, auf das Verständnis seiner Vorgesetzten und Kollegen hoffen.

195 Jeder, der eine Karriere im öffentlichen Dienst anstrebt, sollte sich ernsthaft mit der Presse und ihrem Personal, den **Journalisten**, befassen. Bei den vertikal und horizontal gut organisierten Pressediensten kann man keinem Zeitungsmann oder Reporter von Radio X etwas mitteilen, ohne daß das, was man gesagt hat oder gesagt haben soll, spätestens am übernächsten Tag allen Vorgesetzten zur Lektüre vorliegt.

Nachrichten, Interviews, Reportagen, Photos und Kommentare sind die Ausdrucksmittel der Medien. Damit müssen die Journalisten ihr Geld verdienen. Daß er Geld verdienen muß, diese Tatsache sollte man immer im Auge behalten, wenn der Pressemann allzu eifrig »neugierig« wird. Da Presseleute, insbesondere Lokaljournalisten, quasi für alle lokalen Sachthemen zuständig sind (auch wenn im Impressum etwas anderes steht), sind sie einer ständigen Überforderung ausgesetzt, die sich je nach Persönlichkeitsstruktur in Unsicherheit oder forschem Auftreten bemerkbar macht. Es klingt banal, ist aber doch wahr: Auch der Medienmann/die Medienfrau ist in erster Linie Mensch. Es muß also die emotionale Kompetenz in der Form der Empathie ausgegraben werden. Der Mensch von der Presse will etwas wissen, was er noch nicht weiß oder bestätigt haben, was ihm zwar zugetragen wurde, aber dies nicht zuverlässig.

196 Die **Pressegesetze** sind voller Gummiparagraphen, weil keine Regierung es wagt, die Medien gegen sich zu erbittern. Baut der Datenschutz keine Hindernisse auf, sollte das Verhältnis zu den Medien offen sein. Kennt man die Medienvertreter nicht persönlich, ist allerdings Vorsicht am Platze. Mündliche und fernmündliche Äußerungen haben den Nachteil, in ihrem Inhalt nicht beweisbar festgelegt zu sein.

Meinungen, Kritiken, Werturteile, Polemiken, Schlußfolgerungen u. ä., die einer persönlichen Auffassung entspringen, sind im

Sinne des Pressegesetzes nicht gegendarstellungsfähig. **Pressestate-** 197 **ments** oder **Faxschreiben** sind hier die angemessenen Formen der Verlautbarung. Sie können in wichtigen Fällen auch zeitgleich dem Vorgesetzten zugeleitet werden. Soweit in Behörden **Pressesprecher** 198 ernannt sind, sollte man sie nicht übergehen.

Ein gutes Verhältnis zu den Medienvertretern erleichtert den Dienst; ich wiederhole mich (vgl. RdNr. 162). Jeder Kommentar, jedes Interview kann so oder so ausfallen. Wer von seinen Dienstaufgaben her gezwungen ist, in der Öffentlichkeit zu arbeiten, kann sich die Medien nicht vom Hals halten. Es gilt, sich **empathisch** zu verhalten. Poltern bringt nichts ein und schließlich ist man in Amt und Würden und nicht bei »Billy the Kid« am Pokertisch. Vorgesetzte haben in der Regel, weil höhergestellt, die besseren Medienkontakte als man selbst. So könnten sie eigentlich es schnell herausbringen, ob negative Presseartikel auf einer Verärgerung des Pressevertreters oder auf objektiven Unzulänglichkeiten des Untergebenen bzw. seiner Behörde beruhen. Letztlich lassen aber auf Dauer alle negativen Medienäußerungen die Vorgesetzten aufseufzen, während positive über ihren Zuständigkeitsbereich ihnen wie Honig eingehen. Das Schuldprinzip wird durch das Veranlassungsprinzip abgelöst.

12. Seilschaft, Machtpyramide, Gönner, Protektion

Karriere, beruflicher Aufstieg haben ein Ziel: aufwärts. Es ist deshalb kein Zufall, daß zahlreiche Begriffe einer Karriereplanung mit denen des Bergsteigens identisch sind: Gipfel, Seilschaft u. ä. Bergsteigen als Sport ist auch eine spezielle Domäne von Spitzenmanagern oder Personen, denen beruflich Spitzenleistungen abgefordert werden. Da der »berufliche Aufstieg« letztlich nur Metapher, also eine künstliche Wortübertragung, darstellt, halten einige Autoren es für angebracht, die Künstlichkeit des Karriereberges bzw. Karrieregipfels herauszustellen und sprechen von Pyramide (vgl. Vance Packard : Die Pyramidenkletterer) oder bemühen den Gedanken einer Machtpyramide (Walser a. a. O. S. 303).

Beim Bergsteigen gibt es den Alleingang (spektakulär: Reinhold Messner) und Seilschaften. Die Einzelgänger sind die Ausnahme. Auch der berufliche Aufstieg führt in der Regel nur als Teil einer Seilschaft zum Erfolg.

199 Bevor wir Begriff und Funktion der **Seilschaft** nähertreten, gilt es noch, sich kurz mit einer aus der Zeit des Untertanengeistes stammenden Auffassung der Funktion der Beförderung zu befassen. Manche Autoren vertreten nämlich die Ansicht, den Mitgliedern einer Verwaltungsorganisation würden ihre Positionen quasi automatisch nach Leistung und/oder Eignung zugewiesen, ohne daß sie auf diese Entscheidungen Einfluß hätten (vgl. Laubinger, Verw. Arch. 83, 262). *Horst Borsetzky* vertritt demgegenüber die Meinung, daß der einzelne durch ein bestimmtes strategisch-politisches Verhalten seinen Standort in einer Verwaltungsorganisation weithin selbst bestimmen könne, indem er durch die Herstellung von »Promotionsbeziehungen« (kein Zusammenhang mit der akademischen Promotion; Anm. des Verfassers) die Unterstützung anderer Organisationsmitglieder für seine Interessen und Ziele gewinnt; die öffentliche Verwaltung sei ein soziales System und deswegen in ihren Funktionen auf ein hohes Maß an Gruppenkohäsion angewiesen (Verw. Arch. 63, 372 ff.). Daß solche »Promotionsbeziehungen« den meisten Karrieren zu Grunde liegen, gilt für den Verfasser als offensichtliche Tatsache. An Stelle des wenig gebräuchlichen Wortes »Promotionsbeziehungen« (der Duden 2001 kennt es nicht!) verwendet er den weithin bekannten Begriff der Seilschaft.

Die Aufstiegsroute ist teilweise bis zum Gipfel festgelegt und schon vor Beginn des Aufstiegs sichtbar. In anderen Fällen führt sie durch Quergänge, Schluchten, Risse, Kamine, Felsschächte und Überhänge. Der Bergsteiger benutzt das Seil zur Sicherung. Dazu seilt er sich an und verbindet sich durch das Seil mit einem oder mehreren Kollegen zu einer Seilschaft. Den Rhythmus des Vordringens einer Seilschaft bestimmt die Seillänge, die dem Seilersten zur Verfügung steht, um den nächsten Standplatz anzuklettern, dort zuerst sich, dann den nachfolgenden Kollegen zu sichern. Am Gipfel angekommen, löst sich oft die Seilschaft auf, weil die Rückkehr auf einer leichteren Route im Alleingang durchgeführt werden kann.

Was beim echten Bergsteigen die Seillänge ermöglicht, dazu befähigt beim beruflichen Aufstieg die Höhe der Position. Bis zu dieser kann der Seilerste (Vorgänger) den nachfolgenden Kollegen emporziehen, wenn er selbst über die nötige Kondition verfügt. Ein Vizepräsident eines Oberverwaltungsgerichts (OVG) lernt z.b. ein Mitglied seines Senats schätzen. Steigt er nun selbst zum Präsidenten des OVG auf, kann er dieses Mitglied zum Vizepräsidenten eines Verwaltungsgerichts (VG) machen (von Besoldungsstufe R 2 zu R 2 mit Zulage oder ausnahmsweise sogar R 3). Nach ausreichender Erprobung als Vizepräsident ist der Aufstieg zum Vorsitzenden Richter am OVG nicht mehr spektakulär.

Die voranstehend geschilderte Zweierseilschaft verbreitert sich häufig zu einer **Machtpyramide** oder zu einer Pyramidengruppe **200** (Gisehkonstellation). Da jeder Pharao eine nur ihm vorbehaltene Grabkammer in der Pyramide beansprucht, sind für mehrere Karrierepharaos zwangsläufig mehrere Pyramiden erforderlich. Wer beispielsweise wegen seiner politisch etwas einseitigen Vorstellungen oder Funktionen in einer oppositionellen Partei in einem Bundesland nicht Gerichtspräsident werden soll (wobei nie bekannt wird, wer diesem Herrn einseitige Vorstellungen politischer Art vorwirft und wer die Auffassung vertritt, dieser Herr solle nicht Gerichtspräsident werden!), hat beste Aussichten, Richter an einem oberen Bundesgericht zu werden, wenn die dortige Richterschaft seine Opfereigenschaft anerkennt.

Die von Seilschaften begangenen Aufstiegsrouten werden von anderen Seilschaften beobachtet. Erfolgreiche Aufstiege finden Nachahmer. Wenn aus der Stadt X eine Person Richter am Bundesverwaltungsgericht, dann Vizepräsident eines OVG in X und dann Präsident des OVG in X wird, liegt es nahe, daß ein Richter am selben Bundesgericht aus der Stadt X ebenfalls versucht, Vizepräsident und dann Präsident in X zu werden. Erst wenn jeder Richter am Bundesverwaltungsgericht aus der Stadt X Präsident am OVG in X werden möchte, kommt es zu einem Bergsturz, die Gesteinsmassen reißen ab und die Route ist ungangbar.

Die Bergsteiger sprechen von ihresgleichen als Bergkameraden. Es kann sich sonach auch Kameraderie, auf »Deutsch« **Cliquenwirt- 201**

schaft, also eine Organisation, die Vetternwirtschaft betreibt, bilden. Das Selbstverständnis dieser »Bergkameraden« würde es vermutlich entrüstet von sich weisen, als Aufstiegsklüngel bezeichnet zu werden. Aber bei Cliquen treten immer charakteristische Folgeerscheinungen auf. Hinter den Kulissen werden die Fäden gezogen und Bündnisse (oft unter Mittelmäßigen) geschmiedet, um Einfluß auszuüben, sei es über den Personalrat oder bei Richtern über das Präsidium, den Hauptrichterrat und den Präsidialrat.

202 Es müssen bestimmte Voraussetzungen vorliegen, um einen solchen **Aufstiegsklüngel** aufschießen zu lassen. Wie in der französischen Dramentheorie des 17. Jahrhunderts spielt die Einheit des Ortes eine entscheidende Rolle: Man hat in U studiert, dort seinen Vorbereitungsdienst absolviert und nach dem II. Staatsexamen seine erste Anstellung gefunden. Das Ministerium und das Gericht oder die Behörde liegen in einer Straße. Dieselbe Kantine, der Mittagsspaziergang im selben Park, derselbe Stammtisch, die selben Bekannten. Der Nachrichtenaustausch ist allgemein. Außerhalb von U ist Provinz. Wer von dort etwas werden will, muß in U erst erprobt werden (vielleicht kann er gar nicht U-Bahn fahren!). Auf der Grundlage des Wissens um Ruhestandszeitpunkte, freie Planstellen, Vorstellungen der zuständigen Ministerialbeamten und der Füh-

203 rung durch einen **Gönner** werden **Aufstiegspläne** geschmiedet, diese in Seilschaften besprochen.

Nun zum Gönner. Eine Karriere ohne Gönner ist so selten wie Schnee im Sommer. **Es gibt einfach zu viele fleißige, ordentliche, intelligente und zu mancherlei Aufgaben befähigte Beschäftigte im öffentlichen Dienst.** Man benötigt also eine Person in herausgehobener Position, die, wenn immer es möglich ist, zum Ausdruck bringt, daß A der Mann, die Frau ist, mit dem/mit der komplikationslos eine Stelle besetzt werden kann. Um so einen »Bürgen« ist jeder Personalreferent froh, kann er doch auf diese Weise ein »riskshifting« vornehmen, also die Verantwortung für eine Personalentscheidung auf eine andere Person abladen.

204 Es gibt **geborene** und **gekorene Gönner.** Zu den ersteren zählen die Minister, Staatssekretäre, Amtsleiter und Abteilungsleiter. Deren persönliche Referenten (»Kofferträger«) erwartet in der Regel eine

schnelle und zügige Karriere in jungen Jahren (vgl. RdNr. 187), was oft nur mit Beihilfe der Personalausschüsse von Bund oder Ländern möglich ist.

Für den normalen Aufstiegsbewerber kommt nur ein gekorener Gönner in Betracht. Hier gilt ein klarer Satz! Man muß sich um die Förderung durch Vorgesetzte bemühen; ja man muß ihnen oft beibringen, wie sie einen als Vorgesetzten zu führen haben. Auf diesem Gebiet spielt sich Erstaunliches ab. Schon mancher, der drauf und dran war, ein Leistungsversager zu werden, ist durch die Forderung, eine konkrete Aufgabe zu lösen, zu besseren Leistungen ermutigt und von den Versagern auf die Seite der Gewinner herübergezogen worden. Auch eine gute Nachwuchskraft ist fast vollständig vom guten Willen seiner Vorgesetzten abhängig. Jeder Aufstiegsbewerber **muß** deshalb **eine Beziehung zu jemandem mit mehr Erfahrung oder Kompetenz aufbauen.**

Wie kommt man zu einem Gönner? Gelegentlich durch Zufall. Manche Vorgesetzte sind nebenbei Lehrbeauftragte an Universitäten oder später Honorarprofessoren. Hier können Leistungen oder Dienstleistungen (z.B. als Korrekturassistent oder Ghostwriter eines juristischen Kommentars) einen Weg bahnen. Ansonsten gilt es, selbst erfinderisch zu werden. Früher galt das Wort: »Gehe nicht zu deinem Fürst, wenn du nicht gerufen wirst!« Diese Lebensweisheit gilt in unserer Zeit nicht mehr (Meixner a. a. O.). Optimismus und Vertrauen in die Steuerungsmechanismen der Personalverwaltung des öffentlichen Dienstes reichen für eine Karriere eben nicht aus.

Also braucht man einen Gönner. Zunächst gilt es herauszufinden, wer wirklich Einfluß besitzt. Das ist in der Regel nicht schwer. Wer sich jahrelang bemüht, einen Dienstwagen mit Fahrer zu erhalten und keinen erhält, ist schon ein zweifelhafter Fall.

Das gleiche gilt für Personen, deren Haushaltsvoranschläge stets abgelehnt werden. Vielleicht haben diese Menschen nach dem Peter-Prinzip schon die Stufe ihrer Unfähigkeit erreicht oder sind gerade wegen ihrer Unfähigkeit auf ihren jetzigen Posten gesetzt worden.

Ein bedeutendes Hindernis steht dem Zugang zu einem Gönner im Wege. Der Gönner erlangt nämlich durch seine Gönnerschaft keinen eigenen Vorteil. Zumindest braucht der Gönner aber ein Motiv.

»Ein Gönner, der keinen Grund dazu hat, ist kein Gönner«, formuliert *Laurence J. Peter* kühn, kühl und zutreffend. Welchen Vorteil soll z.b. ein Regierungspräsident daraus ziehen, daß er sich erfolgreich bemüht, einen Abteilungsleiter zum Vizepräsidenten aufsteigen zu lassen ? Die Antwort kann realistischerweise nur lauten: Keinen! Man kann nicht dafür sorgen, daß der ins Auge gefaßte künftige Gönner etwas davon hat, wenn er einem behilflich ist, oder daß es für ihn zum Nachteil wird, wenn er sich nicht um unseren Aufstieg in der Hierarchie kümmert. Auch *Peter* wird verdächtig still, wenn es darum geht, Beispiele solcher Motivationsbemühungen zu nennen.

Um es ganz klar zu machen, es kann sich im öffentlichen Dienst nur um ideelle Vorteile handeln, denen der Charakter des Vorteils i. S. des § 331 StGB ermangelt. Letztlich bleibt nur das Feld der Politik, der Verstärkung einer Verwaltungsorganisation und der privaten Sympathie. Ein weites Terrain ist die Sympathie. Es ist unglaublich, was alles die Sympathie hervorrufen kann: Ein ähnliches Schicksal der Eltern (Flüchtlinge), ein ähnlicher Beruf der Väter (Eisenbahner), ein Adelstick, gleiche Landsmannschaft (Oberbayern), gleicher Dienst an der Gemeinschaft (Rotes Kreuz, Bundeswehr) oder gleiche Hobbys.

205 Besitzt man einen Gönner, tritt hoffentlich ein weiterer Effekt ein: Man hat ein **Vorbild**. An einem Vorbild kann man infolge eigenen Versagens scheitern oder in schwierigen Situationen Kraft holen. Der Verfasser erinnert sich deutlich, wie er einen Chef scharf beobachtete, als dieser in Anwesenheit eines Erzbischofs und eines Ministers die Begrüßungsrede halten mußte. Früher waren der Vater und/oder die Mutter die Vorbilder. Man erlernte in der Regel deren Beruf. Heute richten wir uns im allgemeinen nach »hochgestellten« oder »hochangesehenen« Persönlichkeiten – nicht von der Bildzeitung, sondern vom öffentlichen Dienst –, wobei es nur ausnahmsweise Politiker sein werden. **Eine allgemeine Regel, welche Menschen sich besonders als Gönner eignen, läßt sich nicht aufstellen.**

Es geht um Persönlichkeiten, die das gemacht haben, was wir noch machen wollen: Karriere. Die offizielle Doktrin von der Gleichheit der Menschen läßt eigentlich keine Vorbilder zu, aber jeder mittelmäßig Gebildete merkt rasch, daß ein Staatswesen ohne Vorbilder nicht funktioniert. Automatisch sucht also jeder sein eigenes Vorbild; ist es ein Gönner, um so besser!

Schon manche Karriere fand ein jähes Ende, als der Gönner durch Ruhestandsversetzung oder auf andere Weise seine Macht verlor. Oft ist ein »Ohrenbläser« im Ruhestand wertvoller, weil es diesem leichter fällt, befreit von dienstlichen Bindungen, für jemanden einzutreten. In der Regel empfiehlt es sich aber, sich mindestens zwei Förderer zuzulegen. Nichts fördert die Gönnerschaft so, wie die von einem weiteren Gönner ausgesprochene gute Meinung über den gemeinsamen Schützling (vgl. auch Peter a. a. O. S. 57). Der Mensch ist eine ziemlich unzuverlässige Maschine. Er steht unter dem despotischen Zwang von Stimmungen. Emotionen bemächtigen sich unserer Aufmerksamkeit (Goleman a. a. O. S. 201). Das Sich-Einsetzen für einen anderen Menschen ist deshalb immer mit einem hohen Risiko verbunden. Stimmen zwei Gönner in ihrer Meinung über einen anderen Dritten überein, halbiert dies das Risikogefühl.

Dem Leser wird schon einige Zeit das Wort **Protektion** im 206 Hinterkopf schweben. Was jedoch der Verfasser unter Protektion versteht, soll eine von *Mirko Jelusich* (in »Geschichten aus dem Wienerwald«) mitgeteilte Anekdote klarmachen, die hier – verkürzt – wiedergegeben wird:»Metternich war bei Kaiser Franz zum Vortrag in der Hofburg. Plötzlich wüster Lärm im Burghof, Geschrei, Gestampf, Peitschengeknall. Und als die beiden Gewaltigen ans Fenster treten, sahen sie drunten einen Ochsen, der sich losgerissen hatte und frei, fessellos umherjagte, kreuz und quer, aus einer Ecke in die andere. Kaiser Franz kehrte sich nach Metternich um, verzog das strenge hagere Gesicht zu einem spöttischen Lächeln: ›Das erste Rindvieh, daß ohne Protektion da hereinkommt!‹«

175

13. Selbstverleugnung

»Immer wird Gantenbein sich eines Besseren belehren lassen, um zu beweisen, daß er blind ist. Man wird ihn zu Tisch führen, um ihn bei Tischgesprächen aufzuklären, was die Herrschaften gesehen haben möchten, was hingegen nicht. Man wird ihm eine Welt vorstellen, wie sie in der Zeitung steht, und indem Gantenbein tut, als glaube er's, wird er Karriere machen).«
(Max Frisch, Gantenbein)

Sich blind stellen wie Gantenbein, um Karriere zu machen? Das geht nur bei Vorgesetzten, die nach dem Motto handeln: »Sagen sie nur, was ich hören will.«

Erfolgreicher ist es, mit dem Chef äußerlich Übereinstimmung zu schaffen. Der Verfasser erinnert sich eines Universitätsassistenten (jetzt ein bekannter Professor für öffentliches Recht), der sich bemühte, auch in seinem Äußeren als kleine Ausgabe seines Herrn zu erscheinen. Kaum konnte man beim Prof. eine Hose mit Reißverschluß bewundern (in den 50er Jahren des vorigen Jahrhunderts eine modische Sensation!), da dauerte es keine vierzehn Tage und ein zweiter neumodischer Wundermann, der Assistent, konnte bestaunt werden. Natürlich rauchte dieser dieselbe Zigarettenmarke wie sein Prof. und niemand hegte einen Zweifel daran, daß er bei einem Wechsel des Prof. auch die Zigarettenmarke gewechselt hätte. Im übrigen hatte er sich wie ein Bohrwurm in die akademische Welt eingebohrt: Er wohnte bei der Witwe eines Professors für öffentliches Recht, deren Teppiche er regelmäßig klopfte und verehrte die Tochter eines Ordinarius! Solch eine Assimilation an die künftige berufliche Tätigkeit, ein solches Kadettentum, liegt freilich den wenigsten der heutigen Aufstiegsaspiranten. Da muß man schon eine eingeborene Sklavenseele wie *Caliban* besitzen, der gegenüber *Trinculo* bittet: »Sei mein Gott!« (»I prithee be my god!" Shakespeare, Der Sturm, Akt II, Szene 2, Vers 151).

Manche Sachgebiete sind für Nichtchefs »off limits«. Zumindest bedarf man eines »angelus interpres«, eines Deuteengels, um die kryptischen Hinweise der Herren zu verstehen.

Abschließend läßt sich feststellen, daß **Selbstverleugnungs-** 207
aktivitäten wohl allenfalls in einer servilen akademischen Welt karrierefördernd sind, während bei Gerichten und Verwaltungsorga-
nisationen solche »Leibburschenverhältnisse« nicht mehr in Mode
sind.

14. Sonderaufgaben: Zwischenpräsident, Präsidialrichter, Arbeitsgemeinschaftsleiter

Die Bestimmung zum **Zwischenpräsidenten** oder **Präsidialrichter** 208
ist im allgemeinen eine Vorauswahl für eine Karriere.
So wichtig diese Posten in der Praxis sind, so unbekannt sind sie
in der Öffentlichkeit. Dies ist kein Zufall, sondern das Ergebnis des
Umstandes, daß es diese Posten als Ämter in den Besoldungsordnungen, also als Planstellen, nicht gibt. Wohl aber sind zumindest die Präsidialrichter in der jeweiligen Geschäftsverteilung der
Gerichtsorganisation bei Obergerichten und meistens auch in deren
Telefonverzeichnis ausgewiesen.
    Welches Geheimnis verbirgt sich nun hinter den beiden Funk-
tionsbezeichnungen? Zwischenpräsident ist wörtlich genommen
der Mann, der räumlich zwischen dem Präsidenten und dem Vizepräsidenten einer Bezirksregierung sitzt. Das ist natürlich in der
Regel nicht wörtlich zu nehmen, deutet aber von der Funktion her
seine Aufgabe an. Ihm kommt nicht die Rolle eines Verbindungs-
offiziers zu, denn dieser hat den Kontakt zwischen Personen mit
gleicher Kommandogewalt aufrechtzuerhalten, z.B. zwischen zwei
Divisionskommandeuren. Besser paßt schon die Stellung eines
Adjutanten, also eines Soldaten, der den höheren Befehlshabern von
Heer, Flotte und Luftwaffe zur persönlichen Unterstützung beigege-
ben ist, der Befehle zu überbringen hat und für den Schriftverkehr
des Kommandos verantwortlich ist. Der Zwischenpräsident ist
quasi ein Doppeladjutant, da er auch zur Verfügung des Vizepräsidenten zu stehen hat, der ja traditionsgemäß für die innere Leitung
der Regierung verantwortlich ist, also für Haushalt, Personalwesen
und die Zentralabteilung. Nun gibt es bei den Regierungen zudem

eine eigene Präsidialgeschäftsstelle. Da aber viele Angelegenheiten bei einer Regierung den höheren Dienst persönlich oder in der Sache berühren, hält man es für untunlich, diese Dinge dem Leiter der Präsidialgeschäftsstelle zu überlassen, der entweder dem gehobenen Dienst angehört oder von dort als Aufstiegsbeamter kommt.

Das letztere Argument gilt auch für die Obergerichte und ihren Präsidialrichter. Auch hier führt die Geschäftsstelle ein Beamter des gehobenen Dienstes oder ein von dort kommender Aufstiegsbeamter, jedenfalls kein Richter. Ein wesentlicher »Gerichtsverwaltungsakt« ist die Geschäftsverteilung unter die Gerichtssektionen durch das Präsidium. Hier wird die Geschäftsstelle zwar für die vorbereitende Arbeit (Statistik) in Anspruch genommen, kein Richter oder gar Senatsvorsitzender wird es aber schätzen, wenn ihn der **Geschäftsleiter** vor der Präsidiumssitzung bezüglich eines Wechsels in einen neuen Senat (incredibile dictu!), neuer Senatsmitglieder oder hinsichtlich neuer Streitsachenbelastung vorinformieren würde –
209 außer es handelte sich um eine **Vorvorinformation** mit Warncharakter. Für die normale Vorinformation gibt es den Präsidialrichter, der zwar auch keine große Lippe riskieren darf, aber als »Kollege« doch Wertschätzung genießt.

Sowohl die Zwischenpräsidenten als auch die Präsidialrichter bedürfen in erster Linie der Wertschätzung der jeweiligen Präsidenten. Es handelt sich um Vertrauensstellungen, in denen das spezielle Chefwissen nicht mehr »off limits!« ist. Aber die Begierde nach diesen Positionen wird in der Praxis dadurch abgemildert, daß sie äußerst arbeitsintensiv sind. Obwohl sie also karriereträchtig sind, wird die damit verbundene Mehrarbeit nicht von jedermann ersehnt. Eine normale Ausschreibung dieser Stellen unterbleibt in der Regel. Behördenintern ist ein leises Wispern zu hören – wenn die Entscheidung bereits gefallen ist. Da die Präsidenten jedoch auf Güte und Zuverlässigkeit der »Adjutanten« angewiesen sind, müssen sie in ihrer Personalauswahl aus völlig egoistischen Gründen vorsichtig und vor allem objektiv bleiben, denn den Schaden einer Fehlbesetzung trügen sie fast allein. Es kann deshalb im allgemeinen hier nicht die Rede davon sein, daß »viele, die durchweg eine überzeugende

Alternative wären, bereits im Vorfeld einer Karriere nicht zum Zug kommen« (so Meixner, Ansätze einer Personalpolitik).

Zwischenpräsident und Präsidialrichter sind nur Beispiele einer Personalauswahl im **Vorfeld einer Karriere**. Allbekannte Fälle sind **210** die **Arbeitsgemeinschaftsleiter** bei der Referendarausbildung. **211** Diese Posten werden von den Präsidenten entweder wie saueres Bier angeboten (bei totaler Referatsüberlastung) oder als Gnadengaben huldreich verteilt (bei hauptamtlichen Arbeitsgemeinschaftsleitern). Eine Ausschreibung (allgemein oder behördenintern) findet in der Regel nicht statt, dafür eine langatmige Erwähnung in der dienstlichen Beurteilung – unabhängig von den oft recht kümmerlichen Leistungen der Auserwählten.

Weitere Posten sind die **Mitglieder** der **Prüfungskommissionen 212** für die **Staatsprüfungen**. So etwas wird nie ausgeschrieben – jedenfalls hat der Verfasser es selbst nicht erlebt. Dabei kann alles für fette Einträge in der dienstlichen Beurteilung verwendet werden.

Weiter steuerbar ist die Karriere auch durch **Entsendung zu 213 Vorträgen** bei Tagungen oder zu **Diskussionen**. »Er hat das Gericht (die Behörde) bei einer Tagung der Evangelischen Akademie in Tutzing hervorragend vertreten, wie sich nicht zuletzt aus den einschlägigen Presseberichten und einem Dankschreiben des Leiters der Akademie ergibt.« So etwas schadet selten in einer Beurteilung. Und wer entscheidet über eine solche Entsendung? Natürlich der angesprochene oder angeschriebene Präsident! Aber kalt Blut! Auch zu solchen Aufgaben ist nicht jeder zu verwenden. Andererseits ist die Zahl der fähigen und willigen Kollegen auch nicht gering.

Als Spitzenposten einer solchen Entsendung kann man die Beauftragung zu einer **Anhörung im Bundestag** oder einem **Aus- 214 schuß** rechnen. Diese Berufung behält sich freilich zumeist das Ministerium vor, weiß aber auch ein fachkundiges Auftreten zu honorieren.

15. Spezialist/Generalist

Nach der üblichen, allerdings sehr pauschalen Definition, ist der
215 **Generalist** eine Person, die im Gegensatz zum **Spezialisten** nicht
auf ein bestimmtes Fachgebiet festgelegt ist.

Der Karriereweg geht vom Spezialisten zum Generalisten,
behauptet *Vance Packard* (S. 355). Das mag für Leute mit reinen
Verwaltungsaufgaben stimmen. Es gibt aber auch viele Berufs-
zweige, wo es gerade umgekehrt ist. So gibt es beim Bundesverwaltungsgericht Richter, die jahraus jahrein nur Bausachen
bearbeiten (Die Vorstellung von einem Richter, der heute souverän
Baurecht und morgen Sozialhilferecht entscheidet und umgekehrt,
ist reichlich unrealistisch.). Die Spezialisierung erscheint vernünftig,
denn die Rechtsordnung von einem theoretisierenden Generalisten
und nicht von einem Spezialisten mit praktischem Blick erläutern zu
lassen, verhindert jede Akzeptanz der Entscheidungen bei den
Bürgern und der Verwaltung. Die angesprochene Spezialisierung
gilt freilich mit einer merkwürdigen Einschränkung: Manche
Richter, die als Verfasser eines Kommentars oder Lehrbuches zu
einem rechtlichen Spezialgebiet bekannt geworden sind, werden,
wenn sie an ein Obergericht befördert werden, gerade nicht für dieses Spezialgebiet eingesetzt. Das entscheidende Präsidium ist dann
entweder mit den in dem veröffentlichten Werk des neuen Kollegen
dargebotenen Rechtsansichten nicht einverstanden oder der
Auffassung, daß dieser seine Wertschätzung erst durch Einarbeitung
in ein ihm fremdes Rechtsgebiet erdienen muß.

Das Hauptgebiet der Spezialisten und der Spezialisierung
ist ohne Zweifel die technische und die akademische Welt. Wer
über ein pharmakologisches Thema promoviert und sich habili–
tiert hat, wird im Zweifel Professor für Pharmakologie und nicht
für Dermatologie. Wer über römisches Recht promoviert und sich
habilitiert hat, wird, wenn er mit Glück einen Lehrstuhl findet,
Professor für bürgerliches und römisches Recht und nicht für
Strafrecht.

Das war nicht immer so. Der berühmte *Christian Wolff,* geboren
am 24.1.1679, studierte Theologie, Philosophie und Mathematik,

wurde 1707 Professor der Mathematik und ab 1740 Professor des Natur- und Völkerrechts.

Eine allgemeine Einschätzung, ob Spezialisierung oder Generalisierung karrierefördernd ist, kann angesichts der Breite des Aufgabengebiets des öffentlichen Dienstes nicht getroffen werden. Bei Spezialisten besteht die Gefahr, daß ihnen das Attribut der Unentbehrlichkeit beigelegt wird, so daß im Hinblick auf die angebliche Unersetzbarkeit eine Beförderung auf einen anderen Posten unterbleibt.

Zwar haben *Luhmann/Mayntz* (S. 252) festgestellt, daß die **Selbsteinschätzung als Spezialist** im höheren Dienst und in den **216** Funktionsgruppen der Dezernenten/Referenten, Abteilungsleiter und Behördenleiter deutlich **abnimmt.** Dies könnte dafür sprechen, daß den Generalisten allgemein höhere Beförderungschancen eingeräumt werden; dagegen ist jedoch anzumerken, daß nur 21 % der Angehörigen des öffentlichen Dienstes der Meinung sind, daß durch eine Spezialisierung die Beförderungschancen verringert würden (Luhmann/Mayntz a. a. O.). Selbsteinschätzungen dieser Art – noch dazu mit einem ziemlich pauschalen Fragenkatalog – besagen eben nicht viel.

Das Problem Spezialist/Generalist wird zusehends durch **217** Definitionsschwierigkeiten verdunkelt. Forschung und Technik schreiten so rasch fort, daß unsere Umwelt ständig neuen Risiken ausgesetzt ist. Die Gefährdungen, die z.B. durch die Verbreitung des Mobilfunks (Elektrosmog; 26. BJmSchV) hervorgerufen werden, sind mangels Erfahrungen auf diesem Gebiet nicht abzuschätzen. Ein Physiker kann zwar über Art und Stärke der verwendeten elektromagnetischen Wellen, aber kaum über ihre biochemischen oder biophysischen Auswirkungen ein Urteil abgeben; ob ein Biochemiker oder Biophysiker dies kann, ist ebenfalls fraglich. Das technische Neuland fordert praktisch den »speziellen Generalisten« oder den »generellen Spezialisten«, da für Neuland eben kein »Erfahrungsmaterial« existiert. Zumindest fehlt es an einem nachweisbaren Ursachen-Wirkung-Mechanismus; vielleicht handelt es sich um ein soziologisch-psychisches Phänomen.

Ähnliche Probleme treten bei der Müllbeseitigung auf: Müllverbrennung, Müllverschwelung. Immer wird mit neuen Techniken geworben. Und alles muß heutzutage vom Staat genehmigt werden. Die staatlichen Physiker und Chemiker sind dabei ebenso ratlos wie die Verwaltungsjuristen. Wer wagt es, hier als Spezialist, wer als Generalist aufzutreten? »Wie können wir dies in den Griff bekommen? Wer hat Recht? Wem sollen wir glauben?«, fragte ratlos der Vorsitzende eines OVG-Senates in der mündlichen Verhandlung. Zu gegensätzlich schätzten Gegner und Befürworter die Risiken einer neuen Großtechnik ein.

16. Sportliche Leistungen

Wenn das Mitglied einer Sportkompanie der Bundeswehr Olympiasieger wird, kann es damit rechnen, auch dienstlich gut beurteilt zu werden. Das gleiche gilt für einen Polizeibeamten, der Mitglied der deutschen Fußballnationalmannschaft der Polizei ist, aber Karriere 218 im Sinne unserer Untersuchung macht er damit nicht.

Sportliche Leistungen können sich allenfalls mittelbar über Gönner und Seilschaften auswirken. Wenn man mit dem Vorgesetzten in einer Segelcrew sitzt, mit ihm Tennis oder Golf spielt oder eine Fliegerkameradschaft besteht, mag hieraus ein Vertrauensverhältnis entstehen, das sich auch dienstlich positiv bemerkbar macht. Die meisten Chefs gehen aber solchem vertrauten Umgang mit Untergebenen ängstlich aus dem Wege und suchen sich einen Kreis, dessen Mitglieder in keinem unmittelbaren Kontakt zur eigenen Verwaltungsorganisation stehen.

Ob sportliche Leistungen zu beruflichem Erfolg beitragen, hängt 219 demnach davon ab, in welchem Maße Vorgesetzte durch sportliche Fähigkeiten beeindruckbar sind. Wer **Spitzensportler** von nationalem oder internationalem Format ist, wird sich auf Dauer kaum im öffentlichen Dienst herumtreiben. Früher, als die Werbemillionen noch nicht so locker saßen, war das ja noch anders; erinnert sei an den Briefträger Georg Thoma aus Hinterzarten und an den Geher Kannengießer, der ebenfalls Postdienste leistete.

Bei den Sportler, die hier in Betracht kommen, geht es deshalb in der Regel um lokale Größen. Bei einem Wettbewerb, an dem der Vorgesetzte ausnahmsweise teilnimmt, ist Vorsicht geboten. Selbst der frühere Bundeskanzler Konrad Adenauer vertrug es schlecht, wenn jemand beim Bocciaspielen in Cadenabbia besser war als er, wie man den Memoiren des verstorbenen Bundestagspräsidenten Richard Stücklen entnehmen kann (vgl. Mit Humor und Augenmaß S. 235).

Wenn man also auf dem ersten Platz einer Tennismannschaft spielt und ein Vorgesetzter einem aus Sportbegeisterung deshalb seine Sympathie schenkt, handelt es sich um einen Glücksfall. Zumindest ist die körperliche Stabilität außerhalb jeder Diskussion – es sei denn, man kann infolge Tennisarm, Meniskusschaden und/oder Achillessehnenreizung nur gelegentlich das Dienstzimmer aufsuchen.

17. Startbehörde, Mobilität

»Man muß in den Machtzentralen volontieren.«
(Spruchweisheit aus der Wirtschaft)

Wer seine Berufslaufbahn in einer obersten Behörde begonnen hat, wird erfolgreicher sein als derjenige, der in einer unteren Behörde gestartet ist. Dies hat offensichtlich zwei Ursachen: den **Stellenkegel** 220 und die **Note des II. Staatsexamens.**

Da der Stellenkegel in den oberen und obersten Behörden am günstigsten ist, ist die Behörde, in der ein Bewerber seine Laufbahn beginnt und letztlich auch fortsetzt, entscheidend für seine Karriere. Denn im öffentlichen Dienst gilt der eherne Grundsatz: Wo keine Planstelle, da keine Beförderung.

Die Note des II. Staatsexamens bestimmte – jedenfalls früher – den Zugang zu den Ministerien. Das bedeutete, daß nur Platzhalter des vorderen Zwölftels oder Zehntels eines II. Staatsexamens überhaupt für würdig erachtet wurden, die heiligen Pforten eines Ministeriums als Berufsanfänger zu überschreiten. Dies hatte zur Folge, daß die Beurteilungen dieser »Koryphäen« infolge der dabei obwaltenden Prozedur (vgl. RdNr. 166!) wiederum die Spitze bildeten.

Hieraus zog man bei den Ministerien die Berechtigung, die Wartezeiten für Erstbeförderungen entsprechend festzulegen: z.B. Ministerium 3 Jahre, Mittelbehörden 5 Jahre, Unterbehörden 6 Jahre.
Neben dem Stellenkegel und der Note des II. Staatsexamens zei-
tigt aber der Beginn der Berufslaufbahn in einer obersten Behörde,
sei es eines Landes oder des Bundes, noch ein weiteres die Karriere
221 förderndes Merkmal, sozusagen einen »**Ritterschlag**« für das Berufsleben. Da die Ministerien meistens auch die Behörden sind, die
die wichtigsten Personalentscheidungen treffen, verlassen die
»Ritter« in der Regel nicht den Entscheidungsbereich, in dem sie
ihren »Pagendienst« abgeleistet haben. Sie bleiben also Personen mit
dem Adelsprivileg »unser«. Im Zweifel bleibt »unser X« immer besser als der von unten hochgediente Y.

Es kann nun auch nicht bestritten werden, daß diesen Ministe-
riumsjüngern früher als anderen Berufsanfängern das Licht aufgeht.
Wer in den Landtagsausschüssen auftritt, die von den Abgeordneten
eingereichten Petitionen der Bürger zu bearbeiten hat, oft bis Mitter-
nacht an irgendwelchen Stellungnahmen zu Gesetzentwürfen feilt,
den zuständigen Minister hautnah erlebt und den Unterschied von
sachlicher Zweckmäßigkeit und politischer Machbarkeit kennen-
lernt, hat einen Erfahrungsvorsprung gegenüber denen, die ihre
Berufstätigkeit an einer unteren Instanz beginnen.

222 Als karrierefördernd wird auch eine hohe **Mobilität** gerühmt.
Hierunter ist in erster Linie die Versetzungsbereitschaft mit Orts-
wechsel oder zu einem anderen Dienstherrn, aber dann auch der
Wechsel von Sachgebiet/Referat/Abteilung zu Sachgebiet/Referat/
Abteilung in derselben Verwaltungsorganisation zu verstehen.

»Wer sich nicht versetzen läßt, kommt auf den ›Firmenfriedhof‹«,
formuliert *Vance Packard* (a. a. O. S. 294). Dies gilt natürlich nur für
die unteren Instanzen. Beim Start in einem Ministerium kommt zwar
auch ein obligatorischer Dienst »an der Front«, aber in vielen Ministerien wird peinlich darauf geachtet, daß die »Herrschaften« weiterhin von der Hauptstadt aus diesen Außendienst wahrnehmen
können. Umso schrecklicher die Verlegung der Hauptstadt!

Der Grundsatz »ohne Planstelle keine Beförderung« zwingt den
normalen Bediensteten, sich dorthin zu bewerben, wo eine Planstelle

frei ist. Durch gesetzliche Zuständigkeitsregelungen kommt es zeitweise an manchen Behörden und Gerichten zu einer örtlich nicht zu deckenden Personallücke. Der Verfasser selbst ist hierdurch zu einer Beförderung gelangt. Da die **Versetzungsbereitschaft** der Bedien- 223 steten ständig abnimmt, ist diese Eigenschaft heutzutage ein zuverlässiges Mittel zu beruflichem Erfolg. Ohne Zweifel stellt die Kenntnis mehrerer Behörden eine Bereicherung des Bediensteten dar.

Auch **Mobilität zwischen verschiedenen Dienstherrn** kann zu 224 beruflichem Erfolg führen. Start beim Finanzamt in Bremen (als Regierungsrat), Wechsel als Stadtkämmerer zu einer niedersächsischen Stadt mit 75000 Einwohner, nach zwei Jahren Wirtschaftsdezernent bei einer niedersächsischen Stadt mit 150000 Einwohnern. Nach vier Jahren Sprung zum Stadtdirektor bei einer Stadt mit 50000 Einwohnern in der Nähe von Köln; alles auf der Schiene einer Parteimitgliedschaft.

Pippke (Karrieredeterminanten, S.171) vertrat die Auffassung, in den Bundes- und Landesbehörden habe sich gezeigt, daß seltener Wechsel der Behörde in der Berufslaufbahn sich positiv auf den Erfolg in der Verwaltung auswirke, um aber dann einzuschränken, daß dieser Faktor sich einer Bewertung entziehe. Hier scheitert er wohl an den statistischen Signifikanzen selbst.

Was den Wechsel von Sachgebiet/Referat/Abteilung zu Sachgebiet/Referat/Abteilung anbelangt, so wiederholt sich hier die Problematik Spezialist/Generalist. Soweit der Aufgabenwechsel nur Bestandteil eines Rituals ist, findet sich eine natürliche Grenze: Ein hervorragender Gynäkologe ist nun einmal kein hervorragender Herzchirurg. Es hat wenig Sinn, hier einen Aufgabenwechsel vorzunehmen, lediglich, weil irgendjemand vom Nutzen eines stetigen Wandels überzeugt ist (»Es muß etwas geschehen, so kann es nicht bleiben!«).

Andererseits sind die Verwaltungen darauf angewiesen, die Geschäftsverteilung nach Geschäftsanfall und Personalstärke vorzunehmen. Die Fähigkeit, sich schnell in ein neues Sachgebiet einzuarbeiten, ist deshalb zumindest so wertvoll wie die Gewißheit, daß ein Beschäftigter ein äußerst schwieriges Sachgebiet mit hoher

Zuverlässigkeit bewältigt. Da solche äußerst schwierigen Sachgebiete zahlenmäßig hinter den anderen Sachgebieten einer Behörde zurückbleiben, ist der vielseitig einsetzbare Mitarbeiter der gefragtere Bedienstete. Dennoch ist die innerbehördliche Mobilität im Gegensatz zur Versetzungsbereitschaft mit Ortswechsel kein ausgesprochen bedeutsamer Karrierehelfer, eher ein allgemeines Eignungsmerkmal.

18. Unverschämtheit

Frechheit siegt. Dieser Satz hat auch beim beruflichen Fortkommen im öffentlichen Dienst seine Berechtigung. Ein gewisses Maß an
225 Eigenwerbung ist im Leben erforderlich. Aber **Unverschämtheit?** Ja, auch diese kann im Einzelfall zum Erfolg führen. Jeder kennt den Typ, der alles kann und alles besser weiß, der auch alles macht und vor keiner Aufgabe zurückschreckt. Hinter seinem Rücken wird viel gelästert, die Qualität seiner Arbeit angezweifelt, sein Oberlehrerton beklagt. Aber angesichts von »Arbeitsverweigerern« oder »Arbeitsscheuen« kann diesen Typen eine gewisse Daseinsberechtigung nicht abgesprochen werden. Zu viele Leute leiden eben am Gegenteil: Sie wollen alles ganz genau machen, weil sie sich zu nichts entschließen können. Berge von Rückständen häufen sich an, bis ein »Macher« kommt, der sie »wegfertigt«. Diese »Macher« kennen ihren »Wert« und verhalten sich entsprechend. Ihre unüberhörbare Forderung nach höheren Posten, Präsidentenstellen und dergleichen macht sie den Vorgesetzten lästig und man versucht deshalb, sie einigermaßen ruhig zu stellen.

Weitere detailliertere Ausführungen erspart sich der Verfasser. Er fügt aber zwei bemerkenswerte Fälle aus früherer Zeit an; das ewig Menschliche spricht für sich selbst.

Die erste Geschichte wird von dem geschichtskundigen *Karl Heinrich Ritter von Lang* in seinen Memoiren erzählt (Faksimileausgabe, Erlangen, Palm & Enke, 1984 S. 263). Sie betrifft den Herrn von Drechsel, weiland Generalkommissär (Regierungspräsident) des Rezatkreises – Ansbach – (ab 1817). Dieser wendige Herr hatte im Zuge der Säkularisation die Gebäude und nächsten Umgebungen der Abtei Tegernsee für 25000 Gulden erworben. Nachdem er alles leicht Verwertbare wie Glocken und Buntmetalle veräußert und die schöne Abtei in eine Ruine verwandelt hatte, sprach die bayerische Königin Karoline den Wunsch aus, die Abtei oder was davon noch übrig geblieben war, zum Bau eines Schlosses erwerben zu wollen. Herr von Drechsel verlangte die unverschämte Summe von 90000 Gulden. Der König war über diese Forderung angesichts des früheren Kaufpreises und der zwischenzeitlich erfolgten Zerstörung empört, sprach aber gleichwohl:«Im Namen Gottes, der Kerl soll die Gulden haben.«Über den»Kerl« war nun Herr von Drechsel äußerst unwillig. Er ließ dem König ausrichten, daß er sich getröstet fühlen würde, wenn ein weiteres Wort seiner Majestät ihn zum Grafen erhöbe. Der König meinte, wenn es weiter nichts sei, das solle er haben. Seitdem führte das Reichsheroldenamt zu München die Familie Drechsel als Grafen in der Adelsmatrikel.

Die nächste Geschichte überspringt die Regierungszeit König Max I. Joseph von Bayern und spielt am Ende der Regierungszeit König Ludwig I. *Werner Dettelbacher* teilt sie in seinen»Würzburger Anekdoten« (Fränkisches Volksblatt 1969 S. 9) mit:»Herr von Günther, ein armseliger Advokat zu Würzburg, wollte Rat an einem bayerischen Appellationsgericht werden. Als er deshalb vernahm, daß die einflußreiche Lola Montez in Bad Brückenau weilte, beschloß er, mit deren Hilfe bei König Ludwig in seinem Sinne etwas zu erreichen. Mit einer Anzahl sangeskundiger Würzburger reiste er in das genannte Bad, um der Dame vor ihrer Absteige ein Ständchen zu bringen. Erfreut über die Huldigung lud Montez die Sänger zu Tisch, wobei es Herrn von Günther gelang, sie zu einem Besuch des angeblich lolafreundlichen Würzburgs zu überreden. Die Handlungsweise des Herrn von Günther war aber mehr als verwegen, da die in der Würzburger Residenz sich aufhaltende Familie des Kronprinzen Maximilian der Lola Montez und die Würzburger Bürgerschaft dem König wegen mehrerer antiwürzburgischer Aktionen ziemlich gram waren. Infolge dieser Stimmung der Bevölkerung (der Kronprinz war abgereist) und Lolas eigenem anmaßenden Verhalten kam es zu dem vorauszusehenden Eklat. Es hagelte Steine auf die Kutsche der Tänzerin. Herr von Günther überschritt nun die Grenze von Verwegenheit zur Unverschämtheit, schlug seine eigenen Wohnungsfenster ein und spielte das große Mobopfer. Nicht ohne Erfolg. Lola Montez setzte es bei ihrem Louis durch, daß von Günther Rat beim Appellationsgericht von Oberbayern wurde.

Merke: »Verachtung, Zurücksetzung und nicht erfüllte billige Wünsche sind fast immer der Preis des bescheidenen, furchtsamen Bittstellers« *(A. v. Knigge).*

Hast du das nötige Wurstigkeitsgefühl und gute Nerven, dann werde deinem Vorgesetzten mit einer Bitte lästig, die er erfüllen kann.

19. Verbandsarbeit, Personal- oder Richtervertretung, Gewerkschaft

Luhmann/Mayntz (a. a. O. S. 253) stellten als Ergebnis ihrer Mitarbei-
226 terbefragung fest, daß die Zugehörigkeit zur **Personalvertretung** deutlich vorteilhafter für eine Beförderung eingeschätzt werde als
227 die Mitgliedschaft in einer **Beamtenorganisation (Gewerkschaft).**
228   Bei den Beamten und Richtern haben die **Personal- oder Richter-**
229 **vertretungen (Präsidialräte)** nicht das letzte Wort. Auch die **Einigungsstelle** kann nur eine Empfehlung an die oberste Dienstbehörde beschließen, wenn sie sich deren Auffassung nicht anschließt. Die oberste Dienstbehörde entscheidet sodann endgültig, ohne daß die Möglichkeit einer gerichtlichen Überprüfung besteht. Es mag sein, daß Vorgesetzte unterer Behörden des lieben Friedens wegen den Personalvertretungen gelegentlich mehr Einfluß einräumen als diesen gesetzlich zukommt. Bei der Beförderung in Ämter, die in dieser Untersuchung als Karriereposten angesehen werden, entscheiden regelmäßig die obersten Dienstbehörden, die – bei Kommunen und Stadtstaaten, bei denen die personale Verflechtung von Parteiposten und Funktionen in Behörden und gesellschaftlichen Organisationen die Kommunikation über die Kanäle politischer Einflußnahme erleichtert, mögen andere Sitten herrschen – ihre Befugnisse kennen und diese auch wahrzunehmen wissen.

Die Standesorganisationen der Beamten und Richter benötigen für ihre **Verbandsarbeit** Leute, die bereits berufliche Erfolge aufzu- **230** weisen haben. Eine Verbesserung der verbandsinternen Demokratie ist hier nicht das Ziel. Die Führung muß die Einflußstrategien beherrschen. Das schließt nicht aus, daß um die führenden Positionen oft Männer und Frauen ringen, die von einem solchen Posten einen Prestigezuwachs und eine Verbesserung ihrer beruflichen Startposition erhoffen. Der Nachfolger in einem Verbandsamt ist oft auch der Nachfolger in einem Staatsamt. Selten kommt es vor, daß der Bundes- oder Landesvorsitzende einer solchen Standesorganisation nicht auf einer Präsidentenstelle oder einem ähnlich hoch dotierten Posten landet. Diese Leute sind in den zuständigen Ministerien bekannt. Auf Grund ihrer praktischen Erfahrungen sind sie in ihrem Fachwissen häufig den Fachreferenten des Ministeriums überlegen. Die Gefahr einer Fehlbesetzung eines hohen Amtspostens verringert sich mit ihrer Auswahl. Da sie ihre Verbandsposten durch Wahl erlangt haben, haftet ihnen auch das Gütesiegel der Beliebtheit an, was sich freilich später gelegentlich als falscher Heiligenschein erweist. Es soll nicht verschwiegen werden, daß die Verbandsarbeit neben dem normalen Arbeitspensum verrichtet werden muß und deshalb über die Belastbarkeit des Bediensteten Auskunft gibt.

Soweit es sich nicht um freigestellte Personalratsmitglieder handelt, gilt auch von ihnen, daß sie ein gerütteltes Maß an Zusatzarbeit bewältigen müssen. Deshalb wird oft nicht der geeignetste oder beliebteste, sondern der willigste Bedienstete zum Personalratsmitglied gewählt.

Zumindest der Vorsitzende des Personalrats hat den Vorzug, in ständigem Kontakt mit dem Behördenchef zu stehen (Monatsgespräch!). Ist die vom Gesetz geforderte vertrauensvolle Zusammenarbeit gewährleistet, wird der Vorsitzende zwangsläufig auch zu einem geschätzten Gesprächspartner des Chefs werden. Dies gilt insbesondere für die Vorsitzenden des Haupt- und Gesamtpersonalrats. Ihnen begegnet dann aber leicht die Gefahr, die Spezialisten droht. Ihnen wird das Attribut der Unersetzlichkeit angehängt. Ein etwas knurrigerer Vorsitzender hat eher die Chance, wegbefördert zu werden.

Die bloße Mitgliedschaft in einer Beamten- oder Richterorganisation (Verband, Gewerkschaft) trägt nicht zu einer Karriere bei. Diese Organisationen sind zwangsläufig dazu verpflichtet, sich gegenüber einzelnen Bewerbern neutral zu verhalten, wollen sie sich nicht deren Mitgliedschaft oder Beitrittswillen verscherzen. Etwas anderes mag dann gelten, wenn mehrere Organisationen existieren, die miteinander konkurrieren. *Meixner* (Wie macht man Karriere in der Verwaltung? a. a. O. S.276) will eine solche reine Mitgliedschaft in einem Verband oder einer Gewerkschaft als Teil eines Kumulationseffektes gewürdigt wissen.

Bei Standesorganisationen, denen die entsprechenden Amtsinhaber fast vollzählig angehören (z.B. der Deutsche Richterbund), neutralisiert sich wohl ihr Einfluß auf Beförderungsentscheidungen.

20. Verbindung

231 Verbindung (Corps, Korps), ein Schlagwort, das neben dem gesellschaftlichen Bereich auch Seilschaft, Gönner, Protektion, Machtpyramide abdeckt, ist im Gegensatz zu früheren Zeiten heute gerade noch erwähnenswert. Die im 18. Jahrhundert aus den Landsmannschaften hervorgegangenen studentischen Vereinigungen prägten ihre Mitglieder früher meistens schon durch die Schmisse (vernarbte Fechtwunden der Mensur im Gesicht).

Die Anzahl der Mitglieder schlagender Verbindungen hat in letzter Zeit sowohl im Verhältnis zu der Studentenzahl insgesamt als auch zur Zahl der Verbindungsstudenten ständig abgenommen. Die Studentenverbindungen gliedern sich in Bünde, Cartellverbände, Convente, Burschenschaften, Ringe. Lange Zeit tobte ein Streit zwischen den »Akademikern« und den »Fachstudenten«, oft dahin entschieden, daß nur Studenten an Hochschulen mit Promotionsrecht in akademische Verbände aufgenommen wurden. Eine Verbindung besteht aus – in der Regel: männlichen – Füchsen (Jungmitgliedern), Burschen (bis zum Examen), den sogenannten Aktiven und den Alten Herren, hinsichtlich der Leitung aus Konvent (Mitgliederversammlung) und Chargierten (traditionell drei Ämter: Sprecher [Senior], Fechtwart [Stellvertreter], Schriftwart).

Derzeit bestehen dreißig Korporationsverbände, vom Akademischen Ruderbund bis zum Technischen Cartellverband. Früher waren – Statistiken existieren nicht – mehr als die Hälfte der Studenten korporiert (vgl. Gladen, Gaudeamus igitur S. 7) Der Mitgliedschaft hing kein konservativer oder gar reaktionärer Touch an. So waren z.b. *Otto von Bismarck*, †1898, der Erzbischof *Freiherr Wilhelm Emanuel von Ketteler* (der bedeutendste deutsche Bischof des 19. Jahrhunderts), †1877 und *Wilhelm Liebknecht* (Mitbegründer der Sozialdemokratischen Arbeiterpartei und Vater von Karl Liebknecht), †1900, fast gleichzeitig in Corps aktiv.

Mit der sogenannten Studentenrevolution des Jahres 1968, die jede Tradition ablehnte (Kulturrevolution in leninschem Sinne über die Gedanken von Theodor W. Adorno, †1969, und Max Horkheimer, †1973, weit hinaus), kamen die Verbindungen in eine Krise, die sowohl ihre Leitziele als auch die Mitgliederzahl erfaßte. Waren 1954 knapp 30000 Studenten korporiert, stieg 1966 die Zahl der Mitglieder auf über 50000, um dann bis 1984 auf 20000 herabzusinken.

In unserem Zusammenhang sind freilich nicht die Zahlen für die **232** Verbindungsstudenten, sondern die Zahlen für die **Alten Herren** von Bedeutung. Denn diese spielen im Rahmen des öffentlichen Dienstes eine Rolle bzw. können sie spielen (als Förderer).

Aus »Der Convent« (6. Jahrgang, Heft 1) läßt sich ersehen, daß im Jahre 1954 etwa 134000 Alte Herren den Verbindungen angehörten, in den Jahren 1966 147000 (»Der Convent«, 18. Jahrgang, Heft 2) und 1984 145000 (»Der Convent«, 36. Jahrgang, Heft 4). Mit der Zunahme des Lebensalters wird die Zahl der Alten Herren automatisch immer größer. Dies wirkt sich aber so lange nicht aus, als das Ruhestandsalter nicht erhöht wird.

Wie viele der ca. 145000 Alten Herren sich im öffentlichen Dienst befinden, ist keiner Statistik zu entnehmen. Der Verfasser stellt folgende Erwägung an:

In Deutschland gibt es 1619780 vollzeitbeschäftigte Beamten/ Richter/Berufssoldaten, zu denen 263325 teilzeitbeschäftigte Beamten/Richter/Soldaten kommen (vgl. RdNr. 4!). Die Berufssoldaten sind nicht Gegenstand unserer Untersuchung, also mindert sich die Zahl der Beamten/Richter/Soldaten um ca. 200000 Soldaten (1619780 plus 263325 minus 200000 = 1683105 Beamten und Richter). Auf die 80000000 Einwohner Deutschlands kommen 1683105 Beamte und Richter; dies entspricht einem Prozentsatz von 2,1%. In der alten Bundesrepublik gab es ca. 145000 Alte Herren. Die neuen Bundesländer umfassen etwa ein Viertel der Bevölkerung: Zu den 145000 Alte Herren Bundesrepublik kommen theoretisch 36250 Alte Herren in den neuen Bundesländern hinzu. Die Summe der Alten Herren beträgt sonach höchstens 181250. Ein Fünftel der Bevölkerung in der Bundesrepublik ist über 65 Jahre alt, also auch nicht mehr im Dienst (181250 minus 36250 = 145000 Alte Herren). Auf hundert Deutsche kommen 2,1 Beamte und Richter, auf 145000 Alte Herren treffen dann 3045 aktive Beamte und Richter. Selbst wenn man die Zahl im Hinblick auf eine gewisse Elitestellung (?) verdoppelt, eine zu vernachlässigende Größe!

Man kann also *Pippke* (Karrieredeterminanten, a. a. O. S. 109) zustimmen, daß je näher die Karrieristen der Gegenwart kommen, die Mitgliedschaft in einer Studentenverbindung an Bedeutung für den beruflichen Erfolg verliert.

21. Wissenschaftliche und künstlerische Leistungen
    (u. a. Aufsätze, Promotion, Malerei)

233 Der Einfluß von **künstlerischen Leistungen** auf die Karriere ist natürlich vorhanden, werden diese **innerhalb** des öffentlichen Dienstes (bei Staatstheatern, Landestheatern und entsprechenden Orchestern, Kunsthochschulen und -akademien) auftragsgemäß erbracht. Soweit die künstlerische Betätigung sich jedoch im Privatbereich abspielt, wozu auch die Mitwirkung in einem Behördenorchester oder bei einer Malereiausstellung im Gerichtsgebäude zu rechnen ist, können cum grano salis die Ausführungen zum Punkte »Sportliche Leistungen« hier übernommen werden (vgl. III 16). Auch *Goethes* Adelung ist von Herzog *Carl August* im Hinblick auf dessen

Beamtenstellung beantragt, keineswegs auf das dichterische Werk gestützt worden. Weitere deutsche Dichter, die im öffentlichen Dienst standen, wie z.B. *Eichendorff, E. T. A. Hoffmann, Hebel, Stifter,* haben aus ihrer künstlerischen Betätigung ersichtlich keinen Vorteil für ihr berufliches Fortkommen gezogen. Lediglich von *Grillparzer* ist bekannt, daß er nach seinem ersten großen dichterischen Erfolg die besondere Gönnerschaft des Ministers *Stadion,* †1824, bei seiner Tätigkeit in der Hofkammer genoß.

Der Einfluß **wissenschaftlicher Leistungen** auf die Karriere ist **234** **innerhalb** des öffentlichen Dienstes ersichtlich im Bereich der Hochschulen vorhanden. Soweit aber diese Leistungen ohne dienstlichen Auftrag erbracht werden, ist ihre Bedeutung für den beruflichen Erfolg im Schwinden. Man trifft heute sogar auf Gerichtspräsidenten, die noch nie in ihrer Laufbahn einen wissenschaftlichen Aufsatz veröffentlicht haben. Früher ging man davon aus, daß Veröffentlichungen von Bediensteten, die sich auf deren Tätigkeitsbereich beziehen, auf eine besonders intensive Beschäftigung mit diesem Gebiet bzw. auf eine besondere Identifizierung des Bediensteten mit seinem Arbeitsbereich schließen ließen (vgl.Pippke, Karrieredeterminanten, a. a. O. S. 171). Dies konnte einen Bonus bei der Beurteilung rechtfertigen. Heute taucht das Wort »wissenschaftliche Leistungen« in der Auffächerung der Beurteilungsmerkmale nach der Bekanntmachung des Bayerischen Staatsministeriums der Finanzen vom 4. Januar 1999 (FMBl. 1999 S. 34 ff., vgl. RdNr. 89) gar nicht mehr auf.

Eine Auswirkung der **Promotion** auf die Karriere ist im öffentli- **235** chen Dienst nicht sicher feststellbar. Nichtpromovierte Chefs lehnen gelegentlich – unbewußt? – promovierte Untergebene ab, weil deren Gegenwart sie an ihr eigenes aus irgendwelchen Gründen gescheitertes Promotionsverfahren erinnert. Andererseits können promovierte Chefs, die auf ihre eigene Promotion stolz sind, ein verbindendes Gefühl zu ebenfalls promovierten Untergebenen entwickeln.

Warum im öffentlichen Dienst – im Gegensatz zur Privatwirtschaft (vgl. Kruk, Die großen Unternehmer a. a. O. S. 97) – so wenig Wert auf promovierte Mitarbeiter gelegt wird, hängt augenscheinlich mit dem Wandel des Anforderungsprofils für Vorgesetzte zusammen. War früher der humanistisch gebildete wissenschaftlich bewährte Chef gefragt, ist heute mehr der hemdsärmlige Apparatschick oder Macher angesagt, der unproblematisch die vorgenommenen Etatkürzungen vollzieht, nötigenfalls auch »alles platt macht«.

22. Zähigkeit

Der Aufflug zu den Sternen
wird nur durch die Macht der Träume wahr.

236 So positiv wie sich das Wort **Zähigkeit** anhört, so positiv wirkt diese Eigenschaft sich auch auf das Karrierestreben aus.

Außer in der Kommunalverwaltung gibt es im öffentlichen 237 Dienst nur selten **Blitzkarrieren**. Für einen langen Weg braucht man aber einen langen Atem. Sprinten kann man nur eine gewisse Zeit, dann geht einem die Luft aus. Unter dem Wort Zähigkeit werden hier alle die Eigenschaften zusammengefaßt, die man für einen beruflichen Aufstieg benötigt.

238 Als erstes ist »**Geländekenntnis**« vonnöten. Es reicht nicht, den formalen Organisationsplan der eigenen und vorgesetzten Behörde 239 zu kennen. Es gibt heimliche Machtzentren, wo die **Strippenzieher** sitzen. In jeder Organisation bilden sich Parteien. Man braucht also auch ein Gespür für die Bruchlinien zwischen diesen Parteien. Es genügt auch nicht, nur an seine eigene Karriere zu denken. Dies verengt die eigene Sicht auf die Realitäten. Es ist sinnlos, sich um einen Chefposten zu bewerben, wenn einem Konkurrenten schon anläßlich einer früheren Bewerbung für diesen Posten die »grüne Karte« ausgestellt worden ist (Gibt natürlich niemand zu!). Man muß sich zudem stets vor Augen halten, daß den Personalreferenten in den Ministerien und dem Chefcorps »Adhoc-Entscheidungen« unangenehm sind. **Man will langfristig planen.** Beförderungsentscheidungen, die erst auf Grund von Ausschreibung und Bestenauslese getroffen werden, erscheinen stets als »Adhoc-Entscheidungen«, als gefährliche Augenblicksentscheidungen, bei denen der Kandidat nicht lange genug auf seine Eignung und Befähigung überprüft wer-

den konnte. Insoweit gleicht die offiziöse »Nomination« dem Aufstieg eines Versuchsballons. Weiter gehört zur »Geländekenntnis« das Umfeld der eigenen Organisation. Man muß wissen, was für die obersten Entscheidungsträger wirklich zählt. Gerade im öffentlichen Dienst sind durch Haushalt und Politik gezogene Grenzen meistens auch von fähigen Vorgesetzten nicht zu überwinden. Forderungen, die sich nicht innerhalb dieser Grenzen bewegen, sind deshalb in der Regel aussichtslos. Im übrigen muß der öffentliche Dienst im Strom der herrschenden Politik mitschwimmen. Alle Chefs sind deshalb auf das Wohlwollen der Bundes- und Landtagsabgeordneten angewiesen. Was im Haushaltsausschuß keine Gnade findet, kann abgestrichen werden. Ein Untergebener, der aus einer – vielleicht – verständlichen Verärgerung heraus dem zuständigen Stimmkreisabgeordneten sein Parteibuch vor die Füße wirft oder in einem entsprechenden Schreiben seine Empörung zum Ausdruck bringt, beweist zwar Mut, aber keine Klugheit.

Zur »Geländekenntnis« muß die **eiserne Konstitution** kommen. 240 Und damit sind wir am Angelpunkt jeden Karrierestrebens angelangt. Gesundheit und Nervenkostüm sind wenig beeinflußbar. Die Beharrlichkeit, mit der man unvermeidbare Rückschläge hinnimmt, ist entscheidend und erlernbar. Mit dem Gegensatzpaar Optimismus/Pessimismus allein ist es nicht getan. Man kann fast alle Menschen in die zwei Schubladen mit der Aufschrift »Optimist« oder »Pessimist« pressen. Aber mit fast nichts wird soviel geschwindelt wie mit diesen zwei Etiketten: Viele Pessimisten gehen mit der Miene des Optimisten, viele Optimisten mit der Haltung des Pessimisten durch die Welt. Beim beruflichen Aufstieg ist weder selbstzerstörerischer Pessimismus (Jetzt ist alles aus!) noch seichter Optimismus (Zeit bringt Rosen!) hilfreich. Nicht einmal der sonst in allen Lebenslagen gepriesene Realismus führt weiter. Wie bei allen wesentlichen Dingen im Leben schafft nur der **Glaube** freie Bahn. 241 In seiner paulinischen Form (Kor. 1,13,13): Glaube, Hoffnung, Liebe wollen wir es hier in drei Sätze fassen:

Glaube an die eigene Kraft!
Liebe deinen Beruf!
Hoffe auf Anerkennung!

Der Glaube an die eigene Kraft und die Liebe zum Beruf liegen in uns selbst und nur wir selbst können sie zerstören. Die Hoffnung auf Anerkennung kann enttäuscht werden., aber ohne sie fehlt einem auf Dauer mit Sicherheit der Glaube an die eigene Kraft und die Liebe zum Beruf.

Darum stehe auf und kämpfe um Anerkennung, solange du Kraft hast!

Denke daran, daß du dich damit im Einklang mit den Gesetzen der Evolution befindest, denn der Mensch ist von seiner Stammesgeschichte her auf Anstrengung und Kämpfen programmiert.

F. Rechtliche Möglichkeiten (Rechtsschutz)

I. Allgemeines

Die **Beurteilung** (vgl. RdNrn 81, 90, 157) und die **Auswahlentschei-** **242** **dung** (vgl. RdNr. 93) spielen die Hauptrolle im Streben der Bediensteten des öffentlichen Dienstes nach Beförderungsämtern. Für jeden Betroffenen stellt sich deshalb die Frage, ob Rechtsbehelfe und/oder Rechtsmittel und wenn, welche, ihm gegen eine aus seiner Sicht unrichtige Beurteilung und Auswahlentscheidung zustehen. Diese Probleme werden zum Teil in der juristischen Literatur konträr behandelt, in der Judikatur der Oberverwaltungsgerichte, des Bundesverwaltungsgerichts und des Bundesverfassungsgerichts ist nun aber doch so etwas Ähnliches wie eine einheitliche Rechtsprechung zu beobachten.

Im Rahmen der vorliegenden Untersuchung, die ja nicht nur Juristen, sondern allen Bediensteten des öffentlichen Dienstes von Nutzen sein soll, kann es nur darum gehen, den Betroffenen Hinweise zu geben, die sie befähigen, ihre Angelegenheit soweit voran zu bringen, daß ihnen keine nicht wieder gutzumachenden Fehler unterlaufen.

Wer mein Buch bis hierher mit Aufmerksamkeit gelesen hat, dem kann es nicht entgangen sein, daß der Verfasser nicht zu den Menschen gehört, die sich der Illusion hingeben, im öffentlichen Dienst der Bundesrepublik Deutschland gehe alles nach Verfassung und Recht zu oder die Rechtsprechung könne die Beachtung des Leistungsprinzips durch die Verwaltungen erzwingen. Er zählt aber auch nicht zu den Leuten, die der Auffassung sind, Frust und Resignation seien die zwangsläufige Lebenshaltung eines Mitarbeiters des öffentlichen Dienstes. Der Verfasser hat vielmehr zum Kampf aufgerufen und dieser kann auch mit juristischen Mitteln fortgesetzt werden.

243 II. Die Beurteilung als Gegenstand des Verwaltungsvorverfahrens und des verwaltungsgerichtlichen Verfahrens

1. Rechtsbehelfe und Rechtsmittel gegen eine ungünstig erscheinende Beurteilung

In der Bundesverwaltung ist der Brauch – oder vielleicht Miß-
244 brauch? – aufgekommen, protokollierte **Mitarbeitergespräche** zu dem Zwecke zu erstellen, sie als ausschließliche oder wesentliche Bestandteile einer Anlaßbeurteilung zu verwenden. Damit haben wir aber jährliche Beurteilungsvermerke vorliegen, die wohl wie Beurteilungen der gerichtlichen Kontrolle unterliegen.

Unrichtig ist eine Beurteilung, wenn sie zu gut oder zu schlecht ausgefallen ist. Gegen eine zu gut erstellte Beurteilung können Konkurrenten nicht vorgehen. Hier muß man sich auf die Aufsichtsbehörde verlassen, der vielleicht die schematische und undifferenzierte Bewertung der Eignung und Befähigung eines oder mehrerer Bediensteter auffällt, die kraß dem Wesen der Beurteilung und den allgemeinen Beurteilungsgrundsätzen widerspricht. Dazu gehört auch die nahezu wörtlich übereinstimmende Beurteilung mehrerer nach Dienstalter und Dienstgrad unterschiedlicher Beamten. Besteht die Gefahr, daß man im Zuge einer Aufhebung aller dieser Beurteilungen in Zukunft negativer beurteilt werden wird, so kann man dagegen mit einem Anfechtungsantrag vorgehen. Die
245 **Gewährung vorläufigen Rechtsschutzes** ist hier nur durch die Anordnung der aufschiebenden Wirkung des gegen die Aufhebungsverfügung gerichteten Rechtsbehelfs, nicht durch Erlaß einer einstweiligen Anordnung möglich (§§ 68, 123 VwGO).

Der Betroffene hat auf Grund der Sondervorschrift des § 126 Abs. 3 BRRG gegen eine ihm ungünstig erscheinende Beurteilung
246 **Widerspruch** einzulegen, unabhängig davon, daß die gegen ihn ergangene Entscheidung keinen Verwaltungsakt darstellt (vgl. RdNr. 81), **somit auch vor Leistungs- und Feststellungsklagen.** Mangels Verwaltungsaktcharakters kann die dienstliche Beurteilung aber nicht bestandskräftig werden. Die Rechtsprechung ver-

langt deshalb bei einem Widerspruch gegen eine dienstliche Beurteilung nicht die Wahrung der Widerspruchsfrist (Aber Vorsicht! Falls der Dienstherr auf Grund des Verhaltens des Betroffenen nach Treu und Glauben den Eindruck gewinnen durfte, dieser wolle gegen die Entscheidung der Behörde nicht mehr vorgehen, droht Verwirkung!; also besser: unverzüglich handeln!).

In der Sache will der Betroffene eine Abänderung seiner Beurteilung. Gegen die Ablehnung eines **Antrages auf Abänderung** einer 247 dienstlichen Beurteilung ist Widerspruch einzulegen ; es handelt sich bei dieser Entscheidung um einen Verwaltungsakt, die Widerspruchsfrist ist also zu wahren. Was soll man jetzt dem Empfänger einer ihm ungünstig erscheinenden Beurteilung raten? Erst Antrag auf Abänderung stellen oder gleich Widerspruch einlegen? Eine Entscheidung des Bundesverwaltungsgerichts (E. v. 26.6.1980, BVerwGE 60, 245/251) spricht für die Zulässigkeit des kürzeren Weges, also die sofortige Einlegung des Widerspruchs.

Fällt der ergehende **Widerspruchsbescheid** ebenfalls zu Ungun- 248 sten des Betroffenen aus, ist der Gang an das Verwaltungsgericht zu überlegen:

Der Beurteilte muß sich von vornherein darüber **im klaren sein,** 249 **daß er vom Gericht selbst keine andere (bessere) Beurteilung erhalten kann.** Dienstliche Beurteilungen sind nach der ständigen Rechtsprechung des Bundesverwaltungsgerichts **nur beschränkt überprüfbar** (BVerwG, Urt. v. 26.6.1980, BVerwGE 60, 245). Nur der Dienstherr oder der für ihn handelnde Vorgesetzte soll ein »persönlichkeitsbedingtes Werturteil« darüber abgeben, ob und inwieweit der Bedienstete den – ebenfalls vom Dienstherrn zu bestimmenden – zahlreichen fachlichen und persönlichen Anforderungen des konkreten Amtes und der Laufbahn entspricht. Die Rechtsprechung sieht die Beurteilung als einen »dem Dienstherrn vorbehaltenen Akt wertender Erkenntnis« an und folgert hieraus »eine der gesetzlichen Regelung immanente Beurteilungsermächtigung« des Dienstherrn. Die verwaltungsgerichtliche Nachprüfung erstreckt sich also nicht darauf, die fachliche und persönliche Beurteilung des Klägers in vollem Umfang nachzuvollziehen oder diese gar durch eine eigene Beurteilung zu ersetzen.

250 Wenn der Dienstherr **Richtlinien für die Abgabe dienstlicher Beurteilungen erlassen hat,** kann das Gericht nur überprüfen, ob die Richtlinien eingehalten sind und ob sie mit den gesetzlichen Regelungen im Einklang stehen (BVerwG, Urt. v. 5.11.1998, NVwZ-RR 1999, 455). Solche oft gigantisch umfangreichen Richtlinien dienen gelegentlich eher der Profilierungssucht ihres Verfassers als den Geboten einer zielgerichteten Verwaltung oder des Rechtsfriedens.

251 **Ziel einer verwaltungsgerichtlichen Klage kann demnach nur eine Aufhebung der Beurteilung und entgegenstehender Bescheide der Behörde(n) sowie deren Verpflichtung zur Neubeurteilung sein.**

Zunächst trägt der Kläger das Risiko seiner Behauptung, die angefochtene Beurteilung sei rechtswidrig. Am leichtesten gelingt ihm das noch mit der Einwendung, die Beurteilung sei unter Verstoß gegen geltende Verfahrensvorschriften erstellt worden. Hierunter fallen z.B.:

— ein Beurteiler war im Beurteilungszeitpunkt nicht mehr zuständig.

— ein Beurteiler oder Beisitzer in einem Beurteilungsgremium steht in Konkurrenz zum zu Beurteilenden.

— ein Beurteiler ist – abseits der Konkurrenzsituation – als objektiv befangen anzusehen (§§ 20, 21 VwVfG).

— mangelnde Anhörung des Beamten zu einem Sachverhalt, aus dem ungünstige Schlüsse gezogen werden sollen.

— fehlende Bekanntmachung und Besprechung der Beurteilung.

Ein Verfahrensfehler kann sich auch daraus ergeben, daß kein Beurteilungsvorgang gegeben war (keine Anlaß- oder Regelbeurteilung vonnöten!). Hier kann die Rechtsfolge einer Klage nur die Aufhebung der Beurteilung sein. Die mangelnde Anhörung, die fehlende Bekanntmachung und/oder Besprechung der Beurteilung können im Widerspruchsverfahren und während des Gerichtsverfahrens nachgeholt werden; wurde in einem Fall gegen alle drei Pflichten verstoßen, liegt es freilich nahe, von einer willkürlichen, offensichtlich fürsorgelosen Handlungsweise der Behörde auszugehen. Bei den genannten Befangenheitsfällen ist bei wirklich vorliegender objektiver Befangenheit auf Neubeurteilung zu erkennen, wenn nicht auszuschließen ist, daß die Beurteilung auch ohne den beanstandeten Beurteilungsbeitrag mit demselben Gesamturteil versehen worden wäre. Der Unzuständigkeit des Beurteilers steht dessen unrichtiger Umgang mit dem Beurteilungsbeitrag seines Vorgängers gleich, den dieser für einen zeitlich vorgehenden Teil des Beurteilungszeitraums gefertigt hat (kein Ermessen des Nachfolgers, ob und mit welchem Gewicht der obligatorische Beurteilungsbeitrag des früheren Vorgesetzten in der dienstlichen Beurteilung zu berücksichtigen ist: BVerwG, Urt. v. 5.11.1998, NVwZ-RR 1999, 455).

Den angeführten Verfahrensfehlern gleicht, wenn der Beurteiler **den gesetzlichen Rahmen** oder **die anzuwendenden Begriffe ver-** 252 **kennt**. In einem solchen Falle krankt seine Beurteilung an einem allgemeinen Mangel. Hauptanwendungsfälle liegen vor, wenn die Beurteilung sich ersichtlich nicht auf den gesamten Beurteilungszeitraum erstreckt oder bei bestehenden Richtlinien im Einzelfall von ihnen abweicht oder bei ihrer allgemeinen Nichtanwendung sie im Einzelfall angewendet werden. Unter den anzuwendenden Begriffen sind in erster Linie die vom Gesetzgeber zur Ermittlung und Darstellung des Leistungsprinzips eingeführten Ausdrücke zu verstehen. Die Beurteilungssprache sollte sich um Objektivität bemühen und nicht in die Nähe der Schmähkritik geraten: »Auf Ermahnungen seines Dienstvorgesetzten grunzt er wie eine Sau!«

Eine Beurteilung kann auch deswegen fehlerhaft sein, weil der Beurteiler **allgemeingültige Wertmaßstäbe nicht beachtet hat**. Das 253 klingt sehr bombastisch, ohne daß die Rechtsprechung, die dieses Kriterium geschaffen hat, so recht weiß, was es eigentlich bedeutet. Die Abgrenzung zum »gesetzlichen Rahmen« ist schwimmend. Zumindest soviel ist sicher, daß die erstellte Beurteilung den Gesetzen der Logik entsprechen muß. Aber bereits das Verhältnis zu den ebenfalls schädlichen »**sachfremden Erwägungen**« ist wieder- 254 um unklar. Wenn die Sprachlehrerin in einer Polizeischule wie ein Vollzugsbeamter bewertet wird, weil für die besondere Eigenart ihres Amtes kein Beurteilungsschema zur Verfügung steht, dann dürften Ausführungen zu ihrer mangelnden Erprobung im Einsatz

sachfremd sein. Ob »Abstrafbeurteilungen« (nach Disziplinarverfahren) zulässig sind, erscheint fraglich. Die Frage, was zur
Charakterisierung eines Bediensteten dienstlich erforderlich ist
(»Neigt dem rechten Lager zu!«,»Umgang mit autonomen Kreisen«),
wird stets problematisch bleiben.

255   Geht es um den **materiellen Inhalt der Beurteilung**, so muß sich
ein Kläger darauf einstellen, daß sein Kampf gegen die Beurteilung
von einem äußerst unterschiedlichen Ausgangspunkte beginnt, je
nachdem er es mit einem biederen oder einem gewieften Beurteiler
zu tun hat. Letzterer wird sich auf **Werturteile** stützen; hier macht es
die Rechtsprechung ihm leicht. Innerhalb des gesetzlich gezogenen
Rahmens unterliegt es grundsätzlich dem pflichtgemäßen Ermessen
des Dienstherrn, wie er die ihm aufgegebene, für zukünftige Personalentscheidungen verwertbare Aussage zu den einzelnen Beurteilungsmerkmalen gestalten und begründen sowie worauf er im
einzelnen sein Gesamturteil über den Bediensteten und den Verwen-
dungsvorschlag stützen will. Er kann sich also auch auf »die Angabe
zusammenfassender Werturteile auf Grund einer unbestimmten
Vielzahl nicht benannter Einzeleindrücke und -beobachtungen während des Beurteilungszeitraumes beschränken«. Dies hat für den
Kläger unangenehme Folgen: Sind Gegenstand der verwaltungsgerichtlichen Prüfung auf einer Vielzahl von Eindrücken und Beobachtungen beruhende Werturteile des Dienstherrn über den Beamten,
so kann das Verwaltungsgericht nicht die Darlegung und den Nach-
weis der einzelnen Tatsachen verlangen, die diesen Werturteilen in
ihrem Ursprung – vielleicht – zu Grunde liegen, in ihnen selbst aber
– entsprechend der dem Dienstherrn insoweit zustehenden Ge-
staltungsfreiheit – nicht in bestimmbarer, dem Beweis zugänglicher
Weise enthalten sind. Das Bundesverwaltungsgericht begründet die
voranstehende Auffassung damit, daß eine solche Forderung nach
konkreten Beweisen außer acht ließe, »daß die einem Werturteil
zugrundeliegenden einzelnen tatsächlichen Vorgänge in der – zu-
sammenfassenden und wertenden – persönlichen Beobachtung des
Urteilenden verschmolzen und als solche nicht mehr feststellbar
sind. Es griffe auch in die der gesetzlichen Regelung immanente
Beurteilungsermächtigung der wertenden Behörde ein.« (BVerwG,

Urt. v. 26.6.1980, BVerwGE 60, 245/250). Es herrscht also insoweit eine **geringe Kontrolldichte.** 256

Wir wollen diesen den beurteilenden Behörden quasi einen Freibrief ausstellenden Ausführungen und Begründungen nun den Rücken kehren und zu den Beurteilungen übergehen, die neben Werturteilen entweder **historische Einzelvorgänge** aus dem gesamten dienstlichen und außerdienstlichen Verhalten des Beschäftigten ausdrücklich erwähnen oder die dienstliche Beurteilung oder einzelne in ihr enthaltene wertende **Schlußfolgerungen auf bestimmte Tatsachen**, insbesondere auf konkrete aus dem Gesamtverhalten im Beurteilungszeitraum herausgelöste Einzelvorkommnisse (»Er beleidigte seinen Vorgesetzten, indem er ihn mit einem Tier [Hund] verglich.«) gründet.

In diesen Fällen hat der Kläger es einfacher, gegen unzutreffende Feststellungen vorzugehen, als bei »Tatsachen«, die angeblich Werturteilen zugrunde liegen. Der Dienstherr muß hier im Streitfall die Tatsachen darlegen und trägt das Beweisrisiko. Sobald eine dienstliche Beurteilung oder eine Einzelfeststellung einen Tatsachenkern enthält, hat ihn das Verwaltungsgericht auf seine Richtigkeit zu überprüfen; freilich kann der Kläger die **Anfechtung** der 257 Beurteilung auf einzelne Beurteilungsmerkmale **beschränken.**

Die Möglichkeit dieser Beschränkung trägt aber bereits den Kern einer häufig auftretenden Enttäuschung des Klägers in sich. **Die** 258 **Verbesserung einzelner Beurteilungsmerkmale** (oft im gerichtlichen Verfahren vergleichsweise zugestanden) **führt nicht automatisch zur Verbesserung des Gesamturteils.** Nach der Rechtsprechung des Bundesverwaltungsgerichts (vgl. Urt. v. 13.5.1965, BVerwGE 21, 127/132) läßt sich nämlich das vorgeschriebene Gesamturteil nicht aus den Einzelbewertungen der zu beurteilenden Merkmale und aus der gebotenen Darstellung über die Gesamtpersönlichkeit des Beamten rechnerisch ermitteln. Bei dem Gesamturteil handele es sich um einen durch die gesetzliche Regelung ausschließlich dem Dienstherrn anvertrauten Akt der Gesamtwürdigung. Das Gesamtergebnis sei nicht nach arithmetischen Regeln aus den Einzelbewertungen rechnerisch zu ermitteln. Es dürfe sich zwar mit den allgemeinen und besonderen Befähigungsmerkmalen und der Darstellung der Gesamtpersönlichkeit nicht in Widerspruch setzen, werde jedoch darüber hinaus von einer großen Zahl anderer Erwägungen – u. a. von den allgemeinen Laufbahnanforderungen, von einem Vergleich des zu beurteilenden Beamten mit anderen ihm laufbahnmäßig und funktionell Gleichgestellten, von dem allgemeinen Leistungsniveau der Behörde und von der persönlichen Auffassung des jeweiligen beurteilenden Vorgesetzten über den zu fordernden »Durchschnitt« an Leistung und persönlicher Eignung – beeinflußt, die dem Gesamturteil den Charakter eines persönlichkeitsbedingten Werturteils verliehen.

Dem Kläger kann es demnach durchaus passieren, daß ihm einzelne Beurteilungsmerkmale aufgebessert werden, er aber dennoch auf dem bisherigen Gesamturteil sitzen bleibt.

Auf einen häufig auftretenden Irrtum ist noch hinzuweisen: Die Beurteilungen sind jeweils unabhängig von den vorangehenden zu erstellen, also selbständig für den jeweiligen Beurteilungszeitraum. Der Umstand allein, daß ein Gesamturteil von einem früheren abweicht oder trotz abweichender Einzelbeurteilungsmerkmale gleich bleibt, stellt nach der Rechtsprechung keine Verletzung des Rechts auf gleichmäßige Handhabung der Beurteilungsgrundsätze dar.

259 **Zusammenfassung:** Ist jemand mit seiner Beurteilung nicht zufrieden, so soll er zunächst hiergegen Widerspruch einlegen und sich die einschlägigen Beurteilungsrichtlinien beschaffen. Dann gilt es, die Beurteilung zu analysieren. Das vermag in der Regel nur ein Fachmann. Weist das Beurteilungsverfahren Verfahrensverstöße auf? Welcher Beurteilungstyp liegt vor (Tatsachentyp, Werturteilstyp, gemischter Typ)? Welche Beurteilungsmerkmale stützen sich auf unzutreffende Tatsachen? Das werden einige der Hauptfragen sein.

2. Rechtsbehelfe und Rechtsmittel wegen **unterlassener** Beurteilung 260

Erhält der Bedienstete keine Beurteilung, weil die Erstellung vergessen worden ist oder weil sich Beurteiler und Aufsichtsbehörde – was
rechtlich nicht erforderlich ist – nicht einigen können oder weil die
Personalverwaltungsbehörden den Betroffenen als unliebsamen
Mitbewerber »wegräumen« wollen, so stellt sich die Frage, ob der
Betroffene mit Erfolg **Antrag auf Beurteilung** stellen kann. Auszugehen ist davon, daß die Beförderung der Beamten nur nach
Eignung, Befähigung und fachlicher Leistung zu entscheiden ist
(vgl. RdNr. 80). Der Gleichbehandlungsgrundsatz gebietet demnach, daß der Bedienstete einen Anspruch darauf hat, ebenso wie
seine Kollegen eine Regel- oder Anlaßbeurteilung zu erhalten. Eine
Nichteinhaltung der Beurteilungsrichtlinien würde eine Verletzung
seines subjektiv-öffentlichrechtlichen Anspruchs auf Gleichbehandlung darstellen. Auch die Fürsorgepflicht des Dienstherrn (§ 79 BBG)
spricht für einen solchen Anspruch. Gegen die Ablehnung seines
Antrags auf Beurteilung könnte der Betroffene mit Widerspruch und
Verpflichtungsklage vorgehen (§§ 68, 42 Abs. 1 VwGO).

Steht eine Auswahlentscheidung an und muß der Bewerber um
eine Beförderungsstelle befürchten, nicht mehr rechtzeitig beurteilt
zu werden, und hat er berechtigte Aussichten, besser als bei der letzten periodischen Beurteilung bewertet zu werden, so kann er einen
Antrag nach § 123 VwGO auf Erlaß einer einstweiligen Anordnung 261
mit dem Ziel, ihn zu beurteilen, stellen. Dieser wird aber nur dann
Erfolg haben, wenn eine Regelung nötig erscheint, um wesentliche
Nachteile für den Bewerber abzuwenden.

Es soll aber nicht verschwiegen werden, daß die Situation des
Bewerbers sich je nach dem entwickeln kann, was Anlaß für die
Nichtbeurteilung war. Wurde er schlechtweg vergessen, wird er
wohl einfach nachbeurteilt. Geht seine Nichtbeurteilung aber auf
einen Dissens zwischen Beurteiler und Oberbehörde oder auf seine
versuchte Ausschaltung im Auswahlverfahren zurück (was natürlich nicht zugegeben wird), so ist es sehr wahrscheinlich, daß seine
Hoffnungen auf eine bessere Beurteilung zu Schanden werden und
das neue Gesamturteil nicht in schwindelnde Höhen hinaufführt.

Nie darf der Bedienstete im öffentlichen Dienst vergessen, daß Beurteilungen »voluntativ« sind, der Dienstherr mit ihnen also einen ganz bestimmten Zweck verfolgt.

Rechtsmittel:
Gegen **Urteil**: Zulassungsberufung (§ 124 ff. VwGO);
gegen **Beschluß**: Beschwerde (§ 146 ff. VwGO)

3. Petition und Beschwerde

Petition und **Beschwerde** (letzte außerhalb des Wehrrechts) stellen außergerichtliche Rechtsbehelfe dar, die auch **nicht** in ein gerichtliches Verfahren münden.

Dem Beamten steht wie jedem anderen Bürger auch das durch das Grundgesetz (Art. 17 GG) und die jeweilige Landesverfassung gewährte **Petitionsrecht** zu. Wendet sich der Beamte an den Bundestag oder Landtag, so landet die Eingabe bei einem Petitionsausschuß, von dem sie zunächst an das zuständige Ministerium weitergeleitet und auf dem Dienstweg zur Stelle, die die Beurteilung erstellt hat, durchgereicht wird, um dann wieder zum Ministerium hoch zu gelangen, von wo sie mit einer abschließenden Stellungnahme zum Ausschuß gebracht wird, der dann auf Berücksichtigung, Ablehnung oder Nichtbehandlung entscheidet. Auf dem Gebiet der dienstlichen Beurteilung kann sich der Petent infolge der Besonderheit der Materie eigentlich nichts von einer Petition versprechen.

Außer einer Petition kann der Beamte **Beschwerden** vorbringen. Nach einem bösen Wort des Beamtengewohnheitsrechts sind diese form-, frist- und zwecklos. Der Beamte hat hier die Möglichkeit, durch eine **Gegenvorstellung** beim Beurteiler, durch eine **Aufsichtsbeschwerde** bei der **Aufsichtsbehörde** und eine **Dienstaufsichtsbeschwerde**, in der er das persönliche Verhalten des Beurteilers oder Oberbeurteilers angreift, sich in seiner Verwaltung unbeliebt zu machen, **so daß von Beschwerden dieser Art abzuraten ist**.

Selbstverständlich kann der Betroffene sich nach dem jeweiligen

Personalvertretungsgesetz auch an die **Personalvertretung** seiner Beschäftigungsbehörde und an die weiteren Stufenvertretungen wenden. Das ist immer noch vernünftiger als eine Petition oder Beschwerde der vorgenannten Art.

4. Kosten

Widerspruch und Klage kosten Geld. Für den Widerspruchsbescheid wird eine Gebühr festgesetzt. Beim Gerichtsverfahren, das u. a. sich dreistufig gestalten kann, sind Kosten die **Gerichtskosten** 264 (Gebühren und Auslagen) und die zur zweckentsprechenden Rechtsverfolgung notwendigen Aufwendungen der Beteiligten einschließlich der Kosten des Widerspruchsverfahrens (§ 162 Abs. 1 VwGO). Die Gebühren und Auslagen (Porti, Telefon, Kopien) eines **Rechtsanwalts** sind – bezogen auf das Gerichtsverfahren – stets 265 erstattungsfähig. Soweit ein Widerspruchsverfahren geschwebt hat, sind Gebühren und Auslagen erstattungsfähig, wenn das Gericht die Zuziehung eines Bevollmächtigten für das Vorverfahren für notwendig erklärt (§ 162 Abs. 2 VwGO). Die Zuziehung eines Bevollmächtigten ist notwendig, wenn einem verständigen, nicht rechtskundigen Beteiligten nicht zumutbar ist, das Verfahren selbst zu führen. Dies ist nicht nur der Fall, wenn schwierige Sach- und Rechtsfragen zu klären sind. Eine besondere persönliche Sachkunde ist zu berücksichtigen, ansonsten aber grundsätzlich von der Erforderlichkeit der Zuziehung auszugehen.

Die Gebühren und Auslagen eines Rechtsanwalts bestimmen sich nach der Bundesrechtsanwaltsgebührenordnung (BRAGO).

Die Gebühren und Auslagen des Gerichts sind im Gerichtskostengesetz (GKG) mit Kostenverzeichnis (KV) geregelt. Grundlage ist der **Streitwert**. Der von der aus Richtern der Verwaltungsge- 266 richtsbarkeit zusammengesetzten Arbeitsgruppe erstellte **Streitwertkatalog** sieht für Streitigkeiten um die dienstliche Beurteilung 267 den Auffangstreitwert vor (§ 13 Abs. 1 Satz 2 GKG: 4000 EUR). Der im Verfahren Unterlegene muß nicht diesen Streitwert bezahlen, sondern prozentuale Anteile hiervon.

Von Besonderheiten abgesehen, kommen auf den Kläger, der gegen seine dienstliche Beurteilung verwaltungsgerichtlich vorgeht, wenn er im Rechtsstreit unterliegt, folgende Kosten zu:

Gerichtskosten:	Verfahrensgebühr	105,00 €
	Urteilsgebühr	262,50 €
	*	367,50 €

*Hierzu kann ausnahmsweise noch eine Beweisgebühr kommen.

Anwaltskosten:	Prozeßgebühr	245,00 €
	Verhandlungsgebühr	245,00 €
	Auslagenpauschale	20,00 €
		510,00 €
	Mehrwertst. 16%	81,60 €
		591,60 €

Kommt der Anwalt von auswärts, fallen noch 0,27 EUR pro km Fahrtgeld sowie Tagegeld an (gestaffelt: 15, 31, 56 EUR).

Mit ca. 1000 EUR Prozeßrisiko muß der Kläger also schon rechnen.

Durch das erlassene »Kostenrechtsmodernisierungsgesetz« droht eine Kostenerhöhung im Einzelfall bis zu 25% (vgl. BGBL I 2004, 717).

III. Auswahlentscheidung und Beförderung

»Das Leistungsprinzip hat nach aktueller Entscheidung des Gesetzgebers hinter dem Interesse an konstanter Personalplanung
zu Gunsten der Funktionsfähigkeit der Verwaltung zurückzu-
treten.«
(Günther, ZBR 1990, 284/291)

1. Grundsätzliches

Rechtlich entscheidend für einen Bewerber um ein Beförderungsamt
ist die Auswahlentscheidung (vgl. RdNr. 93 ff.). Nach der einhelli-
gen Ansicht von Judikatur und Literatur darf der Bewerbung des
Unterlegenen im Ausleseverfahren nicht mehr entsprochen werden,
wenn die Ernennung des Ausgewählten Bestand hat, weil dann
keine Planstelle mehr verfügbar ist. Das Bundesverwaltungsgericht
war zudem der Ansicht, die Ernennung betreffe den Unterlegenen
nicht (BVerwG, Urt. v.25.8.1988, BVerwGE 80, 127/130). Der Kampf
ums Recht, d. h. hier um eine Beförderung, verlagert sich also in das
Auswahlverfahren: Wer unanfechtbar ausgewählt ist, bekommt die
Ernennungsurkunde. Dann kann es ausnahmsweise noch Schadens-
ersatzansprüche geben.

Durch den Dreierbeschluß des Bundesverfassungsgerichts vom
19. September 1989 (DVBl. 1989, 1247) wurde der jeweilige Dienstherr verpflichtet, den (die) nicht berücksichtigten Bewerber von der
Nichtberücksichtigung vor der Ernennung des Ausgewählten zu
unterrichten. Diese regelnde, verlautbarte Auswahl für ein Amt ist **268**
als Verwaltungsakt anzusehen. Auf jeden Fall zwingt die Vorschrift
des § 126 Abs. 3 BRRG die Unterlegenen, **Widerspruch** gegen ihre
Nichtberücksichtigung einzulegen.

Die Personalverwaltungsstellen bemühen sich, die oben genannte Unterrichtung oder Mitteilung möglichst nichtssagend zu gestalten: »Die Stelle wurde anderweitig vergeben.« »Wir bedauern Ihnen
mitteilen zu müssen, daß Sie nicht berücksichtigt werden konnten.«

Nach der zitierten Entscheidung des Bundesverfassungsgerichts soll die Mitteilung den Mitbewerber in Kenntnis setzen, ob dem ausgewählten Beamten aus qualifikationsbezogenen Überlegungen – bessere dienstliche Beurteilung – oder unter Zugrundelegung eines oder mehrerer Hilfskriterien – z.b. höheres Dienstalter – der Vorrang eingeräumt werden soll. Der unterlegene Bewerber wird also zunächst angesichts der sparsamen Mitteilung der Personalverwal
269 tungsstelle um eine **Begründung der Ablehnung bitten** (§ 39 Abs. 1 VwVfG). Ob der Name des erfolgreichen Bewerbers genannt werden muß, ist streitig. Es spricht sich aber zumeist sehr schnell herum, wer keine Mitteilung (negativer Art) erhalten hat.

Ob für das Tätigwerden der unterlegenen Bewerber eine Monatsfrist oder eine Vierzehntagefrist gesetzt werden kann, läßt sich keiner gesetzlichen Vorschrift entnehmen. Der Bewerber wird unabhängig von dogmatischen Spitzfindigkeiten sich an die von der Behörde gesetzte Frist halten. Die Personalverwaltungsstelle wird alle Bewerber benachrichtigen, die sich um die Beförderungsstelle beworben haben. War die Stelle nicht ausgeschrieben, waren sie aber in eine Personalauswahlkonferenz wie der später Ausgewählte eingebunden, sind alle Unterlegenen zu unterrichten.

2. Sicherungsanordnung

Mit der Verlagerung der Bestenauswahl in das Auswahlverfahren stellt sich bei Beförderungskonkurrenz und drohender Erledigung des Rechtsstreits durch Stellenbesetzung als geeignetes Mittel zur
270 Gewährung effektiven Rechtsschutzes die **einstweilige Sicherungsanordnung** (§ 123 Abs. 1 Satz 1 VwGO) dar. Diese entspricht dem Rechtsschutzziel, der Schaffung vollendeter Tatsachen entgegenzuwirken. Ist eine Sicherungsanordnung zu Gunsten eines im Endergebnis nicht erfolgreichen Konkurrenten erlassen worden, so ist diese entsprechend § 927 ZPO später wieder aufzuheben.

Der unterlegene Bewerber kann nur dann eine Sicherungsanordnung erreichen, wenn er die Besorgnis glaubhaft macht, daß die Bestenauswahl in verfahrens- oder materiellrechtlicher Hinsicht nicht fehlerfrei getroffen worden ist; der zu Grunde liegende Anspruch wird mißverständlich oft »Bewerbungsverfahrensanspruch« genannt.

Verfahrensfehler liegen zwar beim Auswahlverfahren häufig **271** vor, sie werden jedoch nur selten eine Sicherungsanordnung rechtfertigen. Zum Teil können sie problemlos während des laufenden Verfahrens korrigiert werden, zum Teil kommt ihnen keine Relevanz bezüglich der Auslese zu.

In der Regel (soweit nicht in früheren Auswahlverfahren Festlegungen erfolgt sind) fängt der Kampf um eine Beförderungsstelle mit der **Ausschreibung** an. Eine allgemeine Ausschreibungspflicht **272** für Beförderungsstellen gibt es nicht (vgl. RdNr. 176!). Besteht eine Ausschreibungspflicht und verletzt sie der Dienstherr (z.b. Ausschreibung nur für Frauen), so kann der Bewerber seinen Anordnungsanspruch nicht auf den Ausschreibungsmangel stützen, wenn er anderweitig von der freien Stelle erfährt. Nach der Stellenbesetzung ist das Auswahlverfahren mit den bekannten Folgen erledigt.

Während des Auswahlverfahrens kann sich eine Verpflichtung des Dienstherrn zur **Anhörung** ergeben, wenn er Erkenntnisse, die **273** für einen Bewerber ungünstig sind und sich nicht aus den Personalakten ergeben oder ohne Anhörung zu den Personalakten gegeben worden sind, zur Vorbereitung der Auswahlentscheidung benützt oder sich darauf stützt. Hier handelt es sich um ein besonders finsteres Kapitel der Bestenauslese. Nur in den seltensten Fällen werden solche negativen »Tatsachen« nämlich den Weg in die Personalakten oder Besetzungsberichte finden. Das gilt ganz besonders für Telefongespräche, Vorbesprechungen in den Ministerien oder Vorsprachen von Bewerbern. Während des Auswahlverfahrens wird ein Bewerber kaum zur Kenntnis entsprechender Vorgänge gelangen.

Unterbleibt die vom Bundesverfassungsgericht geforderte **Mit-** **274** **teilung** und unterläßt ein Bewerber infolgedessen die Inanspruchnahme vorläufigen Rechtsschutzes, so ist nach der Stellenbesetzung das Auswahlverfahren erledigt und eine Maßnahme nach § 123 VwGO nicht mehr zulässig.

275   Der Dienstherr, der die **Mitbestimmungspflichtigkeit** einer Beförderung nicht beachtet, verletzt damit grundsätzlich auch die Rechtssphäre der Bewerber. Der hier gewählte Begriff des Karrierepostens spricht aber dagegen, daß im Auswahlverfahren die Personalvertretung groß zum Zuge kommt. Daß die Nichtzulassung von Rechtsanwälten bei Auswahlverfahren keinen Fehler darstellt, ist längst entschieden.

Die Besetzung von Führungsposten wird – wie bereits ausgeführt – zumeist von langer Hand vorbereitet. Es ist deshalb nicht unüblich,

276 daß der Dienstherr seine **Auswahl vorverlagert** und dem ausersehenen Bewerber schon vor dem Auswahlverfahren bessere Chancen verschafft. Er bestellt diesen z.b. allein zu einem Vorstellungsgespräch oder setzt ihn auf den zu besetzenden Dienstposten um oder überträgt ihm hierfür die Vertretung. Es erscheint äußerst zweifelhaft, ob die nichtbegünstigten Bewerber gegen solche Tricks (da keine Verwaltungsakte) einen Anspruch auf Behandlung nach dem Leistungsprinzip oder auf Gleichbehandlung – mittels einer einstweiligen Anordnung – geltend machen können. Erfährt ein Bewerber überhaupt von einem solchen Vorstellungsgespräch, so hindert ihn nichts, aus eigenem Entschluß sich ebenfalls vorzustellen. Für eine Umsetzung oder Vertretungsanordnung reicht jeder sachliche Grund aus; gegen den sehr weiten Ermessensspielraum des Dienstherrn kann sich schon der Betroffene nicht wehren, geschweige denn ein Dritter.

Die Verwaltungsgerichte, die angerufen werden, durch Gewährung vorläufigen Rechtsschutzes die Ernennung eines Konkurrenten zu unterbinden, legen das Schwergewicht ihrer Prüfung auf

277 **Fehler materiellrechtlicher Art.** Im Grunde geht es darum, einen Anspruch auf erneute ermessensfehlerfreie Auswahlentscheidung zu sichern. Dieser Anspruch ist verletzt, wenn nicht auszuschließen ist, daß der Antragsteller bei einer erneuten, den Anforderungen des

278 **Bewerbungsverfahrensrechts** entsprechenden Entscheidung zum Zuge käme. Es wird also nicht unwesentlich auf die Hauptsache geschaut. Es soll ja auch vermieden werden, daß das Gericht hinterher eine Entscheidung nach § 927 ZPO (Aufhebung wegen veränderter Umstände) treffen muß.

Das Verwaltungsgericht hat demnach den Personalakteninhalt einschließlich der dienstlichen Beurteilungen zwischen dem Ausgewählten und dem Unterlegenen zu vergleichen. Deshalb sind zunächst gewisse Anforderungen an die Beurteilungen zu stellen. Sie sollten zumindest von gleicher Aktualität sein. Ansonsten sind Bedarfsbeurteilungen fällig, die allerdings mit dem Risiko einer »Voluntativbewertung« verbunden sind. Eignungsbewertungen, die außerhalb der eigentlichen Beurteilungsverfahren von den Ministerien erstellt werden, sollten mit den bisherigen Leistungsbewertungen in den dienstlichen Beurteilungen übereinstimmen.

Ist eine **Beurteilung** mit Widerspruch oder bereits mit Klage 279 **angefochten**, kann diese zu Grunde gelegt werden, es sei denn, es würde substantiiert dargelegt und glaubhaft gemacht, daß der Antragsteller bei rechtsfehlerfreier Beurteilung in den maßgeblichen Merkmalen des Anforderungsprofils deutlich besser abschneide als der Ausgewählte. Die inzidente Überprüfung dienstlicher Beurteilungen im vorläufigen Rechtsschutzverfahren zur Sicherung des Bewerbungsverfahrensrechts ist somit auf Fehler der angefochtenen Beurteilung beschränkt, die offen zu Tage treten und eine nachträgliche Verbesserung zu Gunsten des Antragstellers mit erheblicher Wahrscheinlichkeit erwarten lassen (OVG Nordrhein-Westfalen, B. v. 3.7.1992, NVwZ-RR 1993, 278).

Die Bestenauswahl orientiert sich im wesentlichen am **Anforde-** 280 **rungsprofil** der entscheidenden Behörde. Damit ist den Personalverwaltungsstellen ein weites Feld eröffnet:

Der **Ausgewählte** ist der Beste, weil

die Beurteilung des Antragstellers anders zu gewichten ist (Beurteilung nach Statusämtern),

Antragsteller schon zu alt ist (höheres Dienstalter),

Antragsteller noch zu jung ist (niederes Dienstalter),

Verwendung bei Oberinstanz zu lange zurück liegt,

Verwendung bei Oberinstanz zu kurz war,

Antragsteller zu hektisch ist (dynamischer Typ),

Antragsteller zu wenig dynamisch ist (ruhiger Typ),

Antragsteller bloßer Theoretiker ist (Kommentarverfas.)

Antragsteller reiner Praktiker ist (Kein Kommentarverfas.)

Antragsteller einseitiger Spezialist ist (Haushaltsrefer.),
Antragsteller keine Haushaltskenntnisse hat,
usw. usf.

Bei Karriereposten bemüht sich die entscheidende Stelle in der Regel gegenüber den Bewerbern um ausgesuchte Höflichkeit. Der Unterlegene ist natürlich nicht der schlechtere, er erscheint vielmehr nach der Ausschöpfung aller Erkenntnismöglichkeiten als »im wesentli-
281 chen« **gleich geeignet** mit dem Ausgewählten. Es geht also um Nuancen. Die entscheidenden Personen treten nur mit den Zehenspitzen auf; sie tragen Staatstrauer und bedauern, daß in Delphi die Pythia nicht mehr auf ihrem Dreifuß orakelt und sie deren seherische Aufgabe hinsichtlich der Eignung der Bewerber haben übernehmen müssen.

Aber welche Bewerber sind »im wesentlichen gleich geeignet«?
282 Als Kriterium kommt das **Gesamturteil** in Frage. Der Vergleich wird unsicher, wenn die Gesamturteile durch Zusätze relativiert werden (»uneingeschränkt«, »erheblich«, »obere Grenze«, »untere Grenze«). Soweit Beurteilungsrichtlinien solche Differenzierungen aufweisen und diese in der Behördenpraxis auch Anwendung finden, können die unterschiedlichen Bewertungen nicht gleichgehobelt werden,
283 wozu die Rechtsprechung aber neigt. Handelt es sich um ein **Punktsystem**, bei dem mehrere Punkte einer Note zugeordnet sind (vgl. RdNr. 82), sind diese Notengrenzen zu beachten. Wenn z.B. 11–14 Punkte zu vergeben sind, wenn das einzelne Beurteilungsmerkmal **erheblich über den Anforderungen liegend** oder **besonders gut** erfüllt wird, 15 oder 16 Punkte aber zuzusprechen sind, wenn das einzelne Merkmal in jeder Hinsicht **in besonders herausragender Weise** bewältigt worden ist, dann sind die Leistungen nicht mehr gleichwertig und es ist dem Gericht versagt, hier ein im wesentlichen gleich gelagertes Leistungsurteil anzunehmen; es liegt einfach ein Leistungsvorsprung des Bewerbers mit 15 Punkten gegenüber dem mit 14 Punkten vor, auch wenn die Bewerber »lediglich« ein Punkt trennt.

Geht das Verwaltungsgericht davon aus, daß Bewerber im wesentlichen gleich bewertet sind, so wird hieraus zumeist auch der

Schluß gezogen, sie seien gleich geeignet. Es kommt dann zur Heranziehung von **Hilfskriterien** wie Lebens- und Dienstalter, 284 Frauenförderung, Schwerbehinderung, Negativkriterien (z.b. schwebendes Disziplinarverfahren oder unrichtige Angaben im Sofortverfahren!). Will sich hier kein plausibles Auswahlkriterium einstellen, dann entscheidet letztlich, welcher Bewerber nach seinen Verwendungsschwerpunkten das **Anforderungsprofil des Dienst-** 285 **postens** am besten erfüllt. Auf dieser Ebene ist dann von den Verwaltungsgerichten nichts mehr zu erhoffen, denn die Frage der dienstlichen Zweckmäßigkeit der Postenbesetzung wird inhaltlich nicht überprüft.

An einem **Anordnungsgrund** wird es in Verfahren der vorliegen- 286 den Art wohl selten fehlen. Eine Verweisung auf das Hauptsacheverfahren wird in der Regel unzumutbar sein. Überwiegende Interessen des Dienstherrn oder des Ausgewählten können hiervon eine Ausnahme rechtfertigen.

Als **Rechtsmittel** ist die Beschwerde gegeben (vgl. § 146 VwGO). 287

3. Hauptsache (»Konkurrentenklage«)

Kommt es zu Gunsten des unterlegenen Bewerbers **nicht** zu einer Sicherungsanordnung, so tritt, wenn nicht ein anderer Konkurrent solchen vorläufigen Rechtsschutz erlangt, die Erledigung des Auswahlverfahrens durch Aushändigung der Ernennungsurkunde ein.

Mit der Sicherungsanordnung im Rücken kann der Bewerber hingegen verlangen, daß der Dienstherr den rechtskräftigen Abschluß des Gerichtsverfahrens abwartet; ob hiervon Ausnahmen gerechtfertigt erscheinen – etwa auf der Grundlage erstinstantieller Entscheidungen in der Hauptsache – ist fraglich.

Die Klage wird daraufhin gerichtet sein, die Auswahlentschei- 288 dung des Ministeriums hinsichtlich der im ... ausgeschriebenen Stelle/nachzubesetzenden Stelle (eines Ministerialrats der Besoldungsgruppe B 3) vom ... aufzuheben und das Ministerium zu verpflichten, über die Bewerbung des Klägers unter Beachtung der Rechtsauffassung des Gerichts erneut zu entscheiden.

Zur Begründetheit einer solchen Klage wird nochmals zusammenfassend auf folgendes verwiesen: Die gerichtliche Nachprüfung von Personalauswahlentscheidungen ist in Anbetracht der dem Dienstherrn durch Art. 33 Abs. 2 GG eingeräumten Beurteilungsermächtigung **inhaltlich beschränkt**. Kontrolliert werden kann lediglich, ob der Dienstherr die Grenzen dieser Ermächtigung eingehalten hat, insbesondere ob er den anzuwendenden Begriff oder den gesetzlichen Rahmen der Beurteilungsermächtigung verkannt hat, von einem unrichtigen Sachverhalt ausgegangen ist (wozu auch die unrichtige Wertung bisheriger Verwendung zählt), allgemein gültige Wertmaßstäbe nicht beachtet, sachfremde Erwägungen angestellt oder gegen eine Verfahrensvorschrift verstoßen hat. Dabei ist zu beachten, daß Verfahrensverstöße meistens geheilt werden können. Aber auch die Begründung für die Auswahlentscheidung kann

289 durch **Nachschieben von Gründen** befestigt werden.

290   Nach der **Normgünstigkeitsregel** trägt der erfolglose Bewerber die »**Beweislast**« für die Tatsachen, auf die er seinen auf Neubescheidung gerichteten Antrag stützt. Umstände, deren Berücksichtigung bei der Auswahlentscheidung möglicherweise eine Rolle gespielt haben, aber durch den Kläger und die schriftlichen Personalunterlagen nicht geklärt werden können, fallen der Feststellungslast des Dienstherrn an.

Rechtsmittel:
Gegen **Urteil**: Zulassungsberufung (§ 124 ff. VwGO)

4. Kosten

Bei erstinstanzlichen Gerichten fühlen sich die (jungen) Richter oft einem Ideal der Gerechtigkeit verpflichtet, das nicht den Beifall der

291 Obergerichte findet. Dies kann zu **Pyrrhussiegen** führen. Hier empfiehlt es sich gelegentlich, mit der Personalverwaltungsstelle ins Reine zu kommen und die Zusage für eine Beförderung auf die nächste freiwerdende Stelle einer drohenden Niederlage in der höheren Instanz vorzuziehen.

Zu solchen Überlegungen regen schon die Anwalts- und Gerichtskosten an. In Verfahren des vorläufigen Rechtsschutzes beträgt der **Streitwert** in der Regel die Hälfte. In Verfahren, die die Entscheidung in der Sache ganz oder zum Teil vorwegnehmen, kann der Streitwert bis zur Höhe des für das Hauptsacheverfahren anzunehmenden Streitwerts angehoben werden. Der Streitwert der Hauptsache bestimmt sich nach § 13 Abs. 4 Satz 2 GKG. Danach beträgt der **Streitwert** bei einem **Beförderungsstreit** die Hälfte des 13-fachen Betrags des Endgrundgehalts des erstrebten Amtes zuzüglich ruhegehaltsfähiger Zulagen. Das ist bei Ämtern ab A 16 nicht unbedeutend. Auf den Umstand, daß **künftig mit höheren Kosten zu rechnen ist**, wurde bereits hingewiesen (vgl. RdNr. 267!). **292**

IV. Schadensersatz des **übergangenen** Bewerbers

Die Forderung nach **Schadensersatz** mit dem **Ziel**, als unterlegener **293** Bewerber um ein Beförderungsamt so gestellt zu werden, als ob es zu der beantragten Beförderung gekommen wäre, wurde früher auf § 839 BGB gestützt. Die Rechtswegeverweisung auf den ordentlichen Rechtsweg (Art. 34 GG), der damit verbundene Anwaltszwang und die Sachferne der Zivilgerichte führten immer wieder zu Versuchen, Ansprüche auf die Fürsorgepflicht des Dienstherrn (§ 97 BBG) als speziellerem Anspruchsgrund zu stützen. Nach einigem Zögern hat das Bundesverwaltungsgericht ohne Wenn und Aber einen Schadensersatzanspruch gegen den Dienstherrn wegen unterbliebener oder verspäteter Beförderung anerkannt, **der sich auf das** **294** **Beamtenverhältnis stützt, ohne daß es eines Rückgriffs auf das** **Rechtsinstitut der Verletzung der Fürsorgepflicht bedürfe** (BVerwG, Urt. v. 25.8.1988, BVerwGE 80, 123; Urt. v. 28.5.1998, ZBR 2000, 421). § 8 BBG, wonach die Auslese nach Eignung, Befähigung und fachlicher Leistung vorzunehmen sei, enthalte eine Konkretisierung des Art. 33 Abs. 2 GG und begründe einen Anspruch auf rechtsfehlerfreie Anwendung dieser Vorschriften.

Aus dem Rechtsgedanken der §§ 252 Abs. 2 BGB, 287 ZPO i. V. m. § 173 VwGO wird ein Schadensersatzanspruch zuerkannt, wenn der Dienstherr bei fehlerfreiem Verhalten im Auswahlverfahren seine Auswahlentscheidung voraussichtlich zu Gunsten des unterlegenen Beamten getroffen hätte (BVerwG, B. v. 16.10.1991, NJW 1992, 927/928). **Ein erfolgreicher Schadensersatzanspruch setzt also die gerichtliche Feststellung voraus, daß die Behörde, wenn sie den Ermessensfehler vermieden hätte, voraussichtlich zu Gunsten des Klägers entschieden hätte.** Der Fehler muß **adäquat kausal** zur Nichtbeförderung geführt haben.

Welche Fälle kommen nun für einen solchen Schadensersatzanspruch in Betracht ? Es sind im Zweifel die Fälle, bei denen die Beförderungsstelle besetzt worden ist, ohne daß der Bewerber es durch Rechtsbehelfe oder Rechtsmittel verhindern konnte. Dies kann angenommen werden, wenn die Wiederbesetzung einer freigewordenen Stelle **mangels Ausschreibung, Bekanntmachung oder Einbeziehung** des Bewerbers in das Auswahlverfahren vorgenommen worden ist. Gleiches gilt für eine **unterlassene** oder **lückenhafte Mitteilung** einer negativen Auswahlentscheidung, die dafür kausal ist, daß der Bewerber keinen Widerspruch erhebt und keine Sicherungsanordnung anstrebt. Eine Schadensersatzklage kommt auch in Betracht, wenn der Kläger erst nach Besetzung der Beförderungsstelle erfährt, daß zu seinen Ungunsten Tatsachen verwertet worden sind, zu denen er **nicht angehört** worden ist.

Wie für die Haftung aus Amtspflichtverletzung gilt auch für den beamtenrechtlichen Schadensersatzanspruch der **Einwand des § 839 Abs. 3 BGB** (BVerwG, Urt. v. 28.5.1998, ZBR 2000, 421). Eine Ersatzpflicht tritt also nicht ein, wenn der Geschädigte vorsätzlich oder fahrlässig unterlassen hat, den Schaden durch Gebrauch eines Rechtsmittels abzuwenden. **Der übergangene Bewerber tut also gut daran, sich rechtzeitig mit Widerspruch, Klage und Sicherungsanordnung zu wehren und u. U. alle Rechtsmittel auszuschöpfen.** Die analoge Anwendung des § 839 Abs. 3 BGB stellt eine kostspielige Hürde für den übergangenen Bewerber dar.

Hinzu kommt, daß der beamtenrechtliche Schadensersatz **nicht ohne Verschulden eines Amtswalters gewährt wird.** Liegt ein abgeschlossenes Verfahren des vorläufigen Rechtsschutzes vor, ist schon zweifelhaft, ob ein Verschulden im vorgenannten Sinne gegeben ist, wenn sich der Amtswalter nach dessen Ausgang richtet. Jedenfalls nach rechtskräftigem Abschluß des Hauptsacheverfahrens, das zu Ungunsten des Klägers ausgegangen ist, wird ein entsprechendes Handeln des Amtswalters nicht mehr als Verschulden qualifiziert werden können, so unrichtig das Verwaltungsgericht das Handeln der entscheidenden Personen auch bewertet hat.

Rechtsmittel: 298
Gegen **Urteil**: Zulassungsberufung (§ 124 ff. VwGO)

Für den **Streitwert der Schadensersatzklage** gilt nach Auffassung 299 des Bundesverwaltungsgerichts der Streitwert der Konkurrenten-klage ebenfalls, also § 13 Abs. 4 S. 2 GKG (B. v. 14.5.1996, NVwZ-RR. 97, 41; B. v. 12.3.1997, NVwZ-RR 98, 75).

Stichwortverzeichnis

Die Zahlen verweisen auf die Randnummern.

223

Anlage IV

Gültig ab 1. August 2004

1. Bundesbesoldungsordnung A (West)

Grundgehaltssätze
(Monatsbeträge in Euro)

Besoldungsgruppe		2-Jahres-Rhythmus				3-Jahres-Rhythmus				4-Jahres-Rhythmus		
					Stufe							
	1	2	3	4	5	6	7	8	9	10	11	12
A 2	1 474,59	1 510,19	1 545,81	1 581,42	1 617,03	1 652,66	1 688,28					
A 3	1 536,09	1 573,98	1 611,87	1 649,76	1 687,67	1 725,57	1 763,47					
A 4	1 570,97	1 615,61	1 660,20	1 704,83	1 749,44	1 794,06	1 838,66					
A 5	1 583,67	1 640,80	1 685,19	1 729,56	1 773,96	1 818,34	1 862,73	1 907,12				
A 6	1 621,17	1 669,91	1 718,65	1 767,38	1 816,11	1 864,85	1 913,60	1 962,33	2 011,06			
A 7	1 692,42	1 736,22	1 797,55	1 858,87	1 920,19	1 981,52	2 042,86	2 086,64	2 130,44	2 174,26		
A 8		1 798,45	1 850,84	1 929,43	2 008,02	2 086,60	2 165,21	2 217,60	2 269,98	2 322,39	2 374,77	
A 9		1 916,09	1 967,65	2 051,52	2 135,39	2 219,27	2 303,15	2 360,80	2 418,48	2 476,13	2 533,80	
A 10		2 064,60	2 136,24	2 243,69	2 351,17	2 458,63	2 566,10	2 637,74	2 709,38	2 781,01	2 852,65	
A 11			2 379,94	2 490,05	2 600,16	2 710,28	2 820,40	2 893,81	2 967,21	3 040,64	3 114,05	3 187,45
A 12			2 559,52	2 690,81	2 822,08	2 953,37	3 084,65	3 172,17	3 259,68	3 347,20	3 434,74	3 522,25
A 13			2 880,96	3 022,73	3 164,50	3 306,26	3 448,02	3 542,53	3 637,04	3 731,55	3 826,07	3 920,58
A 14			2 998,41	3 182,26	3 366,09	3 549,92	3 733,76	3 856,31	3 978,87	4 101,43	4 223,99	4 346,55
A 15						3 903,77	4 105,89	4 267,59	4 429,28	4 590,98	4 752,68	4 914,37
A 16						4 311,59	4 545,34	4 732,36	4 919,38	5 106,37	5 293,38	5 480,39

Gültig ab 1. August 2004 (gilt im Jahr 2004 nicht für B 11)

2. Bundesbesoldungsordnung B

Grundgehaltssätze
(Monatsbeträge in Euro) (West)

Besoldungsgruppe	
B 1	4 914,37
B 2	5 716,99
B 3	6 056,77
B 4	6 412,65
B 5	6 820,95
B 6	7 206,51
B 7	7 581,57
B 8	7 972,48
B 9	8 457,84
B 10	9 965,09
B 11	10 815,15

Gültig ab 1. August 2004

3. Bundesbesoldungsordnung W (West)

Grundgehaltssätze
(Monatsbeträge in Euro)

Besoldungsgruppe	W 1	W 2	W 3
	3 405,34	3 890,03	4 723,61

Gültig ab 1. August 2004

4. Bundesbesoldungsordnung R (West)

Grundgehaltssätze
(Monatsbeträge in Euro)

Besoldungsgruppe	Stufe											
	1	2	3	4	5	6	7	8	9	10	11	12
							Lebensalter					
	27	29	31	33	35	37	39	41	43	45	47	49
R 1	3 093,94	3 235,71	3 310,35	3 502,86	3 695,38	3 887,89	4 080,42	4 272,94	4 465,45	4 657,98	4 850,49	5 043,02
R 2			3 771,19	3 963,71	4 156,22	4 348,75	4 541,27	4 733,79	4 926,31	5 118,81	5 311,34	5 503,83
R 3	6 056,77											
R 4	6 412,65											
R 5	6 820,95											
R 6	7 206,51											
R 7	7 581,57											
R 8	7 972,48											
R 9	8 457,84											
R 10	10 394,78											

Gültig ab 1. August 2004
Bundesbesoldungsordnung C (West)

Grundgehaltssätze
(Monatsbeträge in Euro)

Besol-dungs-gruppe	Stufe														
	1	2	3	4	5	6	7	8	9	10	11	12	13	14	15
C 1	2 691,94	2 786,46	2 880,96	2 975,47	3 070,00	3 164,50	3 259,00	3 353,51	3 448,02	3 542,53	3 637,04	3 731,55	3 826,07	3 920,58	
C 2	2 697,83	2 848,45	2 999,08	3 149,71	3 300,32	3 450,94	3 601,56	3 752,17	3 902,79	4 053,41	4 204,01	4 354,64	4 505,25	4 655,88	4 806,50
C 3	2 970,77	3 141,31	3 311,86	3 482,41	3 652,95	3 823,50	3 994,03	4 164,57	4 335,12	4 505,67	4 676,20	4 846,75	5 017,29	5 187,83	5 358,37
C 4	3 773,66	3 945,10	4 116,54	4 287,98	4 459,43	4 630,86	4 802,30	4 973,72	5 145,16	5 316,60	5 488,05	5 659,47	5 830,91	6 002,35	6 173,79

Gültig ab 1. August 2004

1. Bundesbesoldungsordnung A (Ost)

Grundgehaltssätze
(Monatsbeträge in Euro)

Besoldungs-gruppe	1	2	3	4	5	6	7	8	9	10	11	12
		2-Jahres-Rhythmus				3-Jahres-Rhythmus			4-Jahres-Rhythmus		
					Stufe							
A 2	1 364,00	1 396,93	1 429,87	1 462,81	1 495,75	1 528,71	1 561,66					
A 3	1 420,88	1 455,93	1 490,98	1 526,03	1 561,09	1 596,15	1 631,21					
A 4	1 453,15	1 494,44	1 535,69	1 576,97	1 618,23	1 659,51	1 700,76					
A 5	1 464,89	1 517,74	1 558,80	1 599,84	1 640,91	1 681,96	1 723,03	1 764,09				
A 6	1 499,58	1 544,67	1 589,75	1 634,83	1 679,90	1 724,99	1 770,08	1 815,16	1 860,23			
A 7	1 565,49	1 606,00	1 662,73	1 719,45	1 776,18	1 832,91	1 889,65	1 930,14	1 970,66	2 011,19		
A 8		1 663,57	1 712,03	1 784,72	1 857,42	1 930,11	2 002,82	2 051,28	2 099,73	2 148,21	2 196,66	
A 9		1 772,38	1 820,08	1 897,66	1 975,24	2 052,82	2 130,41	2 183,74	2 237,09	2 290,42	2 343,77	
A 10		1 909,76	1 976,02	2 075,41	2 174,83	2 274,23	2 373,64	2 439,91	2 506,18	2 572,43	2 638,70	
A 11			2 201,44	2 303,30	2 405,15	2 507,01	2 608,87	2 676,77	2 744,67	2 812,59	2 880,50	2 948,39
A 12			2 367,56	2 489,00	2 610,42	2 731,87	2 853,30	2 934,26	3 015,20	3 096,16	3 177,13	3 258,08
A 13			2 664,89	2 796,03	2 927,16	3 058,29	3 189,42	3 276,84	3 364,26	3 451,68	3 539,11	3 626,54
A 14			2 773,53	2 943,59	3 113,63	3 283,68	3 453,73	3 567,09	3 680,45	3 793,82	3 907,19	4 020,56
A 15						3 610,99	3 797,95	3 947,52	4 097,08	4 246,66	4 396,23	4 545,79
A 16						3 988,22	4 204,44	4 377,43	4 550,43	4 723,39	4 896,38	5 069,36

Gültig ab 1. August 2004 (gilt im Jahr 2004 nicht für B 11)

2. Bundesbesoldungsordnung B (Ost)

Grundgehaltssätze
(Monatsbeträge in Euro)

Besoldungsgruppe	
B 1	4 545,79
B 2	5 288,22
B 3	5 602,51
B 4	5 931,70
B 5	6 309,38
B 6	6 666,02
B 7	7 012,95
B 8	7 374,54
B 9	7 823,50
B 10	9 217,71
B 11	10 004,01

Gültig ab 1. August 2004

3. Bundesbesoldungsordnung W (Ost)

Grundgehaltssätze
(Monatsbeträge in Euro)

Besoldungsgruppe	W 1	W 2	W 3
	3 149,94	3 598,28	4 369,34

Gültig ab 1. August 2004

4. Bundesbesoldungsordnung R (Ost)

Grundgehaltssätze
(Monatsbeträge in Euro)

Besoldungs-gruppe	Stufe											
	1	2	3	4	5	6	7	8	9	10	11	12
						Lebensalter						
	27	29	31	33	35	37	39	41	43	45	47	49
R 1	2 861,89	2 993,03	3 062,07	3 240,15	3 418,23	3 596,30	3 774,39	3 952,47	4 130,54	4 308,63	4 486,70	4 664,79
R 2			3 488,35	3 666,43	3 844,50	4 022,59	4 200,67	4 378,76	4 556,84	4 734,90	4 912,99	5 091,04
R 3	5 602,51											
R 4	5 931,70											
R 5	6 309,38											
R 6	6 666,02											
R 7	7 012,95											
R 8	7 374,54											
R 9	7 823,50											
R 10	9 615,17											

Gültig ab 1. August 2004

Bundesbesoldungsordnung C (Ost)

(Zweite Besoldungs-Übergangsverordnung)

Grundgehaltssätze
(Monatsbeträge in Euro)

Besol-dungs-gruppe	Stufe														
	1	2	3	4	5	6	7	8	9	10	11	12	13	14	15
C 1	2 490,04	2 577,48	2 664,89	2 752,31	2 839,75	2 927,16	3 014,58	3 102,00	3 189,42	3 276,84	3 364,26	3 451,68	3 539,11	3 626,54	
C 2	2 495,49	2 634,82	2 774,15	2 913,48	3 052,80	3 192,12	3 331,44	3 470,76	3 610,08	3 749,40	3 888,71	4 028,04	4 167,36	4 306,69	4 446,01
C 3	2 747,96	2 905,71	3 063,47	3 221,23	3 378,98	3 536,74	3 694,48	3 852,23	4 009,99	4 167,74	4 325,49	4 483,24	4 640,99	4 798,74	4 956,49
C 4	3 490,64	3 649,22	3 807,80	3 966,38	4 124,97	4 283,55	4 442,13	4 600,69	4 759,27	4 917,86	5 076,45	5 235,01	5 393,59	5 552,17	5 710,76